国際法入門

第2版

横田洋三［編］

ARMA
有斐閣アルマ
Basic

はしがき

国際法の入門書，概説書は今日多数出版されているが，ほとんどは，大学の法学部や法科大学院（ロースクール）で国際法を受講する学生や公務員試験，司法試験などの国家試験を目指す人を対象とする体系的，網羅的かつ詳細な内容のものである。読者がその内容を理解し咀嚼するには，法律学に関する一般的な知識，さらには政治学，外交史などの周辺領域に関するある程度の専門的素養が要求されているのである。

しかし，近年，日常生活が国際化してきた結果として，国際法に関する一般の人の興味や関心が高まってきた。たとえば，最近の卑近な例をあげれば，沖縄における駐留アメリカ軍の兵士による少女暴行事件に端を発する日米安全保障条約見直しの問題，戦後補償の問題，竹島をめぐる日本と韓国との間の領有権争い，北方四島をめぐる日本とロシアとの領有権争い，日本とアメリカの間の民間航空の路線をめぐる日米航空協定改定交渉，中国瀋陽の日本総領館亡命者連行事件など，新聞やテレビで取り上げられるニュースの中にも国際法がらみの問題が増えてきた。それに伴って，一般の人の国際法に対する関心も強まってきた。しかし，このような一般の読者を対象とした分かりやすい国際法の入門書，概説書は，いまのところ手近かには存在しない。

また，最近の大学では，法学部や法科大学院だけではなく国際関係学部（学科），国際文化学部（学科），国際学部，比較文化学部（学科）などの学部や学科で国際法の講義が開講されるケースが増えてきた。そこでの受講生は，必ずしも法律学の基礎知識をもつ学生ではない。むしろ，政治学，経済学，歴史学，文学，語学などを専攻する学生であることが多い。これらの学生にとって理解しやすい国際法の教科書も意外に少ない。

このような事情を背景として，本書は，必ずしも法学部や法科大学院で法律を勉強した人でなくても，つまり一般の読者であっても，また，大学や短大で法律以外の分野を専攻する学生であっても，興味をもって読み，読んで理解できる国際法の概説書となることを目指して書かれた。執筆者は，各地の大学で国際法を講義し，また，講演会などで国際法の問題について話をする機会をもち，その経験を通して，一般の学生，読者にも分かりやすい国際法の教科書の必要性を実感した経験をもつ人たちである。そしてそれぞれ，国際法のなかでも自分の専門に近い分野を担当して執筆した。

このような意図で書かれたものであるために，本書は，一般の国際法の概説書，教科書に見られるような体系的体裁をとってはいない。また，内容も国際法のすべての分野にわたって網羅的に詳しく論ずるものとはなっていない。しかし，この書物を一冊読めば，国際法とは何か，どういう問題を扱う法律の分野か，日常の国際問題と国際法はどうかかわるのかといったことが，一通り頭に入るようには努めたつもりである。本書の出版に際しては有斐閣書籍編集部の五月女謙一氏に大変お世話になった。また，執筆者の一人である山村恒雄氏には，本書全体について校閲，索引作成等の作業を手伝っていただいた。心から謝意を表したい。

2005年1月

執筆者一同を代表して

編 者　横 田 洋 三

目　次

はじめに

法律というと，弁護士や裁判官や法律学者が専門的に扱う難しい学問領域と思われ，一般に敬遠されがちである。まして，国際法というと，そのことに加えて一国家を越えた外国との関係の問題であり，また，外国語で議論されることが多いので，できれば避けたいと考えられがちである。

しかし，避けたいと思っても，これだけ国と国との関係が緊密になり，海外旅行や国際取引，さらには留学や国際結婚などが身近かなものになってくると，国際法の問題もひとごとではなくなってくる。

アウン・サン・スー・チーさん

このことを，最近の一般的な関心事の一つを取り上げて，多少詳しく見てみたい。読者の中には，アウン・サン・スー・チーさんという人の名前を見たり聞いたりしたことのある人が，少なくないであろう。ミャンマー（ビルマ）の建国の英雄であるアウン・サン将軍のお嬢さん，と言っても1945年生まれの婦人である。1988年にミャンマーで起こった民主化要求デモが軍隊によって武力鎮圧され，多くの死傷者がでた。この民主化運動の指導者の一人がアウン・サン・スー・

チーさんである。1989年7月から1995年7月までの6年間，軍事政権（国家法秩序回復評議会，現国家平和発展評議会）によって自宅軟禁状態に置かれ，その間，軍部の圧力に屈せずミャンマーの民主化のために抵抗したことを称えて，1991年のノーベル平和賞を授けられた。

ミャンマーという国は，1948年にイギリスの植民地から独立を獲得したが，国内に多くの少数民族問題を抱え，その中には武装して中央政府と戦うものもいて，国内の政治情勢は安定しなかった。1962年以来，ネ・ウィン将軍のもとで，基本的には軍事独裁政治が続いた。1988年にネ・ウィン将軍は国内騒乱をきっかけに政治の表舞台から引退するが，軍部による独裁政治は形を変えて継続し，今日に至っている。

その間，1990年には国内の民主勢力の突き上げと民主化への国際的圧力のもとで選挙が行われた。この選挙では，アウン・サン・スー・チーさん率いる国民民主連盟（NLD）という新しく組織された政党が80パーセント以上の議席を獲得して圧勝した。軍部はこの選挙結果を無視して政権を継続し，政府を批判する人たちを厳しく弾圧した。現在でも，少なくとも数百人の政治犯が刑務所に入れられ，その多くは拷問その他の非人道的処遇を受けている。表現の自由，集会の自由，結社の自由，政治活動の自由などの基本的人権は，全く保障されていない。

このような状況に対して，国連の人権委員会は1990年以来ミャンマーを，とくに人権状況のよくない国として国別審議の対象とし，1992年以来特別報告者を派遣して人権状況の調査をさせてきている。ところで，この国連の動きに対して，ミャンマーは，自国民をどう処遇するかはミャンマーの国内問題であって国連が介入すべき問題ではないとして，抵抗した。このミャンマーの主張には一定の国際法上の根拠がある。すなわち，国際法の重要な一部である国連憲章では，第2条7項において，国連は加盟国の国内管轄事項に干渉してはならないと規定しているからである。こうしてミャンマーの人権侵害状況が，ミャンマーの国内管轄事項かどうかという法律上の問題，すなわち国際法の解釈，適用の問題が生じるのである。

一般的に言えば，ある国の領域内において自国民をどのように扱うかは，それぞれの国の主権内の問題である。その意味では，出発点としては，ミャンマーの国内の人権状況はミャンマーの国内管轄事項ということになる。ところが，国連憲章は，別に第1条3項において，加盟国は「人種，性，言語又は宗教による差別なくすべての者のために人権及び基本的自由を尊重するように助長奨励することについて，国際協力を達成」する義務があると規定している。つまり，国連の場で人権問題について議論し，人権尊重に向けて努力する義務が，国連加盟国にはあるのである。したがって，ミャンマーは国連加盟国として人権状況の改善に協力する義務があり，国連はそのことについて審議し，ミャンマーに協力を求める権限があるのである。

最近は，この国連憲章の規定を離れても，人権問題は国際的関心事項になったとされるようになった。たとえば，1993年にウィーンで開催された世界人権会議では，人権問題が国際的関心事項であることが明確に宣言された。このように，ミャンマーはもはや自国の人権問題について，それを国内管轄事項として，国連の関与を拒否することができなくなったのである。

さらに，ミャンマーについては，人権委員会（2006年に人権理事会となった）が任命した特別報告者が報告書を作成して人権委員会に提出する。その中にはミャンマーに対する人権状況改善のための具体的な勧告が含まれている。たとえば，政治犯を釈放すること，強制労働をやめること，兵士による一般市民への暴行をやめさせること，表現，集会，結社，出版などの政治的自由を保障することなどを勧告する。そして，その報告書と勧告を受けて，人権委員会はミャンマーに関する決議を採択する。

ここでひとつ問題になるのは，これらの文書，とくに特別報告者の報告書と人権委員会の決議の法的性格である。これらは明らかに慣習国際法でも条約でもない。ということは，通常国際法とは理解されていない文書である。それではこれらの文書は何の意味もないのかというと，そうではない。これらの文書に書かれている勧告に従わないと，ミャンマーに対しては国際的非難が寄せられたり，政府開発援助（ODA）が止められたり，さらに強い非難決議が国連総会のような権威のある機関で採択されたりするのである。ミャンマーとしても簡単に無視する訳にはいかない。実際，ミャンマーはこれらの文書の勧告をすべて履行しないとしても，その内のいくつかは，少なくとも形の上だけでも尊重しているように行動する。たとえば，1992 年から数年にわたってスー・チーさんを解放するようにとの勧告が人権委員会決議で出されてきたが，1995 年 7 月にそれは実現した。しかしまた最近，スー・チーさんは自宅軟禁状態におかれている。

このように見てくると，国家は，厳密には国際法とは言えない国連決議などに，ある程度しばられた行動をとることが明らかになるが，これは，これまでの慣習法と条約に国際法を限ってきた考え方に一定の修正をせまる事実と言える。ミャンマーの事例はこのように，単に国際法の解釈，適用のケースとして見ることができるばかりでなく，国際法の理論に対するあらたな挑戦の要素もある。本文にあるソフト・ローという考え方は，このような流れの中で出てきたものである。

ミャンマーのケースは，さらに別の国際法の問題を提起する。現在ミャンマーの人権侵害状況で大きな問題のひとつとなっていることに，軍による一般市民への暴行がある。ミャンマー政府の説明では，それは反乱軍との戦いで生じたやむを得ない被害だということになるが，通常の国家間の戦争の場合は，いかに戦闘が激しくても，一般市民への攻撃は国際人道法（以前は交戦法規と呼ばれていた）のもとで禁止されている。実際，第2次世界大戦後の軍事法廷は，国際人道法に違反する行為を行った旧日本軍やドイツ軍の軍人を裁き，処罰した。

そこで，問題は，この国際人道法がミャンマーの場合のような内戦にも適用できるかということである。1949年の国際人道法に関するジュネーブ4条約（赤十字条約）は，内戦についても国際人道法を適用するとしている。ところが，ミャンマーは当初1949年のジュネーブ4条約を批准していなかった。国連決議の勧告を受けて，その後ミャンマーはこれらの条約を批准したので，内戦についても国際人道法の原則を適用する国際法上の義務が生じたのである。国際法的には，こうして，兵士による一般市民への暴行は禁止されているのであるが，実際は依然としてこれらの違法行為がミャンマーにおいて広く行われていることが国連に報告されている。これは，戦闘状態において法の適用を確保することがいかに難しいかを如実に示している。

ミャンマーについては，さらに，亡命政府の問題がある。現在アメリカのワシントンには，ビルマ連邦連立政府がつくられ，首相，外務大臣以下の閣僚もいて，国連や各国政府にさまざまな働きかけをしている。国連は現在ミャンマーを実効的に支配している軍事政府をミャンマーを正式に代表する政府，つまり正統政府として認めている。実は，国名についても，亡命政府の方は，軍事政府が勝手に変えたミャンマーではなく，いまだにビルマを国名にしている。この状況において，日本を始めほとんどの国および国連などの国際機構は，現在の軍事政府を正統政府としてミャンマーという国名を使うが，人権団体の中には，1990 年選挙の結果を無視して居座っている軍事政府は正統とは言えないとして，今でもビルマと呼び，軍事政府の退陣を要求している。

このように，ミャンマーの事例一つからも多くの国際法の問題が浮き彫りにされる。本書においては，できるだけ実際の例をあげながら国際法の問題を解説するように心掛けたが，なお，読者はみずからの関心問題を，ここで扱っている国際法の問題と関連させながら読み進んで行くことを勧めたい。

〔横 田 洋 三〕

第1章 国際法の基本構造

国際法は，いつ，どこで，どのような事情のもとに成立したのか。そして，それはその後どのような変化と発展をとげて今日に至っているか。私たちが日常接する法律は，憲法，民法，刑法などの国内法であるが，国際法は国内法とどう違うのか。こうした国際法についての基本的な問いに答えるのが，この章の目的である。

1 国際法の成立と発展の歴史

国際法の形成期（16，7世紀）

今日国際法と言われている法体系が成立したのは，16，7世紀のヨーロッパである。それ以前にも古代エジプト，ギリシャ，ローマ，中国，インドなどにおいて国際法に類似した法現象——すなわち，中央に強力な支配構造がない，相互に独立した複数の政治集団間に存在する法秩序——があった。しかし，それらはいずれも歴史の過程で途切れ，今日の国際法に法的につながるものではなかった。その意味で現在私たちが国際法と呼ぶものの直接の起源を求めると，おおむね中世の末期から近世初頭——つまり，16，7世紀——のヨーロッパ社会にたどり着く。

その時代の代表的法学者で「国際法の父」と呼ばれている人にグロティウスがいる。彼は1583年にオランダのデルフトに生ま

グロティウス

れた。若い頃から神童ぶりを発揮し，12 歳でライデン大学に入学を認められ，15 歳の時にフランスのオルレアン大学から法学博士号を授けられた。16 歳の時にハーグで弁護士となったが，その後オランダの宗教上，政治上の争いに巻き込まれて逮捕，投獄された。数年後脱走してパリに住み，スウェーデン国王のために公使として仕え，1645 年に没した。

グロティウスは，パリ亡命中の 1625 年に有名な『戦争と平和の法』を刊行した。この書物は，1618 年から 1648 年まで続いた宗教戦争（いわゆる「30 年戦争」）の悲惨さを自ら体験する中で書かれたもので，正当な理由のない戦争を禁止し，かりに許される戦争の場合であっても，守らなければいけない一定の規則があることを説いた。スウェーデンのグスタフ・アドルフ国王はじめ当時の有力者の多くがこの本を読んで感銘を受け，これが戦争に従事する諸国を 1648 年のウェストファリアの講和に導く大きな契機になったとも言われている。この『戦争と平和の法』は，こうしてその後の国家の間の戦争と平和に関する法秩序の体系化に大きく貢献したので，近代国際法の最初の体系的書物と言われ，それゆえに，グロティウスは「国際法の父」と呼ばれているのである。

ところで，グロティウス以前にも，国と国の関係を規律する法，つまり今日いうところの国際法について，議論を展開した学者が存在した。たとえば，16世紀初頭に活躍したスペインのビトリア，16世紀から17世紀にかけて活躍した同じスペインのスアレスやイタリアのゲンチリスなどがそれである。ビトリアはスペインが新大陸（アメリカ）で発見した先住民族にもスペイン人と同様に適用される「共通の法」，すなわち国際法が存在すると主張した。また，スアレスは戦争の正当性を，不正に対する刑罰として理論化した。ゲンチリスは，外交関係と戦争に関する書物をそれぞれ刊行した。しかし，グロティウスの『戦争と平和の法』は，理論的，体系的にそれまでの書物に比べて一層整備されており，また，多くの有力な読者を得て，その後の国際社会の法形成に大きな影響を与えた。

グロティウスは，『戦争と平和の法』のほかに『自由海論』という小冊子を1609年に刊行して，母国オランダのインド洋への通商路を擁護するために海洋自由の原則――つまり，誰でも自由に海を使うことができるという原則――を主張した。この考えは，イギリスのセルデンの閉鎖海論――つまり，海洋はそれぞれの海域を支配する国が排他的に使用できるという原則――と鋭く対立し，いわゆる海洋論争へと発展した。この論争は，結局後の，海洋を「公海」（自由な海）と「領海」（沿岸国に属する閉鎖された海）に二分する制度の確立という形で妥協的に決着をみることになる。

これらの初期の国際法学者が活躍した時代においては，中世のキリスト教神学の影響を強く残す自然法の考え方が有力であった。グロティウスも自然法の影響を大きく受けていた。彼の書物が当時の有力者に受け入れられ易いものであった１つの理由は，このグロティウスの自然法的論証の仕方にあったと言える。しかし，

Key
ビトリア／スアレス／ゲンチリス／自由海論／セルデン／閉鎖海論／自然法

Key
実証的国際法／バインケルスフーク

バインケルスフーク

同時に，グロティウスは歴史的事実や国家の実行（実際の行動）などにも目を向けて国際法の存在を証明しようとする実証的方法論も採用しており，それゆえに後の科学的思考を持つ学者にも説得力をもつ内容ともなっている。

国際法の発展期（18，9 世紀）

18，9 世紀には，科学的思考が有力になり，また，産業革命と市民革命とによって生産規模の拡大，人や物の移動の活発化といった現象が顕著になる。この時代は，形成期の自然法的国際法に対比して，科学的，実証的国際法が発達した時期として知られる。また，この時代は，ヨーロッパ諸国の海外進出を通して，国際法の適用範囲が初期のヨーロッパ中心の法から地球大に拡大された時期としても知られる。さらに，この時代に，国際法は，海洋法，条約法，外交関係法，戦争法，通商法，領域画定など，扱う問題を大きく広げた。

この発展期に活躍した代表的国際法学者の一人に，オランダのバインケルスフークがいる。彼は，初期の国際法学者がとった自然法的，超越法的方法論を否定し，国家の慣行や条約に基づいて国際法を説明する実証的アプローチをとった。バインケルスフークは，このような方法論で『海洋領有論』，『公使の職務』，『公法問題（第1章「戦争史」)』などの書物を著した。バインケルスフークは，領海の範囲を，領土を支配する者の力の及ぶ範囲，すなわち，大砲の弾の着弾距離にすべきであると説いた人として有名である。もっとも，彼はそれが具体的にどの位の幅であるかは明確にしなかった。この着弾距離を3カイリ（約5.4キロメートル）としたのは，後のイタリアの外交官ガリアーニであった。後に長い間世界の主要国，たとえば日本やイギリス，アメリカなどの間で領海3カイリ説が定着したが，その考えの起源はバインケルスフークにあったのである。

バッテル

Key
着弾距離／ガリアーニ／バッテル

バインケルスフークの少し後に登場してこの時代の国際法の代表的学者として知られるようになった人に，スイス人の外交官バッテルがいる。彼は，バーゼル大学で学んだあと，当時ポーランド国王の地位にあったサクソニー選挙侯のもとで外交官となり，全権公使としてベルンに駐在した。バッテルは，外交官としての実務経験に基づく実践的かつ体系的な国際法の一般書を刊行し，その時代の国際法学者や外交官のみならず，後の学説や国家慣行にも大きな影響を与えた。彼の国際法学は，国家の主権概念を中心に据えた体系的な性格をもっており，当時の国際法の現実を的確に説明すると同時に，その頃法律学の分野で有力になりつつあった実証主義の立場に対しても説得力をもったのである。とくに，

Key マルテンス／『マルテンス条約集』

彼の，主権概念から当然に派生する原則としての自己保存権や内政不干渉の主張は，のちにアメリカの独立戦争に理論的根拠を与えたと言われる。

この発展期の国際法を代表するもう一人の学者にドイツのマルテンスがいる。彼は，ゲッチンゲン大学で法律学を修めたあとウィーン大学などで研究を行い，その後ゲッチンゲン大学に戻って教授，法学部長，学長を歴任した。彼は『実定ヨーロッパ国際法の存在と国際法学の効用を論ず』，『ヨーロッパ近代国際法概説』などの国際法の書物を出版し，条約や先例に基づく実証的国際法学の大成をめざした。マルテンスの業績でとくに歴史に残るのは，『マルテンス条約集』の刊行で，その後の実証的国際法学の発展に欠かすことのできない基礎を提供した。

国際法の変容期（20世紀）

19世紀末から20世紀にかけて，国際法は大きな変容期を迎える。その背景には，科学技術の発達，国際交流・通商の活発化，国際社会の普遍化（地球化），国際社会の組織化などの現実社会の変化がある。

18世紀後半に始まる産業革命は，やがて，生産規模を世界大に拡大し，そうした企業活動の国際化に伴い人や物の国境を越えた移動が活発化した。19世紀後半になると，このような国際的交流・通商の活発化とそれを支える交通通信技術の発達に伴って，多数の国の間の恒常的国際協力の必要が生じたのである。具体的には，郵便，通信，鉄道，度量衡（物の長さ，面積，体積，重量などの単位）などに関する国際協力のための多数国間会議が19世紀後半にもたれるようになり，そうした国際会議の設営や管理・運営，また次の会議の準備や資料収集・配布などを行う国際事務局が設置されるようになった。それが国際行政連合と言われるもので，1865年に設立された万国電信連合をかわきりに，一般郵便連合(1874年)，国際度量衡連盟（1875年)，工業所有権保護同盟（1883年)，国際著作権同盟(1886年)，国際鉄道運送連合(1890年）などが次々に設立された。

20世紀に入ると，こうした国家を越えた機構を通しての国際協力は一層発展し，第1次世界大戦後には，国際連盟と国際労働機関（ILO）という国際行政連合をより組織的に発達させた国際機構が設立された。さらに，第2次世界大戦後は，国連を中心に多くの世界的(普遍的)，地域的国際機構が設立されて，国際関係において重要な役割を果たすようになった。このような国際機構の出現と役割の増大の現象を，「国際社会の組織化」と呼んでいる。

組織化の時代に入って，国際法においては，さまざまな考え方が混在するようになった。たとえば，この時代の国際法学者の代表の一人に，イタリアのアンツィロッティがいる。彼は19世紀後半に北イタリアに生まれ，ピサ大学で法律学を学んだあと，パレルモ大学，ボローニャ大学を経てローマ大学で長く国際法を教え，1921年から40年まで，常設国際司法裁判所の裁判官を務めた。アンツィロッティは国際法と国内法を峻別し，両者が衝突することは理論的にありえないと主張した学者として知られている。彼は古典的な国家中心の国際法秩序を明快に体系化して，実定法的国際法学を大成したのである。この立場においては，国際法の主体はあくまでも国家であって，新しく登場した国際機構や個人，企業などは，固有の法主体性をもたないとされる。

これに対して，フランスのジョルジュ・セルは，むしろ国家の

Key
国際行政連合／常設事務局／一般郵便連合／国際度量衡連盟／工業所有権保護同盟／国際著作権同盟／国際鉄道運送連合
国際連盟／国際労働機関（ＩＬＯ）／国際社会の組織化／アンツィロッティ／ジョルジュ・セル

国際法主体性を否定して，個人のみが国際法の主体であるという，ある意味で革命的な議論を展開した。国際法が現実に国家の権利義務を規定している事実からすれば，彼の主張は説得性を欠いており，学界においては主流を占めるにはいたらなかった。しかし，後に人権や国際犯罪との関連で個人の国際法上の権利義務を規定する条約が実際に結ばれるようになって，ジョルジュ・セルの学説も一定の評価を得るようになった。

さらに特異な学説を展開した学者として，チェコスロバキア生まれでウィーンで法律学を学び，1930年代にナチスに追われてアメリカに渡ったケルゼンという人がいる。ケルゼンは，法体系を法現象と切り離し，国際法を含む法を純粋に法論理の体系として研究する方法論（純粋法学）を主張した。この立場から，国際法の問題にも幅広い分析を加え，国際法と国内法は法体系としては1つであるという立場から，国家はもちろん企業や個人の法主体性も認められるとした。

今日の国際法学の状況は複雑であるが，これらの代表的国際法学者の考えを矛盾なく取り入れる方向で多数説が形成されつつあると言える。すなわち，国際社会における国際機構や個人の地位と役割の増大を考慮しながら，なお，基本的には国家が主要な国際法の主体として重要な役割を果たしているという現実を一般的に前提として，国際法体系を理解するというのが，今日の主流をなす考え方と言える。また，国際機構の出現と発達とによって，国際法の立法，司法，執行のいずれについても，国際機構の関与が無視し得なくなってきており，その意味でも国際社会の組織化の現象は，国際法体系に大きな変化をもたらす契機となっているということも指摘しておかなければならない。以下，国際法の基本的，理論的問題が，今日どのように論じられているかを見てみよう。

2 国際法は法か

国際法は法ではないとする学説

国際法については，古くから法ではないとする法的性質否定説と，法であるとする法的性質肯定説とが対立してきた。国際法を法ではないと主張する学者としては，古くはプーフェンドルフ，オースチン，ラッソン，ツォルンといった人達が知られているが，今日でもそのように主張する人は決して少なくない。さすがに国際法学者の中には国際法を法ではないという人はいないが，国際政治学者や国内法学者の中には，今日でも国際法を法とは認めない人が少なからずいる。

彼らの主張は，もちろんそれぞれにニュアンスの違いがあるが，おおむね次のようにまとめることができる。すなわち「法は違反者に対して権力による効果的な罰則（制裁）が加えられなければならないが，国際法にはそのような上位の権力も効果的な制裁も存在しない」，「したがって国際法はとくに力のある大国によってしばしば無視され，違反状態は放置される」，「それゆえに国際法は法とは言えない」というものである。

このような立場を反映しているせいか，国際政治学者の多くは，国際政治学の研究や論議において，国際法に言及することはきわめてまれである。また，国内法学者の国際法認識もこれに近い。たとえば，人権を扱う憲法学者でさえも，国際人権規約（経済的・

Key
プーフェンドルフ／オースチン／ラッソン／ツォルン

社会的・文化的権利に関するA規約と市民的・政治的権利に関するB規約がある）や人種差別撤廃条約などの国際法に論及することはほとんどない。

国際法は法であるとする学説

以上の国際法の法的性質を否定する議論に対して，国際法学者はさまざまな理由で反論している。

ケルゼンは，「国内法においても，未開社会にしばしば見られるように，統一権力による制裁は伴わないが，分散した形での制裁（たとえば村八分のような）が存在する法がある」とし，国際法にもこのように分散した形の制裁は戦争や復仇として存在するから法と言えると主張した。

また，エイクハーストは，「国際法は強制力が弱いから守られないというが，たまたま政治的に重大な国際法違反だけが報道されるために目立つだけで，国際法の多くは実際によく守られている」として，国際法の法的性質を肯定する。さらに，「国内法であっても，独裁制のもとなどで，権力者は法を無視し，それに対して強制力が加えられない場合があるから，国際法において国際法違反をした大国に強制力が加えられないからと言って，法的性質を否定するのはおかしい」という主張もある。

これらの国際法の法的性質否定論に対する正面からの反論のほかに，やや違った角度から分析を加えている学者もいる。たとえば，山手治之は，この問題は「法」の定義いかんによると言う。すなわち，彼によれば「法」を「中央権力による命令・強制というもの」に限定すれば，そのような中央権力を欠く国際法は法ではなくなる。しかし，「法」を広く「社会規範」としてとらえれば，国際法は「法」である，ということになる。

今日の国際法学上の通説

今日，国際法の法的性質に関する国際法学上の通説は，肯定論であり，その論拠はおおむね以下の3点にまとめることができる。

第1に，法の本質は強制力にあり，したがって国際法が法であるためには強制力がなければならない。ところで，国際法においても，しばしば未開社会に見られるように，分散した形ではあるが，戦争や復仇という強制力が存在してきたから，法と言える。

第2に，国連憲章において見られるように，戦争や復仇は，今日次第に合法的な行為としては否定される方向にあるので，その分，国際法の強制力は失われてきているとも言えるが，他方で，国連を中心とする国際機構の発達で，国際法の立法，司法，執行は，ゆるやかではあるが国際機構を通して次第に統一化の方向に向かっているから，その意味では国際法の強制力もこれらの国際機構を通して組織化され，強化される傾向にある。

さらに第3点として，今日国際法は，諸国によってまた多くの人によって「法」として認識され，かつ，よく遵守されているということが指摘される。国際司法裁判所においては，国際法が法として当事者によって主張され，また裁判所は国際法を法として解釈・適用し，判決や勧告的意見を出している。国連の多くの会議においては，条約や慣習国際法が法として援用され，また，法を作り出すものとして多くの条約案が総会のような国連の機関や国連主催の会議において採択されている。国連総会の補助機関である国際法委員会は，国際法の法典化と漸進的発達のために条約

Key 砂川事件／日米安全保障条約

案を策定している。このように，国際社会においては，国際法は「法」として認められ，「法」として定立され，解釈され，適用されている。他方，今日の多くの国においても，憲法などで，国際法を「法」として認知し，裁判所などで解釈，適用している。たとえば，日本国憲法第 98 条 2 項は「日本国が締結した条約及び確立された国際法規は，これを誠実に遵守することを必要とする」と規定し，国際法を「法」として守られるべきものとしている。実際，日本の裁判所は，具体的裁判において，必要な場合，国際法を適用して判決を下している。

このように，今日，国際法が「法」として存在していることは，否定することのできない事実として国際法学者の間では了解されているのである。

3 国際法と国内法の関係

砂川事件——憲法と日米安全保障条約の優劣関係

さて，国際法は今日法として認識されているわけであるが，それでは，その国際法は国内法とどのような関係にあるのだろうか。

この点は，国際法学の分野で久しく議論があった。また，現実にもこの点が裁判における争点の 1 つにもなった。いわゆる「砂川事件」がその一例である。1957 年，在日アメリカ軍が使用していた東京の立川基地拡張問題をめぐって反対派が基地周辺（砂川地区）でデモを行い，その一部の者が基地内に侵入した。この不法立ち入りしたデモ隊員数名が日米安全保障条約（旧安保条約）第

砂川闘争（1956 年 10 月 13 日）

3 条に基づく行政協定に伴う刑事特別法第 2 条違反で起訴された。第 1 審の東京地方裁判所は，日米安全保障条約の下でアメリカ軍を駐留させていることは，憲法第 9 条 2 項前段によって禁止されている「陸海空軍その他の戦力の保持」に当たるとして，同条約の下の行政協定に伴う刑事特別法の適用を認めなかった。つまり，この判決においては，条約より憲法の規定を優先させて，憲法違反の条約の下の国内法の適用を拒否したのである。もっとも，この事件については，その後，最高裁判所において，日米安全保障条約のような高度に政治性をもつ条約の合憲性，違憲性の判断は，一見きわめて明白に違憲無効であると認められる場合を除き，裁判所による違憲審査になじまないとして，判断を回避する判決が下された。その意味では，憲法という国内法と日米安全保障条約という国際法の関係についての最高裁判所による最終的判断は得られなかったが，いずれにしても，このように，国際法と国内法

Key
国内法優位の一元論（国内法優位論）／二元論／国際法優位の一元論（国際法優位論）

の関係は，単に理論上の問題であるばかりでなく，実際上も意味のある問題なのである。

国際法と国内法の関係に関する学説

国際法においては，国際法と国内法の関係に関して，従来，三つの学説が対立してきた。第1は「国内法優位の一元論」（国内法優位論），第2は「二元論」，そして第3は「国際法優位の一元論」（国際法優位論）である。

ところで，国内法優位論は，各国の国内法に国際法を従属させることになるから，国内法の規定にかかわりなく諸国の関係を規律する法である国際法の固有の存在を否定することになる。たとえば，日本とX国の間で条約を結んで，お互いに相手国民に土地所有権を認めあったとする。ところが，このX国の国内法では外国人に土地所有権を認めていない場合，結局，この国内法が日＝X間条約の規定に従って改正されない限り，日本も相互主義の原則でX国の国民に土地所有権を認めないことになるから，この条約は存在する意味がなくなる。かりに，日＝X間条約締結時にはお互いに国内法では外国人の土地所有権を認めていたとしても，後にどちらか一方が外国人の土地所有権を認めない国内法を制定すればそれで同条約の意味はなくなる。しかも，両国とも国内法で始めから外国人の土地所有権を認めている場合は，そもそもお互いに相手国民の土地所有権を認めあう日＝X間条約を締結する意味がない。

このように，国内法優位論は，結局，国際法否定論につながる。また，国内の憲法秩序が革命などで暴力的にくつがえされても，その国が締結した条約は依然として存続するという現象を国内法優位論では説明できないとする有力な批判も存在する。さらに，条約法に関するウィーン条約第27条にも規定するように「条約の不履行を正当化する根拠として自国の国内法を援用することができない」というのが，国際法の一般的規定である。このことは明白に国際法優位を証明している。こうしたことから，国際法学者の中に国内法優位論をとる人はほとんど存在しないのである。しかし，憲法をはじめとする国内法学者の多くは，憲法を最高規範とする立場から国内法優位論を一般にとっていると判断してよいだろう。

二元論は，国際法と国内法を，全く次元の異なる相互に無関係の法体系と見る。トリーペル，アンツィロッティ，オッペンハイムなどによって主張され，20世紀初頭以来の有力説で，今日でも支持者は少なくない。二元論の立場をとる学者は，国際法と国内法は，成立の基盤，規律対象，適用形態いずれにおいても異なっていて，同一平面上の法としてとらえることはできないと考える。すなわち，成立の基盤としては，国内法は1つの国の意思によって成立するのに対して，国際法は複数の国家の意思の合致が成立の基礎となる。また，規律対象に関して言えば，国内法は私人と私人，または私人と国家の関係を規律するのに対して，国際法は国家と国家の関係を規律するのであって，全く異なる関係を規律している。さらに適用形態を見ると，国内法は国家権力による命令・支配の関係で適用されるのに対して，国際法は平等な国家の間の関係に適用され，上位の者から下位の者への命令支配という形をとらず，この点でも全く異なる。こうして，二元論は，国際法と国内法は法律的には相互に全く違う無関係の法体系と見るのである。

Key
条約法に関するウィーン条約／トリーペル／アンツィロッティ／オッペンハイム

Key フェアドロス／クンツ

二元論に対しては，次のような批判が出されてきた。第1に，国際関係の緊密化に伴って，現実に，砂川事件のように，国際法と国内法が同じ事象を規律するという現象が現れてきているが，二元論ではこのことを説明できないということがある。第2に，日本国憲法第98条2項のように，国際法と国内法の関係に関する規定をもつ各国憲法が増えてきていて，実際に国内の裁判所において国内法とともに国際法を適用する事例が多くなってきたが，二元論ではこの現象も十分に説明できないという批判もある。このような批判に立って有力説になってきたのが国際法優位論である。この立場の代表的学者としてはフェアドロス，ケルゼン，クンツなどが挙げられる。

国際法優位論は，国際法と国内法が現実に同一事象を同時に規律することがあることを前提にして，国際法と国内法を同じ法体系の中の法と見る。そして，両者が一つの事象に対して同じ規定をしていれば問題はないが，異なる規定をしている場合は，国内法を優位に置くと国際法否定につながり，また，革命などによっても国際法による規律が継続する関係を説明できないことから，国際法を優位に置く立場をとるのである。

ところで，国際法優位論にも問題がある。それは，多くの国の憲法には条約などの国際法に関する規定を置いているが，そのほとんどは国際法の効力を国内法と同等かそれ以上に認めているものの，憲法より上位に置く規定は存在しないのである。その意味で国内法的には，国際法優位ということは実証されないという問題がある。

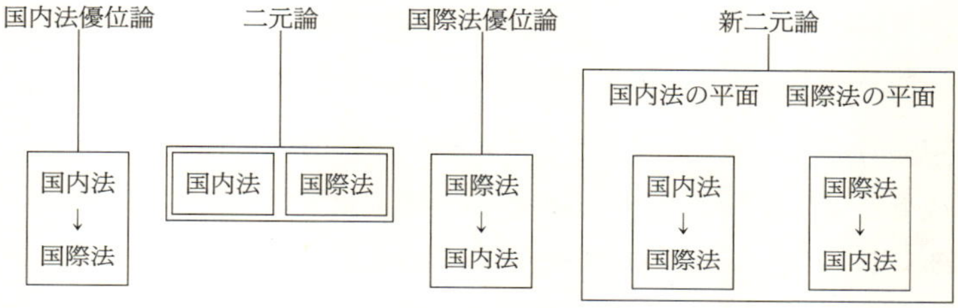

国際法と国内法の関係

国際法と国内法の関係に関する新しい考え方

以上の通り，国際法と国内法の関係については，国内法優位論，二元論，国際法優位論の三つが対立していて，それぞれに論拠があるが，また，問題点もないわけではない。この状況を乗り越える新しい考え方が最近有力に主張されるようになった。新二元論，あるいは等位理論，融和論などという名称で主張される立場がそれである。

この第 4 の立場は，国際法，国内法それぞれの実定規定に着目する。すなわち，国際法においては，先に引用した条約法に関するウィーン条約第 27 条の規定のように，国際法優位が実定規定の定めるところである。他方で，国内法においては，日本国憲法第 98 条 1 項が規定するように「憲法は，国の最高法規」であるから，国際法と言えども憲法の上位に位置づけられることは憲法秩序のもとではできない。この二つの全く異なる実定規定をどう調和させて理解するかと言うと，国際法の平面での問題と国内法の平面での問題を分けることによって，矛盾なく説明できるというのがこの第 4 の立場である。つまり，国際法の平面では国際法優位論，国内法の平面では国内法優位論とすることで，双方の立場が同時に尊重される。

このように，この第 4 の立場は，問題を国際法の平面と国内法の平面に切り離して考えるから，実は基本的には二元論の立場である。ただ，国際法と国内法が同一事象を同時に規律する場合があるということを認めている点でいわゆる二元論とは，大きく異なる。その意味で，新二元論と言われるのである。また，この立場は，国内法優位論，二元論，国際法優位論を調和させている点で融和論とも言われる。さらに，国際法と国内法を，お互いに関連があることを認めつつもどちらかが優位とは結論づけないという意味で，等位理論と呼ばれる。

この第 4 の立場の問題点は，国際法の平面で国際法優位，国内法の平面で国内法優位とした結果，一つの国家が法的に矛盾する地位に立たされる可能性があるということである。この点については，そのような矛盾する立場をとった国家の政策上の問題であって，どちらかの義務を守った結果他方の義務が履行できないという責任を，国家としては果たさなければならないという問題として認識される。そして，そのような問題を避けようとするならば，当該国家は両者の矛盾を解消するための措置（たとえば条約改正とか国内法改正）を早急にとらなければならないということになる。

4 国際法の法源

国際法における法源論争

法源とは，法の具体的な存在形態のことである。言いかえると，何が法かということが議論されたときに，最終的にたどりつく法の源という意味である。国際法の場合，何を法源と見るかについてこれまで論争があった。日本でも，横田喜三郎と田岡良一の間で有名な論争があった。横田は，国際法の法源を条約と慣習法に限るとする立場をとった。その論拠は，国際法が国家の間の合意によって作られるという基本的認識にある。すなわち，国家は主権をもっていて，みずから国際法の規律に従うと合意しない限りいかなる法にも拘束されないが，その合意は，条約の形で明示的に示されるか慣習法の形で黙示的に示されるかのどちらかであって，それ以外の国際法の存在形態はありえないと横田は主張した。

これに対して，田岡は，国際司法裁判所規程を論拠に，国際法の法源には，条約，慣習法のほかに法の一般原則があるとした。すなわち，国際司法裁判所規程第 38 条 1 項は「裁判所は，付託される紛争を国際法に従って裁判することを任務とし，次のものを適用する」とした上で，適用するものとして，(a) 条約，(b) 慣習法，に加えて (c)「文明国が認めた法の一般原則」を規定している。田岡はこれを理由に，法の一般原則も国際法の法源であると主張したのである。この田岡の学説は，国際裁判の適用法規と国際法の法源の問題を混同しているとして批判された。

このほか，少数説であるが，国際機構の決議や国際裁判の判決などを国際法の法源と見る学説もある。

国際法の法源に関する今日の通説と問題点

国際法の法源に関しては，国家の明示または黙示の合意を国際法の根拠と見て，条約と慣習法のみを法源とする学説が今日主流となっている。これが，厳密な意味における実定法主義，

Key 横田喜三郎／田岡良一／国際法の法源／法の一般原則／実定法主義

あるいは法実証主義の立場である。この立場に立った場合，ある国家の行為が国際法違反であると主張するには，その行為を禁止する規定がその国を規律する条約または慣習法の中に存在することを立証しなければならない。たとえば，フランスの南太平洋における核実験が国際法違反であると言うためには，自国の領域内における地下核実験を禁止する条約または慣習法の存在を立証する必要がある，というのがこの立場である。その場合，地下核実験を明文で禁止する規定の存在を証明する必要があるという厳格な立場をとるのが，超実定法主義である。これに対して，かかる実験を禁止していると類推的に解釈できる規定の存在を証明するだけで十分であるとするのが，広義の実定法主義である。

ところで，国際社会は，変容期に入って組織化が進み，国家は厳密な意味においてみずから合意しない問題について拘束をうける状況が現実に生じてきた。たとえば，国連憲章第25条は，安全保障理事会の決定はすべての国連加盟国によって受諾され，かつ履行されなければならない，と規定する。つまりこの規定によれば，安全保障理事会の理事国であっても反対した国，あるいは，そもそも安全保障理事会の理事国ではない大多数の国連加盟国も，みずから合意しなかった安全保障理事会の決定に，法的に拘束される。このことは，安全保障理事会の決議も国際法の法源に加える必要があるのではないか，という問題を提起する。

実際には，安全保障理事会の決定のみならず，たとえば国連総会の分担金の決議は，やはり加盟国を拘束する（国連憲章17条2項）。また，国連総会や経済社会理事会が採択した議事手続規則も，加盟国を拘束する。こうして見ていくと，ほとんどの国際機構の審議機関の決議は，加盟国を拘束する場合がある。さらに，国連総会のような権威のある機関が採択した規範設定的決議，たとえば，1948 年の世界人権宣言や 1960 年の植民地独立付与宣言，1974 年の国家の経済的権利義務憲章などについては，のちに慣習国際法に発展する可能性のある規範と見て，ソフト・ローと呼ぶことがある。そうだとすると，これまで少数説でしかなかったが，国際機構の決議の少なくとも一部も，国際法の法源に加える必要があるのではないか，という問題が現実に提起されていると言えよう。

国際法の法源と強行規範

国際法には，強行規範（強行規定）という概念がある。ラテン語で jus cogens（ユース・コーゲンス）という。これは，国家間の任意の合意によってはくつがえすことのできない強行的に適用される規則のことである。条約法に関するウィーン条約第 53 条は「締結の時に一般国際法の強行規範に抵触する条約は，無効である」と規定して，国家間の明示の合意である条約によっても変更できない上位の法規範があることを明確にしている。同条は，強行規範を「いかなる逸脱も許されない規範として，また，後に成立する同一の性質を有する一般国際法の規範によってのみ変更することのできる規範として，国により構成されている国際社会が受け入れ，かつ，認める規範をいう」と定義している。

このように，国家間の合意法の上位にある法の存在を認める以上，国際法の法源には，条約および慣習法，さらに一部の国際機構の決議に加えて，強行規範を法源に加える必要も今後検討されなければならない。ただ，今日，この点の議論は必ずしも十分に学界や国際会議などで深められているとは言えず，実際何を強行

Key

侵略戦争の禁止／集団殺害（ジェノサイド）／民族自決権／ベルナドッテ伯爵殺害事件

規範に含めるかについても意見の一致が見られない状況にある。

比較的多くの学者によって強行規範として列挙されているものに，侵略戦争の禁止，集団殺害（ジェノサイド）の禁止，奴隷制および奴隷売買の禁止，基本的人権の尊重，民族自決権などがある。しかし，強行規範の意味，今日有力な実定国際法との関連での位置づけ，強行規範の具体例などについては，今後一層の研究が待たれる。ただ，ここで明確に言えることは，国際法の法源を条約と慣習法に限ると見る従来の通説が，今日維持しえなくなってきているという事実である。

5 国際法の主体

国際法における主体論の意味

国際法は，その歴史的展開において，国家間の法として成立し発展してきた。そこで，国際法によって規律される主体，言いかえると国際法上の権利義務の担い手となりうる存在は，国家のみとされてきた。ところが，19 世紀後半から 20 世紀に入ると，国際関係が緊密化し，個人や企業などが国境を越えて盛んに活動するようになり，また，国際社会の組織化に伴い国際機構の存在と活動が無視しえないものとなってきた。こうした現実を踏まえて，国家以外に国際法の主体が存在するかどうかが議論されるようになり，現実にも裁判などで問題提起されるようになった。

国際機構の主体性

たとえば，1949 年に国際司法裁判所が示したベルナドッテ伯爵殺害事件に関する勧告的意見がある。この事件は，1948年の第1次中東戦争の際に，国連から調停官として現地に派遣されたスウェーデンのベルナドッテ伯爵が，任務の遂行中に殺害されたことに端を発している。ここで問題となったのは，国連が，国家ではないのに，従来国家に認められてきたような保護権を行使して，同伯爵殺害に関して，イスラエルに対して，損害賠償を請求する権利があるか否かという問題であった。言いかえると，国連は国際法上の主体性（法人格）をもち，したがって，国際法上の請求権を国家に対して主張しうるかという問題であった。これに対する国際司法裁判所の判断は，国連憲章に書かれている国連の目的から言って，そのような国際法上の法人格を国連はもっているというものであった。そして，その結果国連はイスラエルに対して国際法上の請求権を主張できると結論された。

この事件を契機として，国連を始めとする国際機構には，国際法上の法人格が存在すると論ずる学者が次第に増え，今日ではそれが通説的地位を占めるにいたった。国際機構の国際法主体性を肯定する根拠としては，設立基本条約の解釈や上記の国際司法裁判所の勧告的意見が挙げられるが，セイエステッドは，国家間の条約によって設立された国際機構は，設立と同時に，客観的に存在することを根拠に国際法上の法人格をもつ，という議論（客観存在説）を展開して注目を集めた。

ところで，国際機構の主体性については，単に国際法上の権利義務の担い手としての受け身の立場（受動的主体性）の問題だけではなく，最近は国際機構が条約を結んで国際法の定立に直接関与する場合（能動的主体性）があるということに留意する必要がある。たとえば，国連の場合，ニューヨークにある国連本部の地位

Key

本部協定／専門機関／連携協定／個人の法主体性／ジェノサイド条約／難民条約

や特権免除に関して，アメリカとの間にいわゆる本部協定を締結している。また，国連は，今日17ある専門機関との間に連携協定を締結して，お互いの協力関係について規定している。このように，国際機構は積極的に国際法の定立にも参画する地位をもつという点で，その国際法主体性はより広いものになっている。

こうして，今日では政府間の国際機構に国際法上の主体性が存在することは議論の余地なく認められている。ただし，その主体性には，国際機構を設立した条約の範囲内でのみ認められるという条件がつくことは忘れてはならない。この点が，一般的に主体性を認められている国家との大きな違いである。

個人や企業の主体性・個人の国際法上の地位

最近は国家や国際機構に加えて，個人や企業の国際法主体性も問題にされるようになった。ジョルジュ・セルのように，国家の国際法主体性を否定して国際法の主体はすべて個人とみる学説もある。この考えは，現実の国際法が，多くの場合，国家の権利義務を規定するものであるという事実を無視する理論として，今日ではほとんど否定されているが，その考え方の一部は今日個人の法主体性の議論の中に残されている。すなわち，今日の実定国際法の中に，個人の権利や義務を規定するものがあることを根拠に，限られた範囲における個人の国際法主体性を認めようとする考え方がそれである。たとえば，ジェノサイド条約第4条は，集団殺害の罪を犯した個人は「憲法上の責任のある統治者であるか，公務員であるか又は私人であるかを問わず，処罰する」と規定する。

また，難民条約第2条は「すべての難民は，滞在する国に対し，特に，その国の法令を遵守する義務及び公の秩序を維持するための措置に従う義務を負う」として，個人の義務を明確に規定している。他方，同条約第20条は「難民は，供給が不足する物資の分配を規制する配給制度であって住民全体に適用されるものが存在する場合には，当該配給制度の適用につき，国民に与えられる待遇と同一の待遇を与えられる」と規定して，難民としての個人の権利を規定している。その他の多くの人権関係の条約においても，個人の権利や義務を明確に規定している。このような実定規定を根拠に今日では，そのような明文規定があることを前提に，その範囲において個人の国際法上の主体性を承認する考え方が有力である。

企業の国際法主体性については，国際司法裁判所においてアングロ・イラニアン石油会社事件として争われた。1951年にイランがイギリスのアングロ・イラニアン石油会社を国有化した。イギリスはこのイランの国有化措置がイラン（ペルシャ）政府とアングロ・イラニアン（アングロ・ペルシアン）石油会社との間の石油採掘に関する利権協定違反であるとして，事件を国際司法裁判所に提訴した。しかし，同裁判所は，一企業と外国政府の間の利権協定の国際法的性格を認めず，イギリスの訴えを棄却した。この事件において明らかにされたことは，企業は，国際法上の固有の主体性を一般的にはもたないということである。

この立場は，いわゆるカルボ条項の国際法上の効果の問題とも関連している。ラテン・アメリカでは，外国人（企業）と政府が締結した契約の中で，紛争を現地の裁判所などで解決し，本国の外交的保護権を求めないという約束をする慣行が広く行われてきた。このようなことを規定する契約上の条項をカルボ条項と呼ぶが，

Key 企業の国際法主体性／アングロ・イラニアン石油会社事件／カルボ条項

Key
日米友好通商航海条約／能動的主体性／受動的主体性

このカルボ条項は国際法上の効果をもたず法的には意味がない，というのが国際法上の一般的理解である。このことは，企業の国際法上の地位が明確に確立されていないことを示している。

ただし，最近は，企業活動の国際化に伴い，企業の権利や義務を国際条約で規定するケースが増えてきた。たとえば，多くの通商航海条約では，個人とともに企業（法人）の権利や義務を規定している。日米友好通商航海条約第６条１項は「いずれの一方の締約国の国民及び会社の財産も，他方の締約国の領域内において，不断の保護及び保障を受けるものとする」として，会社の地位を明確にしている。

こうして，国際機構の場合のように一般性はないが，個人や企業なども，今日限られた範囲において国際法上の権利義務の担い手たる法主体性を認められていると言える。

能動的主体性と受動的主体性

以上に論じたこととの関連で，若干の用語の整理をしておく必要がある。これまで，法主体性，あるいは単に主体性と，法人格を区別せずに用いてきた。従来の国際法におけるこの問題の議論においてもこれらの言葉は一般に区別されないで用いられてきた。しかし，以上の論述からも分かるように，国際法の主体と言っても，国家のようにきわめて一般的な主体性を初めから認められているものと，個人や企業のようにごく限られた場合においてのみ主体性が認められているものとが混在しているので，ある程度その性格の違いを区別しておく必要がある。

今日，法主体性を論ずる場合，能動的主体性と受動的主体性を分けて考えるのが一般的である。つまり，能動的主体性というの

Key
国際法人格／国際法上の主体性／国内法上の主体性

は，法を作り出す過程に直接関与する地位を問題にする。これに対して受動的主体性とは，作られた法によって保護されあるいは規制される地位を問題にする。国家は，その意味では能動的主体性も受動的主体性も一般的にもつ国際法上の存在である。他方，個人や企業は，国際法を作り出す地位にはなく，単に受動的主体性を限られた範囲においてもつに過ぎない。国際機構は，その中間にあって，設立基本文書の範囲内において能動的，および受動的主体性をもつ。

国際法人格については，法人格という言葉が，国内法において，主に団体（法人）の地位との関連で論じられることから，国際法上は個人の問題を扱うときはあまり法人格ということは言わずに，法主体性の問題として論ずる。国際法において法人格が一般に使われるのは，国際機構のような団体の主体性，それも受動的主体性が問題になる時である。

国際法上の主体性と国内法上の主体性

主体性の議論においては，国際法上の主体性と国内法上の主体性とを区別する必要がある。本章におけるこれまでの議論は，国際法上の主体性に関するものであった。そして，結論として，現在有力な考え方は，国際法上の主体性を一般的にもつのは国家のみであるが，国際機構や個人・企業なども，限られた範囲において国際法上の主体性が認められるというものであった。

ところで，国家や国際機構，個人・企業が国際法上の主体性をもつからと言って，ただちにそれらが国内法上の主体性をもつと言うことにはならない。各国内において誰が国内法上の主体性をもつかは，それぞれの国内法の規定によって決まる。

Key
外国法人／国際連合の特権及び免除

日本の場合，民法第3条1項（2004年改正）において，人は出生とともに私権（個人が身分や財産関係に関して認められ私法上の権利）をもつ（つまり法主体性が認められる）と規定する。また，民法第3条2項は，外国人も，とくに法令や条約において禁止されていない限り，私権を享有すると規定する。その意味で，日本国内において，個人が民事上の主体性をもつことについて，異論はない。

また，民法第33条以下には，企業を含む法人の設立に関する規定があり，日本法に基づいて設立された企業は「会社」（商法第52条）として，民事上の法主体性をもつ。また，日本国はもとより，日本以外の国家も，原則として「外国法人」として民事上の法主体性を享有する（民法第36条）。その意味で，日本国内においては，原則として，個人，企業には国内法上の主体性が認められると言える。

それでは，国際法上一定の主体性が認められる国際機構の国内法主体性についてはどうか。この点に関しては，日本の国内法に明文の規定はないが，たとえば，国連憲章第104条は「この機構は……法律上の能力を各加盟国の領域において享有する」と規定しており，これは国内的に直接適用される規定である（憲法第98条2項）から，これを根拠に国連の日本の国内法上の主体性は明確に存在すると言える。さらに，日本が締結している国際連合の特権及び免除に関する条約第1条は「国際連合は，法人格を有……する」と規定し，国連の国内法上の法人格（法主体性，とくに受動的法主体性）を認めている。日本が締結している専門機関の特権及び免除に関する条約も同様の規定をもっているから，国際労働機関（ILO），ユネスコ，世界銀行などの国連の専門機関も，日本国内において法主体性を有すると言える。　〔横 田 洋 三〕

第2章　国際法の定立・適用・執行

モンテスキューの著作で有名な三権分立とは，立法・司法・行政の各権力の独立により，権力の集中を防ぐ制度のことを言う。ところで国際社会では，主権国家を超える世界的な議会や政府は存在せず，権力の集中はおろか権力の統合さえ実現されていない。しかし国際法が法である以上，法の定立・適用・執行という各機能は，何らかの形で実行されているはずである。ここでは，国際法の特徴，なかでも国内法との相違を明確にすることにより，各機能の実行形態について解説する。

1　国際法の定立──条約の締結

条約とは

条約と私達の日常生活とは，どのような関係にあるのだろうか。たとえば日本の育児休業法では，母性保護のため母親にのみ認められる産前産後の休業とは異なり，労働者であれば両親のいずれでも，子が1歳になるまでの休業を申しでることができる。現実に育児休業をとっている父親の数がまだ少ないとしても，それが可能とされた背景には，男女平等を推進する国際社会の動き，とくに国際労働機関（ILO）において1981年に成立した家族的責任平等条約の存在が大きな意味をもっていた。この条約は，固定的な男女の役割分担を打破し，家族に対する責任について，両性の平等の確保を目的としている。しかし日本は，同条約への参加を求められていたにもかかわらず，国内法の整備等の遅れから95年になってよう

Key

条約／批准／契約／2国間条約／多数国間条約

やく条約を批准した。

このほかにも，日米安全保障条約や2009年末に発効した欧州連合（EU）リスボン条約のように，政治的に重大な国の方針を決めたり，人権の保障や環境の保護など，条約の守備範囲は非常に広い。そして条約は地球規模の問題の解決から家庭内の日常生活の向上まで，新たな国際的な規制の推進にとって，国際関係に不可欠な要素となっている。

私達の日常生活の中で，条約に最も近い性格をもつものは，賃貸や売買に際しての当事者の合意に基づく契約である。ここで注意しなければならないのは，契約は締結した当事者のみを拘束し，一般的な拘束力を生じる法とは明らかに区別されることである。しかし，国内社会では契約という形で，同意した当事者しか拘束しない合意が，国際社会では法とされている。これは政治的統合が完成している国内社会と，水平構造の分権社会である国際社会の性格の違いに基づく。国家を超える権力の存在しない国際社会においては，一方的に法を制定して国家に義務づけることは，原則としてできないからである。

条約の分類

条約は，基本的に国家または国際機構の間の合意であるという以上に，法的に意味のある分類はできない。しかしその形態や内容から，いくつかの明らかな区分が可能なので，ここで若干の説明を加える。

まず2国間のみで締結される条約と多数国間で締結される条約という区別がある。2国間条約は専制君主間の私的契約から発展した古い歴史をもつが，多数国間条約は，国際関係の緊密化を反映して，19世紀以降飛躍的に増加してきている。それは，科学技術の発展や交通・通信手段の進歩に基づく国際関係の緊密化が，国際社会の共通ルールの必要を促し，2国間条約による規制では十分に対応できなくなってきたことに起因する。

このように国々が守るべき共通の行動規範を定める条約を立法条約と呼び，当事者間の相対的な権利義務を定める条約を契約条約と呼んで区別する考え方もある。立法条約の場合は本来の性格から，当然国際社会の不特定多数の国の参加を認める開放条約とされることが多く，反対に契約条約は後からの第三国の参加を認めない閉鎖条約となることが一般的である。

さらに国連憲章や日ソ共同宣言のように，条約の発効に後からの批准を必要とする正式な条約（批准条約）と，1952年の日米行政協定のように行政府だけの責任で締結され，批准を必要としない簡略形式による条約（署名条約）とに分けることもできる。簡略形式の条約は国際会議の議定書や省庁間国際協定という形で，多数国間条約でも近年増加の傾向にある。

Key
立法条約／契約条約／正式な条約／簡略形式による条約／条約法条約

ウィーン条約法条約

条約を締結したり終了させたりするためのルールは，国際法の成立の初期から慣習法という形で発展してきた。これを集大成したものが1969年のウィーン条約法条約である。この条約は採択の10年後にあたる79年に必要な数の批准を得て発効した。現在批准している国は，世界の国の約半数の112カ国であるが，条約の多くの部分は慣習法として国際社会で一般的に適用されている。そこで条約法条約の規定に沿って，条約を規律するルールについて説明していく。

条約の成立

条約の締結は，参加する国の全権代表による交渉によって開始される。しかし近年では，交渉の場は国際機構の機関（総会，理事会など）や国際会議に移り，全権代表による伝統的な条約交渉とは異なる現象が見られ，それは議会外交とも呼ばれる。交渉後の条約文の採択は，2国間条約や少数国間の条約では，交渉に参加したすべての国の賛成が必要であるのに対して，国際会議において多数国間条約が採択される場合には，参加国の3分の2以上の議決やコンセンサス（総意）による採択を原則としている。

通常，合意された条約文は賛同する代表による末尾の署名によって確定される。ただし，国際機構や国際会議の決議という形で条約が採択される場合には，署名は交渉に参加してその内容に合意する国によって行われると同時に，交渉に加わらなかった国に対しても，条約を一定期間署名のために開放する方式が採られる。ILO条約については，議長と事務局長の署名により条約文は確定し，各国政府代表の署名は一切省かれている。

簡略形式による条約は，署名の段階で締結手続を終了して条約が効力を生じるので，条約の成立時と発効時が一致する。しかし，正式な条約の場合は，条約文は署名時に確定するものの，効力発生はその後の各国の同意の表明に依存する。なぜなら議会の承認等の方法による外交に対する民主的な統制の確保が，条約の締結についても国内的に要請されることが多いからである。この同意は通常，批准と言われるが，ほかに受諾または承認と呼ばれることもある。交渉に参加しなかったり署名を行わなかった国の場合，後から加入によって同意を表明できる。そして同意は批准書等の交換によって確定するが，多数国間条約の場合には，いずれかの国または国連事務総長等への寄託により確定する。

以上の条約締結手続を図示すると，次のようになる。

Key 寄託／留保

```
                                    ↗発効→登録→公表　（簡略形式による条約）
交渉→条約文の採択→署名→批准→発効→登録→公表　（正式な条約）
　　　（決議）　　　　　　　　　↑
　　　　　　　　　　　　　　　加入
```

留　保

従来から人権条約への参加に消極的であったアメリカは，1994年に拷問等禁止条約と人種差別撤廃条約を批准した。その際アメリカは，①憲法と両立しない条約義務は引き受けない，②既存のアメリカの法や慣行を変更しない，③アメリカは条約の履行の多くの部分を州に委ねる，という共通の留保または宣言による変更を加えた。また女性差別撤廃条約に対しても，バングラデシュやイラク等のイスラム諸国が，家族や婚姻についての規定に関して，イスラムの教典を優先する留保をした。さらにマラウイは伝統的な慣習や慣行の根絶についての条約規定には拘束されないと宣言するなど，多くの留保が付されている。このように多数国間条約への批准時に留保が付される慣行が，現在では非常に多くなっている。

留保とは，多数国間条約の特定の規定の適用に当たって，その条項の効果を排除または変更することで，条約の多数決による採択と深く関連する制度である。留保に関する条項または事前の交渉国間の合意がない場合は，他の締約国の全員一致の同意がなければ留保は認められないのが，国際連盟時代までの慣行であった。しかし1948年国連総会が採択した集団殺害（ジェノサイド）防止条約について，国際司法裁判所（ICJ）による紛争解決を規定する条項への留保が，社会主義国によって表明され，これらの留保に西欧諸国は反対した。この問題に対応するために，国連総会から勧告的意見を要請されたICJは，条約目的との両立性を基準として各締約国が個別に留保の許容性を判断する原則を，1951年新たに打ち出した（ジェノサイド条約に対する留保事件）。この原則が国連で採用され，さらに条約法条約においても確認されたが，条約の目的から大きく逸脱するような留保が反対されないまま放置されたり，多数国間条約の一体性が保たれずに2国間条約の束のようになってしまうことへの批判は強い。

しかし多数国間条約への参加が100カ国を超えるようになり，様々な利害関係をもつ諸国の間で議会外交と言われる方法で条約が作成される現状では，条約の普遍性を高めるためにはやむをえないとの見方もある。さらに最近では，人権条約など規範設定的な条約への広範な留保の実行が問題とされ，国連の国際法委員会や各人権条約委員会などにおいて議論が重ねられてきた。

条約の発効

条約の効力は，2国間条約や少数国間の条約ではすべての署名国の同意が得られた後に発生するが，国際社会一般に対して開放されている条約では，あらかじめ条約に規定された一定数の国が同意を表明（通常は批准）した段階で発効時期が確定する。発効に必要な批准の数は，条約により20から60の間に定められることが多いが，国際人道法の分野では2以上の国の同意によって発効する条約もある。また包括的核実験禁止条約（CTBT）や京都議定書などでは，特定国の批准が必要とされたり，国家数とは別の基準の発効要件が課されているため，多くの国の批准が得られても条約が発効しない場合がある。なお同意の表明方法や留保等について規定する最終条項は，発効前の条約文の採択時から効力をもつとされている。

ところで条約の成立から発効まで，どのくらいの期間がかかるのであろうか。すべての署名国の同意が必要な2国間条約や少数国間の条約では，数カ月から1年未満で発効条件が整う場合が多く，それ以上長びいたら批准の拒否とみなされて，交渉をやり直すなどの措置が講じられる。他方，一定数の批准を発効要件としている人権条約や法典化条約等の多数国間条約については，批准書が速やかに寄託されず，発効まで数年から十数年かかる批准遅延という現象が顕著である。

Key 最終条項／批准遅延／登録／公表

非法律的合意

秘密外交を禁じる国際連盟以来の原則に従って，国連では発効後の条約は事務局に登録され，国連条約集により公表される。しかし最近では条約の増加のために事務局の処理が追いつかず，公表が重要な条約に限定されている。この点で，ヨーロッパのほとんどすべての国々にアメリカとカナダを加えて開催された全欧安全保障協力会議（CSCE, 現全欧安保協力機構 OSCE）の1975年のヘルシンキ最終議定書が条約として国連に登録されなかった事実は，国際法上大きな問題を投げかけた。当時CSCEは正式な国際機構ではなく，後の冷戦終結を予測させる議定書は，その後のプロセスを重視するために条約の形式をとらなかった。ヘルシンキ最終議定書の場合は，条約の批准遅延や改正の困難といった問題を避けるために，条約という形式を回避されたと考えられる。

合意の非形式化傾向とも言えるこのような実行は決して新しい

Key
紳士協定／非法律的合意／合意は守られなければならない／適用／解釈

ものではなく，伝統的な2国間の紳士協定や共同宣言等，当事国が法的な権利義務関係を定める意思をもたないため，条約とはされない非法律的合意が以前から見られた。しかし非法律的または純粋な政治的合意は，国際法の対象ではないとして条約法の適用範囲から除外されていたのが，この議定書以降国際法学者の間でも関心を集めるようになった。2002年の日朝平壌（ピョンヤン）宣言も，日本がいまだ国家承認していない北朝鮮との合意であるため，非法律的合意と考えられている。

条約の適用と解釈

「合意は守られなければならない」という条約法条約第26条に規定される原則に従って，条約は当事国を拘束する。その場合，条約の内容が国内法と矛盾するという理由で条約義務を免れることは許されない。条約を適用する際，解釈の相違が法律上の争いに発展することもしばしば見られる。

そのひとつとして，平和条約の解釈をめぐって国際司法裁判所（ICJ）の勧告的意見が与えられたケースを挙げることができる。第2次世界大戦後ブルガリア・ハンガリー・ルーマニアと連合国との間で締結された各平和条約では，人権の尊重と基本的自由の確保のために必要な措置をとることが約束されていた。1947年，これら3国において人権が守られていないと判断した米英両国は，条約中の紛争解決条項に従って設立される委員会への紛争の付託を呼びかけた。しかし，3国は自国委員の任命に応じなかったため，国連総会がICJの意見を求めたのである。意見においてICJは，本件は条約解釈の問題であり，条約義務履行に関する紛争なので，紛争解決条項を適用して，3国は自国委員を任命する義務があると結論した（平和諸条約の解釈事件）。

解釈に際しては条約文のほか，当事国間の関係合意や関係文書を含む文脈と条約目的に照らして，言葉の通常の意味に従う誠実な解釈が要請される。しかしそれでも意味があいまいな場合や，常識に反する不合理な結果がもたらされるときは，条約の準備作業等の補足手段の利用が可能となる。

条約と第三国

条約上の義務を守らなければならないのは，原則として条約の当事国だけに限られる。しかし，条約の当事者でない第三国に権利を与えたり義務を課すことも，その第三国が同意すれば可能である。義務の場合は，第三国の書面による明示の同意が不可欠であるのに対して，権利については拒否する明確な意思表示がない限り同意したとみなされる。また第三国の権利や義務を撤回するときも，義務については第三国の同意を要するが，権利の撤回は特別の場合を除いて同意を必要としない。

条約の無効

条約の消滅は，無効と終了に大きく分けられる。両者の違いは条約の効力が発生したかどうかにある。無効の場合，条約は最初から効力をもたないことになるが，終了の場合には，条約が発効したという事実はなお法的有効性を保っている。

条約の無効は「合意は守られなければならない」という原則を根底から崩すため，条約法条約においても厳格に扱われ，すべての場合が網羅的に規定されている。無効原因として，条約法条約は八つの場合を掲げている。それはさらに絶対的無効原因と相対

Key
相対的無効原因／絶対的無効原因／強制による条約

的無効原因の二つのタイプに分けられる。

相対的無効原因として，条約法条約は五つの場合を設けている。このうち，①錯誤（交渉者の思い違い），②詐欺，③代表者の買収の場合は，該当する当事国が主張すれば無効の根拠となる。④条約締結権能に関する国内法の違反と，⑤同意表明権限に対する特別の制限違反は，一定の条件を満たしていれば例外的に同意を無効にする原因となる。さらに絶対的無効原因として，⑥国家に対する強制による条約，⑦代表者に対する強制による条約，⑧強行規範に違反する条約の三つが規定される。これらのいずれかに該当する場合には，条約は初めからその効力を否定されるのである。

強制による条約

200 年以上鎖国政策をとってきた幕末の日本に，ペリーの率いるアメリカの艦隊が来航し，武力による威嚇を背景に開国を迫った。こうした威嚇の下に，徳川幕府は 1854 年にアメリカとの間に日米和親条約を締結した。この時の幕府の選択は，圧倒的な軍事力をもつアメリカ艦隊に軍事的に対抗するか，アメリカの要求を容れて鎖国政策を放棄して条約を締結するかのいずれかであった。このように武力によって強制された条約は有効なのか，また当事国はその条約上の義務を守らなければならないのかについて考えてみたい。

強制による条約は，強制の対象が国家であるか国の代表者であるかによって異なる。代表者に対する脅迫等の強制によって結ばれた条約は，無効となることが慣習法上確立している。しかし国家に対する武力による強制の結果結ばれた条約は，無効とはならない。このことは，戦争終結のために結ばれる平和条約の存在からも明らかであろう。とくに戦争が違法ではなかった 19 世紀ま

Key
自由意思による同意の原則／日韓併合条約

での国際法においては，平和条約は戦後秩序を構築する上で不可欠であった。20世紀に入って国際連盟の設立以降，徐々に武力行使が違法化されるようになると，武力を背景として国家に対して強制された条約の効力も問題とされるようになった。

条約法条約は，国連憲章に違反する武力行使の結果結ばれた条約を無効としたが，この条約を成立させたウィーン会議では二つの問題が提起された。まず第1は強制の手段として，武力のみでなく政治的・経済的圧迫をも考慮すべきとの途上国や社会主義国の主張である。これに関して自由意思による同意の原則を確認した宣言が採択されたが，その法的効果は必ずしも確定していない。第2に国家に対する強制に基づく条約を無効とするルールは，国連の設立より前に締結された条約にも適用されるかが問題になったが，会議ではこの見解を支持する決議が採択された。

強制による条約の無効の問題は政治的争点となることも少なくない。たとえばこの点は，1965年に成立した日韓基本条約の交渉過程で，両国の主要な対立点となった。韓国は1910年の日韓併合条約は強制による条約で当初から無効であると主張し，日本は条約は有効に締結されたが1948年の韓国の独立により失効したという立場を譲らなかった。結局，日韓併合条約およびそれ以前の両国間の条約や協定は「もはや無効であることが確認される」という表現で妥協がはかられた。なお，同様の議論は1991年から92年にかけての北朝鮮との日朝国交正常化交渉においても繰り返された。

Key
強行規範／対世的義務／国家の国際犯罪／条約の終了

強行規範に違反する条約

本来いかなる逸脱も許されない強行規範（ユース・コーゲンス）が国際法上存在するかについては，長い間論争の的とされてきた。すなわち一般法である慣習法は，新たな合意がない場合に適用される任意規範と考えられ，それを前提に，特別法たる条約は，いかなる内容でも自由に規定できるのかどうかという問題である。これは国際法が確保すべき公序または公益というものが，国際社会において認められるか否かの問題とも関係する。

侵略の禁止や重大かつ継続的な人権侵害の撤廃等，20 世紀に入って発展した一連のルールは，国際社会の組織化現象とも相まって，強行規範としての性格を認められるようになったという意見が有力である。またこの問題は，一般国際法上の対世的（エルガ・オムネス）義務（普遍的義務）の観念や，国連国際法委員会（ILC）で議論された国家の国際犯罪の概念とも密接に関連する。したがって，強行規範に違反する条約は条約法条約の規定により当然無効とされるものの，強行規範の内容については，必ずしも確定的な合意が成立していない。結局，当事国間に強行規範をめぐる紛争が生じた際には，原則として国際司法裁判所（ICJ）に付託して解決することになる。

条約の終了と脱退

沖縄返還協定のような条約では，返還が完了して目的が達成された段階で，条約は終了する。継続的な条約の場合も，当事国間の合意に基づいて廃棄が可能である。また多数国間条約では，特定国の脱退という形で，条約はそのまま存続するが，脱退した国には効力が及ばなくなるという場合もある。このほかに条約の終了までには至らないが，一時的な運用停止が，ほとんどの条約について認められている。

条約の終了は，あらかじめ用意された条約の規定に基づくか，すべての当事国の同意があれば，一定の予告期間をおいて可能である。このような内発的終了とは別に，客観的終了原因が五つ，条約法条約に規定されている。それは，①条約当事国による重大な違反があった場合，②条約の実施に不可欠な目的物が永久に消滅したか破壊された結果として，条約が履行不能となった場合，③条約の締結のときに存在していた事情につき当事国が予見しなかった根本的な変化が生じた場合，④外交関係または領事関係の存在が条約の適用に不可欠であるにもかかわらず，外交関係または領事関係が断絶した場合，⑤一般国際法の新たな強行規範が成立して抵触する場合である。その中で，③を条約の終了原因として援用するにはかなりの制約を受ける。この③に基づく条約の終了は，第2次世界大戦前，ヒトラーがベルサイユ条約に拘束されない根拠としたことで問題とされた。

Key 内発的終了／客観的終了原因／犯罪人引渡し

2 国際法の定立——慣習法の形成

犯罪人引渡しと国際法　犯罪やテロ活動の国際化に伴い，それらの国際的な規制の重要性とともに，犯罪人の引渡しが問題になるケースが増加してきた。日本では，元ペルー大統領のフジモリ氏のペルーからの引渡し要請や，北朝鮮による拉致事件被害者の夫であるジェンキンズ氏の米軍法会議による訴追などが問題になった。たしかに外国から訴追されている犯

Key 司法共助／犯罪人引渡し条約／政治犯罪人不引渡しの原則／ノン・ルフールマン原則

罪容疑者や有罪判決を受けた者を，請求に応じて自国内で身柄を拘束して引渡すことは，近年の国境を越えた犯罪の増加を反映して，諸国間の司法共助の必要性が増大した。しかしどのような場合に，何を根拠に引渡しが行われたり拒絶されたりするのであろうか。この事例から条約と慣習法の機能について考えてみる。

国境を越えて自国内に居る者に対する領域的庇護権は，国際慣習法上確立しているが，この権利を行使するかどうかは国家の裁量に任され，その結果引渡しに応じるか否かは，国家の自由な判断によるとされる。すなわち慣習法上，国家は外国からの引渡し請求に応じる義務は一般的にない。しかし両国間に犯罪人引渡し条約が締結されている場合は，条約規定に従ってその範囲内で引渡し義務が生じる。日本は 1886 年にアメリカとの間に 2 国間条約を締結し，これは 1978 年に新条約に置きかえられた。そして，2002 年には日本は韓国との間に犯罪人引渡し条約を締結した。03 年には多数国間の受刑者移送条約を批准するとともに，現在中国との間の 2 国間条約締結を検討中である。

条約の締結に当たって，国々は自由に引渡し条件を決めることができるが，慣習法上の政治犯罪人不引渡しの原則や難民を危険な国に送還してはならないとするノン・ルフールマン原則などは尊重されなければならない。また多くの引渡し条約では，軽微な犯罪はもちろん自国では犯罪とされない行為について，あるいは自国民や死刑制度を存置する国への引渡しが対象から除外されることがある。したがってフジモリ氏の場合は慣習法上引渡しの義務がない上に，日本国籍が確認されて自国民として請求が拒絶されている。またジェンキンズ氏には，軍からの脱走などの罪では日米間の条約は適用されないが，在日米軍基地からの脱走兵等に適用される日米地位協定から引渡し義務が生じると言われた。

このように引渡しの決定に当たっては，まず慣習法で次に条約，さらに慣習法上の禁止原則と，個別ケースに応じて非常に複雑な考慮が必要とされる。しかも1998年のピノチェト元チリ大統領のスペインへの引渡しについてのイギリスの決定のように，年齢や健康状態等を考慮しての政治的判断も入りやすい。また引渡し条約の内容が統一的でないことも問題で，1990年に国連総会が犯罪人引渡しに関するモデル条約を決議として採択したが，これは国連加盟国を法的に拘束するものではない。

Key 特別国際法／一般国際法／自然法／国際法の法源

一般国際法としての慣習法

すでに述べたように，条約は同意を表明した国にしか効力を及ぼさない。それでは条約の当事国と非当事国との関係，または非当事国相互の関係は何によって規律されるのか。この場合同意した国だけを拘束する条約は特別国際法，同意等特別の条件がなくても一般的に国々を拘束する法は一般国際法と言われる。

国際法の形成期に国際社会の一般法は自然法とされ，条約は明示の同意に基づくのに対して，慣習法は黙示の同意に基づいて，ともに特別法と認められていた。しかし国際法の発展に伴い実定法主義が台頭してくると，自然法は国際法の法源として大きく後退した。自然法に代って一般国際法の機能を期待されたのが慣習法で，結果として慣習法は拘束力の根拠を国家による同意ではないところに求めなければならなくなった。現在世界のすべての国が参加する条約がない以上，一般国際法は慣習法以外にはありえないと考えられる。

条約は特別国際法で慣習法は一般国際法という図式は，19世紀以来の原則として正しいが，最近これに対する疑問が様々に提起されている。それは20世紀後半の国連に代表される国際機構の活動によって，国際法の定立過程とくに慣習法形成過程に変化が生じたことに基づく。では慣習法はいかなる性質をもつのか，その成立過程から明らかにしたい。

一般慣習法の成立

慣習国際法は，二つの構成要件を満たしたときに成立すると考えられている。第1は一般慣行の確立で，同様の国家の行動（実行）が長期間にわたり一貫して反復・継続されて一般化するという客観的要件である。しかし偶然に反復されてきた行為や，単に儀礼的な習慣と区別する必要から，第2の主観的要件として法的確信を伴っていなければならないとされる。この法的確信の実体が何であるかは必ずしも明確でなく，時代とともに移り変わってきた。

慣習法が黙示の同意に基づく特別法であった時代の影響は，法的確信を国家による慣習規範の受諾または承認としたが，これでは一般的効力を説明することができない。そこで法的確信を国家意思から切り離して，国際社会の集団的意識の発現とする考え方が有力となってきた。条約を意思の法，慣習を意識の法とする考え方は，特別法と一般法の区別にも対応する。しかし国際社会全体の意識はどのように確認されるのか，またそれは国家意思とはまったく関係がないのかといった問題はいまだ解決されていない。

恒常的で統一的な実行が長期間にわたり広範囲な国家によって反復されることにより，一般慣行は確立する。恒常的ということは中断があってはならないし，広く行われている実行であっても異なる実行が存在すれば統一的とは認められない。

また共通の法的確信の確認は，一般慣行の場合よりもさらに困難を伴う。国際社会全体の法意識をどのように捉えるのか，また反対国の抗議や大国の動向等考慮すべき要因は非常に多い。従来抗議の欠如は生成過程の慣習法に対する黙認とみなされ，慣習法形成における法的確信の確認に有利に働いてきた。しかしわずかな数の国家の抗議や反対で，慣習法の形成は阻止されてしまうのであろうか。これに関しては一貫した反対国に認められる特別の立場というものがある。それは，慣習法の形成以前から反対を唱え続ける国があっても慣習法の形成それ自体は影響を受けず，単に反対国はこの慣習法に拘束されないとの考え方である。

Key 一貫した反対国／法典化条約／国際法委員会／国際法の漸進的発達

国際法の法典化

慣習法と条約の相互的な作用は，20 世紀の国際法の特徴的な現象のひとつとされる法典化条約の締結によって著しく促進された。法典化とは伝統的な慣習法規則を成文化（文書化）する作業をさす。国際法の場合は，条文化されていないため細部の規定が明確でない慣習法を，多数国間条約の締結によってはっきりさせることをさす。国連憲章第 13 条 1 項の国際法の漸進的発達と法典化の奨励という任務を実行するため，国連総会は 1947 年に補助機関として国際法委員会（ILC）を設置した。国際法の漸進的発達とは，法が十分発達していない領域における条約の作成という新たな法定立を意味するが，実行上は法典化の過程で慣習法を補うために新たな法定立が行われるので，両者は明確に区別されず，ともに法典化条約の締結と総称される。ILC のほかに，国連では宇宙空間平和利用委員会や国際商取引法委員会等も法典化作業に携わっている。

最近では国連の委員会における条約の準備作業や国連主催下の

Key

結晶化効果／自決権

法典化会議を通じて，慣習法が発展する現象が非常に顕著で，条約法や海洋法の分野に多くの具体例を見ることができる。なぜなら法典化条約の締結は既存の慣習法を宣言する効果だけでなく，形成途上の規則を慣習法として確立するような結晶化効果をもつと考えられるからである。さらに後の国家慣行に支持されて慣習法化するような規則を発生させる効果も認められ，条約法条約も慣習国際法化することにより第三国を拘束するようになる条約上の規則の存在を予定している。このように現在では，慣習法の発展は法典化会議や条約締結と切り離せない関係にあり，慣習法形成過程はいっそう活性化されてきた。その背景には条約の準備にとどまらない国際機構の活発な法定立活動があり，その大きな影響力を無視することはできない。

国際機構の場を通じての慣習法の形成

すでに見たように慣習法の構成要素たる国家慣行は，一定の状況において諸国の長年にわたる行為の反復によって確立され，いつしか法的確信を伴って慣習法が形成されると考えられてきた。そこでは協議や合意という要素は見出されず，一方的な国家の行為と他国のリアクションが繰り返されるだけである。しかし現在では国連総会に国際社会のほとんどの国が参加し，国連が主催する法典化会議や国際会議もひんぱんに開催されている。そのような場での意見交換や決議採択などの集合的行為は，慣習法の形成に何の影響も与えないのであろうか。ここでは植民地独立における自決権概念の形成過程から，国連における実行を検討してみたい。

国連憲章では第1条2項と第55条で，「人民の同権及び自決の

Key
植民地独立付与宣言／発生的効果／勧告

原則」の尊重がうたわれている。これが植民地「人民の自決の権利」という形で明確化されたのは，アフリカ16カ国の一挙加盟が認められた直後の1960年の国連総会で，反対なしで採択された植民地独立付与宣言においてであった。翌61年，総会は同宣言の履行を確保するために特別履行委員会を設置し，委員会は施政国への質問書の送付，請願の受理と聴取，使節団の派遣等活発な活動を展開した。また委員会の勧告に基づいて，総会はさらにいくつかの決議を採択し，このような実行を通じて従属下の人民が独立を達成する権利は確立したと考えられる。

そして1971年に，南アフリカの委任統治地域であった南西アフリカ（現ナミビア）における南アの「居座り」の違法性について，勧告的意見を求められた国際司法裁判所（ICJ）は，独立付与宣言を援用して自決権の慣習法化を認めた（ナミビア事件）。さらにICJは，スペインの植民地とされたときの西サハラの法的状況について勧告的意見を求められた75年の西サハラ事件においても，この立場を維持した。

ここで問題となるのは，まず，国連総会が採択した宣言が慣習法形成の重要なプロセスとICJによって認定されたものの，それがどのような機能・効果を有するかについて，従来の慣習法理論では十分説明しきれないことである。先の法典化条約締結の場合と同様の効果が認められるとすると，人民の自決権を承認するような慣行が宣言に先立って発展していたとは考えられないため，慣習法の宣言でも結晶化でもなく，発生的効果であったと考えられる。実際，特別履行委員会の活動を通して自決権を承認する慣行が促進され，慣習法形成が実現した。すなわち総会宣言は加盟国に対する法的拘束力を直ちに発生しない勧告であるが，それを自発的に受け入れる実行を並立的に生じさせ，国家慣行を短期間に統一し促進する機能を果たしたと見ることができる。その場合特別委員会のような履行監視機能が制度化されることが，決定的な重要性をもつと言えよう。

さらに，植民地独立付与宣言の場合において明らかなように，慣行に先立って，植民地支配がもはや違法であるという共通の法的確信（あるいは未成熟な確信）を表明する機能を，国連総会決議に認めることも可能となる。植民地支配が国際法に違反しない行為で，施政国が独立を承認するかどうかは国内問題であるという数世紀間に及ぶ国際法ルールを変更して，同宣言は植民地人民に独立を自ら決定する権利を承認した。このように慣習法の変更や新たな法の形成と推進において，総会宣言は決定的な役割を果たしたと言える。

その結果，慣習法生成過程は，従来のように偶然慣行の形成に参加できる機会を得た国の一方的な実行に依存するような自然発生的な過程から，より集合的かつ目的指向的な過程へと変質したと考えられる。宣言や決議において表明された共通の法的確信または未成熟な確信は，勧告を履行する加盟国の自発的な実行として国家慣行を統一し促進する。そのような慣習法の形成または変更について，国際機構や国際会議は国々が協議して緩やかな合意に達する機会を提供しているのである。したがって，このような場における国々の発言や意思表明は，場合によっては慣行に十分匹敵するような信頼を得ることも可能で，決議の採択で即時に慣習法が形成されるという理論すらも唱えられている。

Key
国連総会決議／ソフト・ロー理論／77カ国グループ／国連開発の10年

ソフト・ロー理論　国連総会決議や国際会議の宣言等が慣習法の形成に大きな影響力を有することは確認されたが，規範定立意図が強いものの，いまだ慣習法として確立していない状態で決議や宣言はどのように扱われるのか。国連の決議は内部的決定や憲章第25条に規定される安保理の決定を除くと，多くは勧告にとどまり，加盟国に対する法的拘束力をもつものではない。他の国際機構においても欧州連合（EU）における例外を除いて大体同様の状況で，国際会議の場合も条約が締結されない限り，法定立は行われていないと考えられる。

しかしすでに述べたように，全欧安全保障協力会議のヘルシンキ最終議定書は条約として国連に登録されなかったとは言え，1990年のパリ宣言を経て冷戦終結後のヨーロッパにおける新秩序を構築する上で，非常に重要な役割を果たしてきた。このようにあえて条約とされなかった非法律的合意や，慣習法を発生させる効果は認められるものの法として確定していない決議や宣言に，何らかの法的効果を見出そうとする立場は，ソフト・ロー理論と言われる。この理論はヘルシンキ最終議定書の締結以降活発に推進され，法源論の動揺と新たな法定立現象を指摘するのに便利な用語として，ソフト・ローという言葉がひんぱんに使用されている。その背景には，77カ国グループの結成等国連における数の上での優位を達成した途上国による，先進国への挑戦姿勢という政治的な状況があることも指摘できる。

国連による非植民地化の成果として独立を果たしたアジア・アフリカの国々は，1961年に始まる第1次から第4次までの「国連開発の10年」を通じて，国連総会の場において様々な決議を成立させてきた。とくに74年には，新国際経済秩序（NIEO）宣言と国

Key
フォロー・アップ手続／モデル条項／行動綱領

家の経済的権利義務憲章という二つの重要な文書が採択された。しかし先進国の反対や留保等により慣習法化が困難なところから，これらの決議の拘束性を導き出す根拠として，ソフト・ローという概念を使用する必要が主張されたのである。

他方，1948年の世界人権宣言以降，人権を保護するための条約や宣言が国連において採択され，またその履行監視制度も実現された。さらに63年の宇宙法原則宣言や70年の深海底法原則宣言等も，後の条約化に大きな影響を与えた。そして国際商取引法委員会や多国籍企業委員会における法典化作業や，72年のストックホルム人間環境宣言から92年のリオ宣言に至る環境分野の国際基準設定活動等と相まって，様々な形のソフト・ローの可能性が追求されてきた。

ソフト・ローという概念の特質は，法と法でないものの中間に位置することに求められ，そこに将来法となる可能性や法とはならないまでも一定の規範性を認めるところに，従来の法源論とは異なる新しい視点を見ることができる。すなわち法と法でないものの間には画然たる境界があるのではなく，どちらとも言えないグレイ・ゾーンが存在するのであり，法に対するその効果を積極的に認めていくことが，近年の法定立の動態化や法定立過程の多様化に見合っているとの判断に基づくのである。たしかに条約と慣習法による法定立には時間がかかり，経済法や環境法等の迅速な動きに的確に対応できないという問題がある。したがって最終的な規律を確立するというよりは，暫定的な合意を基礎にフォロー・アップ手続を整備したり，モデル条項や行動綱領等を直接企業や国内団体に対して提示するほうが，実効性が高まることもあろう。事実このような形のソフト・ロー上の規律が，技術分野や

Key 強行規範／任意規範／一般国際法

国際機構の場において増加する傾向にある。

しかしソフト・ローという概念に含まれる規範はじつに様々であり，一律にその性格を規定することは容易でない。さらにこのようなあいまいな存在を認めること自体，法の規範性を損なう危険さえ指摘される。国際関係の緊密化に伴って国際法定立が従来とは比較にならない程増加し多様化しているとしても，この現象をすべてソフト・ロー理論だけでカバーできるとは，とうてい考えられない。したがって，それぞれの規範の法的性格の詳細な検討が必要とされるのであり，性急な分類や法源の見直しが可能な状態とは言えず，ソフト・ロー現象というものをありのままの形で徐々に解明していく研究が，国際法の全体像について考察する上でも要求されている。

国際法の強行規範

国内法においては，一般に法を強行規範と任意規範に分けることが行われる。強行規範とは，たとえば刑法規定のように，いかなる逸脱も許されず，これに反する契約をしても公序違反として無効とされてしまうものを言う。これに対して任意規範は，たとえば法定相続のような民法規定と異なる相続をしても，当事者が同意していれば問題なく，当事者の合意がない場合にだけ適用される規則である。ところで国際法においては一定の形式の合意を条約として，しかもこの合意の自由は条約の内容についても認められると考えられてきた。そうなると，一般法である慣習法は，条約がない場合にだけ適用される任意規範のみで構成されることになり，国際法上強行規範が存在するのかどうかが学者の間で問題とされてきた。

強行規範の概念に初めて実定法上の基礎を与えたのは，一般国

Key
条約法条約／国際社会の一般利益／国際公益

際法の強行規範に抵触する条約を無効とする条約法条約第53条の規定である。この規定は強行規範の要件として，次の四つを挙げている。①一般国際法規範である，②いかなる逸脱も許されない，③後に成立する同一の性質を有する一般国際法の規範によってのみ変更することができる，④国により構成されている国際社会全体がそのようなものとして受け入れ，かつ，認める，というものである。

条約法条約によって強行規範の存在が承認され，合意の自由が条約の内容については制約されると明らかにされたことは，国際法上非常に大きな意義をもつと考えられる。国際社会の一般利益または国際公益というものが認識され，これに反する合意を無効にすることは，国家主権に対する制約として国際社会全体への基本的義務を国家に課すことをも意味しよう。また一般の任意規範に上位するような規範の存在は，一般国際法の重層的な構造の承認にもつながり，国際法が新しい発展段階に入ったと考えることも可能となる。このように条約法条約第53条の規定は，国際法理論に画期的な影響を与えたと言えるが，実際の運用については多くの問題が残されている。

第1の問題は強行規範の具体的内容が何なのかが，明確でないという点である。条約法条約を起草した国際法委員会（ILC）は，具体的列挙がかえって混乱を招くため強行規範をリストアップすることは不要と判断した。なぜなら強行規範は不動の地位を占めるのでなく，法意識の進化に伴って変動するとの認識があったからである。このことはすでに述べたように条約の終了について，一般国際法の新たな強行規範の成立の場合を想定していることからも明らかであろう。第2の問題は新たな強行規範の成立の態様，

Key
対世的義務／国家責任条文草案／国家の国際犯罪

すなわち上記④の「国により構成されている国際社会全体が受け入れ，かつ，認める」とは具体的に何をさすかが，明確でないことである。このほか，慣習法のみならず一般的多数国間条約の形でも強行規範が存在しうるのか，その場合条約規則の慣習法化とみなされるのか，法の一般原則や国連総会決議はいかなる役割を果たすのか，といった解決されていない問題が残されている。

強行規範の具体的内容について，条約法条約の締結から現在に至る検討の過程を明らかにしてみよう。まず条約法条約の成立以前に国際法委員会（ILC）では，強行規範に違反する条約の類型化が試みられた。第1は国連憲章に反する違法な武力行使を目的とする条約，第2は国際法上の犯罪となる行為の実行を目的とする条約，第3は奴隷取引・海賊・集団殺害のような，その抑止にすべての国が協力を要請されている行為を目的とする条約である。

次に条約法条約成立の翌年（1970年），スペインで操業するカナダの電力会社の破産宣告についてベルギーが提訴した事件（バルセロナ・トラクション事件）の判決において，国際司法裁判所（ICJ）は国際社会全体に対する対世的義務の存在を認め，その例として侵略行為や集団殺害の非合法化，奴隷制度および人種差別からの保護を含む基本的人権に関する義務に言及した。さらにILCが検討した国家責任条文草案においては，国際社会の基本的な利益の保護に不可欠な国家の義務として，侵略の禁止，力による植民地支配の確立や維持の禁止，奴隷制度・集団殺害・アパルトヘイトの禁止，そして大気や海洋の大量汚染の禁止が挙げられ，その重大な違反は国際犯罪とされている。強行規範の概念と国際社会の対世的義務，そして国家の国際犯罪の概念は必ずしも完全に一致するとは限らないが，いずれも国際社会の一般利益を保護

Key 分離壁建設／国際司法裁判所／勧告的意見

するための現代国際法の新しい傾向を示すものとして，相互に密接な関連をもつと考えられる。

3 国際法の適用——国際裁判

パレスチナ問題と国際法

国連は設立直後からパレスチナ問題と深く関ってきた。1948年にイギリスが委任統治地域から撤退したのに先立ち，47年に分割決議を総会が採択して，アラブ人とユダヤ人の共存を目指す勧告をした。しかし，イスラエルの独立後，同国と周辺アラブ諸国との間にパレスチナ戦争が始まった。さらに67年の第3次中東戦争以来，ヨルダン川西岸地区はイスラエルの占領下に置かれてきた。90年代初めの和平交渉を経てパレスチナによる暫定自治が実現したものの，インティファーダや自爆テロなどパレスチナ側の抵抗は依然続いている。これに対してイスラエルは2002年からの分離壁建設を決定し，05年の完成を目標にほぼ半分の工事を完了した。この壁の建設は，周辺に居住するパレスチナ人の生活に多大な影響を与えるため，国際法に照らしてその法的効果を明らかにするよう，03年末に国連総会は国際司法裁判所（ICJ）に勧告的意見を求めた。

イスラエルはこの問題は安保理決議でも認められた行程表（ロードマップ）に従って交渉されるべき政治的問題であるとして，ICJは意見を述べるべきでないと主張し，また壁の建設をテロ攻撃から自らを守るための自衛の暫定的な措置として正当化した。しかし04年7月のICJの勧告的意見は，この地域が占領下にあるとして1949年のジュネーブ第4条約（文民条約），さらに国際人権規約と児童（子ども）の権利条約を適用して，イスラエルによる壁の建設はこれらの国際法に違反すると判断した。すなわち住民は，壁の建設によって自決権，移動の自由や居住の自由，労働権や財産権を侵害されているのであり，ただちに壁を撤去して原状回復をすると同時に必要な場合には補償の義務があるという，画期的な判断が示されたのである。

パレスチナ分離壁

それでは勧告的意見によって違法とされた分離壁は，速やかに撤去されるのであろうか。また違法行為をしたと非難されたイスラエルは，壁の建設を中止して，被害者への補償に応じるのであろうか。以下国際法を適用する国際裁判の特徴と，ICJの勧告的意見の意義と性格づけについて考察していく。

Key

審査／仲介／調停／戦争／復仇／国際紛争の平和的解決／武力行使の違法化／仲裁裁判

国際裁判の歴史

国際法を解釈し，適用する過程のひとつに裁判がある。国際紛争を平和的に解決しようとする場合，裁判のほかにも交渉・審査・仲介・調停といった方法が，国連憲章第33条にも加盟国の義務として列挙されている。交渉を除き，これらの方法は程度の差こそあれ何らかの形の第三者の関与により，解決への糸口を探ろうとする。しかし関与の程度が最も高い調停でも，出された解決案は勧告にとどまり，紛争当事国を法的に拘束することはない。これに対して裁判は当事国を拘束する判決を下すことができるため，非常に実効性のある平和的解決手段と考えられるが，近代国際法上その歴史は古いとは言えない。

国際法の発展期においては，無差別戦争観に基づき主権国家は国際紛争を戦争や復仇等の強制的な方法で解決することが許されていた。したがって国連憲章に見られるような国際紛争の平和的解決の義務の導入は，19世紀末に至ってようやく始まった。しかも統一的な権力機構が存在しない国際社会において，主権国家が第三者たる裁判所の判決に服することは，非常になじみにくい性質の紛争解決方法でもあった。その後1899年と1907年の2回のハーグ平和会議で採択された国際紛争平和的処理条約，さらに国際連盟規約や国連憲章を通じて，徐々に武力行使が違法化されていった。そして，国際裁判が代表的な紛争の平和的解決方法として認知されてきた。しかし現在でも，国際裁判は様々な点で国内裁判とは異なり，多くの制約を抱えているのである。

仲裁裁判

仲裁裁判は古代や中世においても行われていたが，近代に入ってこれを復活させたのは，英米間の1794年の友好通商航海条約（ジェイ条約）であった。この条約は一定の紛争を，当事国により任命される仲裁人から構成される仲裁法廷の決定に委ねることを目的としていた。このように裁判に付託するという当事国の合意を基礎として，事件毎に裁判廷を設置し，正義，衡平および国際法の諸原則に従って紛争を解決する方式を仲裁裁判と言う。この場合裁判への付託に同意するかどうかは国の自由であり，またこの同意が判決を履行させる保障ともなっている。したがって国家の死活的利益に関わるような重要な紛争については，諸国は裁判への付託に同意しないことが多いのである。

さらに19世紀に入ると，国家間の条約の増加に伴い，その解釈または適用に関して生じる紛争について，あらかじめ仲裁裁判への付託に合意する裁判条項をもつ条約が多くなった。また2国間で将来生じるかもしれない紛争について，付託だけでなく仲裁裁判の手続まで規定する裁判条約も結ばれるようになった。19世紀中には250件以上の付託合意（コンプロミー）が結ばれたと言われるが，合意はあっても手続や仲裁人の選定の段階での対立も多く，裁判の実現までには様々な困難が認められた。

このような中で，南北戦争中イギリスで建造された船舶（アラバマ号）が北軍の商船の捕獲に従事したとして，アメリカがイギリスに対して，中立義務違反に基づく賠償を請求した事件が，1872年の仲裁裁判によって解決された。また中国人労働者の虐待でペルー船（マリア・ルース号）の船長を有罪とした日本が，ペルーから賠償を請求された事件が，1875年ロシア皇帝による裁決によって解決に導かれた。このような実績から，19世紀後半には仲裁裁判への関心が著しく高まったのである。そして裁判に至る困

Key
裁判条項／裁判条約／付託合意

Key 常設仲裁裁判所／みなみまぐろ仲裁裁判／投資紛争解決国際センター／中米司法裁判所

難を改善しようとしたのが，1899年のハーグ国際紛争平和的処理条約による常設仲裁裁判所の試みであった。この裁判所は，その名称にあるような常設裁判機関ではなく，各締約国が4名を上限に任命する裁判官名簿を管理する事務局があるだけで，相変わらず付託合意は任意であった。

20世紀に入って国際的な司法裁判が可能になっても，当事者の自主性が重んじられる上に迅速で費用がかからないなどの理由から，仲裁裁判は依然としてひんぱんに利用されている。1958年には国連国際法委員会（ILC）によって，それまでの仲裁手続を改善した「仲裁手続に関するモデル規則」が作成され，国連総会により採択された。その後も英仏海峡における大陸棚の境界確定をめぐる77年の英仏大陸棚仲裁裁判や2000年のみなみまぐろ仲裁裁判等，注目される仲裁判決が多く見られる。後者は日本の調査漁獲の中止を求めてオーストラリアとニュージーランドが国際海洋法裁判所に提訴したが，合意された仲裁裁判において日本が勝訴したものである。また途上国と外国企業の間の経済開発協定上の紛争については，世界銀行の主導下に締結された条約により設置された投資紛争解決国際センター（ICSID）が，仲裁裁判による紛争解決のために活動している。

司法裁判

国際的な司法裁判の歴史は100年にも満たないもので，1908年の中米司法裁判所の設立に始まった。世界的な規模の常設的な司法裁判所は，第1次大戦後に本格的な国際機構として設立された国際連盟の下に設置された。連盟は戦争の禁止や集団安全保障の導入に加えて，紛争の平和的解決とくに裁判による司法的解決の促進を重視し，国際連盟規約第14条で常設国際司法裁判所（PCIJ）の設置を規定した。この裁判所は当事国が付託に合意した紛争しか裁判できなかったが，連盟機関の諮問に応えて勧告的意見を与える権能をもっていた。連盟総会は1920年，連盟規約の議定書としてPCIJ規程を成立させ，21年総会による裁判官の選挙を経てPCIJは発足したのである。以後第2次世界大戦によって活動が中断されるまでの間に，32の判決と連盟理事会から付託された27の勧告的意見を与えた。そして第2次大戦後国連が設立されると，憲章第14章が国連の主要な司法機関と位置づける国際司法裁判所（ICJ）が，PCIJを継承して発足することになった。

国際司法裁判所

国際司法裁判所（ICJ）はPCIJ規程を大部分引き継いだICJ規程に従って任務を行い，この規程は国連憲章によって憲章と不可分の一体を成すとされている。国連加盟国は当然にICJ規程の当事国となり，また裁判官は総会と安保理によって選出される。ICJは15名の国際法に有能な裁判官によって組織され，オランダのハーグに設置された。ICJは現代国際社会において世界法廷としての地位を獲得し，その判例は揺るぎない権威を認められている。しかし設立以来の歴史を見ると，その歩みは必ずしも平坦ではなかった。第2次世界大戦直後に始まる東西対立，さらに南北対立へと国際社会の分断が進むにつれて，PCIJ以来の西欧的伝統に根ざすICJへの不信が，社会主義国や発展途上国を中心に拡大した。そのために1960年代から70年代にかけては，ICJへの事件の付託が著しく少なくなる現象が見られた。しかし80年代から事態は急速に好転し，付託件数も増加している。

Key

ニカラグアへの軍事的活動事件／義務的管轄権／選択条項／管轄権受諾方式／法律的紛争

何よりも大きな変化は，途上国がICJを積極的に活用するようになったことであろう。とくに小国が大国を相手に安全保障上の問題を争ったニカラグアへの軍事的活動事件の意義は大きいと言われる。左翼政権が誕生したニカラグアが隣国エルサルバドルの反政府組織を支援しているとして，アメリカはニカラグアへの軍事介入や機雷敷設等の行動に出た。後に国内政治問題へと発展するアメリカの行為を国際法に違反するとして，ニカラグアがICJに訴えた。1986年，ICJはアメリカの行為を内政不干渉義務・武力行使禁止義務・主権尊重義務の違反であると認定して，アメリカの賠償義務を認めたのである。

ICJの管轄権

国際裁判と国内裁判との最も大きな相違は，裁判所が裁判を行える権能，すなわち管轄権にある。ICJに訴訟を提起できるのは国家に限定され，国際機構や個人にはその能力が認められない。ただし国連機関は勧告的意見を要請できるが，これは裁判とは異なる機能である。では，ICJはどのような紛争について裁判できるのであろうか。

国際裁判は，紛争当事国の裁判に付託するとの合意（コンプロミー），または裁判条項等のあらかじめの同意に基づいて行われることを原則とする。なぜなら国内裁判のような義務的管轄権を，国際裁判所がもっていないからである。ICJも義務的管轄権をもたないが，少しでもこれに近づけるためにPCIJ設立時から導入されたのが，選択条項による管轄権受諾方式である。

ICJ規程第36条2項は，条約の解釈等に関する法律的紛争についての裁判所の管轄を，同一の義務を受諾する他の国に対する関係において当然にかつ特別の合意なしに義務的と認めることを，

Key 管轄権受諾宣言／留保／仮保全措置

いつでも宣言できるとした。したがって，すべての国がICJ規程の当事国になっていて，さらに無条件でこの宣言を行えば，すくなくとも法律的紛争については国内裁判のような裁判所の義務的管轄権が実現することになる。しかし実際はそれとは程遠く，管轄権受諾方式をもってしてもICJの管轄権は，次に見るように非常に限定されている。

まず第1に，ICJ規程当事国は国連加盟国と同じ193カ国に達しているが，このうちICJの義務的管轄権受諾宣言をしている国はわずか67カ国で，全当事国の3分の1程度である。とくに安保理常任理事国中で宣言しているのは，現在ではイギリスのみとなっている。第2に規程第36条3項は，受諾宣言を他国との相互条件や一定の期間を付して行うことができるとしているが，この規定に基づいて様々な留保条件が付けられている。留保の内容は，宣言に期間を付けるもの，日本の受諾宣言に見られるように宣言の日付以後に発生する紛争に限定するもの，国内管轄事項に関する紛争や国家的安全に関する紛争，多数国間条約から生じる紛争を除外するものなどがある。

ICJの裁判手続

裁判は付託合意の通告または書面による請求によって開始する。一方的な請求の場合は，裁判条項や受諾宣言等，管轄権の基礎の明示が必要になる。このとき同時に仮保全措置の指示が要請されることが，最近では多くなっている。仮保全措置とは最終判決が出るまでのあいだ，訴訟当事者の権利を保全するために裁判所が命じる暫定措置のことで，その緊急性から優先的に取り扱われる。したがって，裁判所の管轄権が確定していない段階でも，本案の請求が一見し

Key
先決的抗弁／請求の受理可能性／国内的救済／欠席裁判

て管轄権の基礎を欠くと認められる場合を除いて，裁判所はこの措置に対する付随的管轄権をもっている。前述のニカラグアへの軍事的活動事件では1984年に，また領事への通報なくドイツ国民がアメリカで死刑を執行されそうになったラグラン事件では99年に，ICJは仮保全措置の指示を命じた。

紛争がICJに付託された場合，訴えられた国は，裁判所の管轄権の有無を争って先決的抗弁を提起することが多い。その場合，裁判所は本案審理に入る前にこれについての決定を下す。先決的抗弁とは，裁判所の管轄権を否定したり請求の受理可能性を争って，裁判手続の阻止のために提起されるものである。インド＝パキスタン間の航空機事件では，受諾宣言の留保に基づき2000年に先決的抗弁が認められた。またスイスで登録されたインターハンデル社の株の大半を，敵国に属しているとして接収したアメリカに対して，敵性を否定して株の返還を求めたスイスが紛争の平和的解決手続の開始を主張した事件では，国内的救済が尽くされていないという理由で，裁判所は本案審理に進まなかった（インターハンデル事件)。反対に抗弁が却下されたり先決的性格をもたないとICJが判断すれば，本案審理が開始される。

ところで裁判の一方の当事者が裁判所の管轄権の欠如を主張して，裁判に参加しないケースが見られる。在イランのアメリカ大使館が占拠されて職員が人質にされたため，人質の即時解放や賠償の支払い，そして責任者の処罰を求めてアメリカがイランを提訴した在イラン米国大使館占拠事件では，イランが初めから出廷を拒否した。また前述のニカラグアへの軍事的活動事件では先決的抗弁が却下されると，アメリカは本案段階から出廷を取りやめてしまった。しかし当事者が不出廷でも欠席裁判が可能で，裁判の進行が中断されることはない。

裁判において適用される法は，ICJ 規程第 38 条 1 項に掲げられている通り，条約・慣習法・法の一般原則である。ほかに法則決定の補助手段として判決や学説も適用できる。さらに第 38 条 2 項では，当事者の合意を前提として，「衡平と善」にもとづく裁判も認められる。大陸棚の境界確定条約がないまま，チュニジアとリビアの双方が開発許可を与えたために生じた大陸棚境界事件で，両国は実定国際法に加えて第 3 次国連海洋法会議の動向を考慮するよう裁判所に求めた例もある。審理は書面手続と口頭手続を経て，最終的に裁判官の過半数の票決により本案判決が出される。

ICJ の判決の履行

ICJ の裁判は当事者間において，また特定の事件に関してのみ拘束力をもち，上訴は認められない。例外的に再審の途が残されているが，アヤ・デ・ラ・トーレの庇護をめぐるコロンビア＝ペルー間の事件や前述のチュニジア＝リビア大陸棚境界事件の再審請求は，各々1951 年と 85 年に受理不能とされた。

ICJ の判決は当事者によりおおむね履行されてきたが，裁判条項や管轄権の受諾宣言等付託条件が改善された結果，判決がただちに実行されないケースも生じている。在イラン米国大使館占拠事件のイランやニカラグアへの軍事的活動事件のアメリカ等，欠席裁判の場合はとくに顕著である。判決が履行されないときは，国連憲章第 94 条 2 項が一方の当事者による安保理への付託を認めている。しかしたとえばニカラグアへの軍事的活動事件の場合，安保理に付託されても常任理事国であるアメリカが，勧告や措置の決定に拒否権を行使できるため，制度として十分整備されてい

Key 勧告的意見／特権免除条約／国際機構条約法条約

るとは言えない。

勧告的意見

ICJ の勧告的意見を与える権能は，国内裁判所にはあまり見られない特異な制度である。勧告的意見を要請するのは，国家ではなく国連の関係機関とされている。国連憲章第 96 条は，いかなる法律問題についても，総会または安保理が ICJ の勧告的意見を要請できることを規定するが，他の国連機関や専門機関も活動の範囲内の法律問題であれば，総会の許可を得て同様に勧告的意見の要請が可能である。核兵器使用の合法性についての世界保健機関（WHO）からの勧告的意見要請は，WHO の活動の範囲外にあるとして拒否されたが，総会からの同じ問題に関する勧告的意見の要請に対しては，1996 年に勧告的意見が出された。

要請は請求書の提出だけで十分で，関係国や関係機関の同意は必要とされない。しかし現実の国家間紛争に直接関係する場合には，過去に要請を拒否したケースがあった。東部カレリアの自治をめぐるフィンランドとソ連（現ロシア）の紛争で，フィンランドから事件を付託された連盟理事会が PCIJ の勧告的意見を求めたところ，非加盟国であるソ連の同意が得られないことを理由に要請が拒否された（東部カレリア事件）。

勧告的意見は法的拘束力を欠く勧告としての意見であることを原則とするが，国際機構締結条約中にこれを拘束的とする規定が含まれることがある。たとえば国連や専門機関等の特権免除条約は，条約の解釈または適用から生じる紛争は原則として ICJ に付託され，勧告的意見は最終的なものとして関係当事者により受諾されなければならないと規定する。国際機構条約法条約はこれを一般化し，またILO行政裁判所規程も判決の有効性に関する勧告的意見の拘束性を認めている。勧告的意見は拘束力に欠けるものでも，ほとんどの場合要請機関によって尊重され，国際機構をめぐる様々な具体的問題の解決に寄与してきた。そして国際法の解釈や適用を通じて，とくに国際機構法の発展を促進してきた。

Key

国際機構法／人権裁判所／EU裁判所／国際行政裁判所

他の国際裁判所

以上のほかに，欧州と米州では地域的な人権条約が各々1950年と69年に成立し，その解釈と適用に関する事件を審理するための人権裁判所が条約によって設置されている。人権の保護に従事する代表的な機関が人権委員会であるが，米州人権裁判所は事件の付託を委員会と締約国に限定している。したがって，権利を侵害された個人は請求を裁判所に直接提起するのではなく，まず人権委員会に請願を提出して，友好的解決が実現しない場合にのみ委員会によって裁判所に付託される。欧州人権裁判所は98年の第11議定書の発効により，個人の申立についても管轄権を行使することが可能となった。両裁判所の存在は国連を中心とする国際人権保障体制には見られないもので，地域的な先進性が注目される。

別のタイプの地域的な国際裁判所としてEU裁判所がある。ローマ条約などEU関係の条約のみでなく，EU法を解釈・適用し，私人の出訴権を認めるなど広範な管轄権をもっている。EU裁判所の機能は従来の国際裁判所とは比較にならないほど複雑で，地域統合化過程における国際裁判所と国内裁判所の複合的形態のモデルと考えられる。

国際行政裁判所としては1927年に設立されたILO行政裁判所が最も古く，49年には国連行政裁判所が設置された。行政裁判所

Key
国際機構の内部法／国際海洋法裁判所／国際刑事法廷／国際人道法違反／国際刑事裁判所

は職員の雇用問題等国際機構の内部法の解釈や適用に関する事件を扱い，判決の有効性を争う再審請求について，ICJの勧告的意見がすでにいくつか与えられている。しかし，国連の行政裁判所の判決に不服のある当事者によるICJへの提訴の手続きは，その後廃止された。

1982年に成立した国連海洋法条約は，大部分の紛争について原則として一方当事者の付託により仲裁裁判または司法的解決を実現する制度を導入し，後者の場合はICJまたは国際海洋法裁判所のいずれかを選択できる。国連海洋法条約の付属書Ⅵにより設置される海洋法裁判所の中に，海底紛争裁判部と特別裁判部が設けられる。海底紛争裁判部は締約国間の紛争に加えて，国際海底機構と締約国あるいは締約国の企業との間の紛争に対しても管轄権をもち，したがって私人の出訴権が認められる。また適用法は国際法を原則としつつも，従来これに含まれないと考えられていた開発契約の適用も可能としているところに特徴がある。

最後に国際刑事法廷を開設して，国際法上の個人の責任を追及しようとする構想は，第1次世界大戦後に始まり，第2次大戦後に東京とニュルンベルクに国際軍事裁判所を実現したのち，20世紀末に至って再び活発な動きを呈してきた。1993年2月に国連安保理は，旧ユーゴスラビアの状況を国際の平和と安全に対する脅威と認定し，91年以降この地域で行われた重大な国際人道法違反について，個人を訴追する国際刑事裁判廷の設立を決定した。さらに94年11月にはルワンダについても同様の裁判廷の設立を決定し，両裁判廷とも数多くの事件を審理中である。また国連国際法委員会（ILC）によって準備された国際刑事裁判所（ICC）規程が，1998年にローマで開催された国際会議において採択され，

2002年発効に必要な数の批准を得て効力を生じ，03年には常設的な刑事裁判所が設立された。現在121カ国が締約国となっていて，日本は2007年に加入したが，アメリカは未締約である。

国際裁判は近年あらゆる意味において，多様化してきている。その背景としては，人権侵害や国際的な経済活動をめぐって私人を当事者とする紛争が増加し，また国際機構の内部法やEU法，開発契約等伝統的には国際法と認められない規範の適用が必要とされている現象を指摘できよう。

4 国際法の執行——国内実施

条約の批准に伴う国内法改正

近年世界的に女性の地位が目に見えて向上した。その推進力として1976年から85年までの「国連婦人の10年」を中心とする国際社会の動き，とくにこの間の女性差別撤廃条約の成立に負うところが大きい。85年日本がこの条約を批准するに当たって，三つの国内法の改正が行われた。

第1は1984年の国籍法の改正で，それまでは日本の国籍取得には父親が日本人であることが条件とされていたため，沖縄で発生した無国籍児の問題からも改正が望まれていた。条約第9条2項は子の国籍に関し母親に父親と平等の地位を与えることを締約国に義務づけているが，法改正によって母親が日本人の場合も日本国籍が取得できるようになった。第2は86年の雇用機会均等法の実施で，従来労働の場で男女別採用等様々な差別が許されていたが，これは条約第11条1項に反するので改正均等法が施行され，その後女性の職場進出に大きな影響を与えた。第3に高等学校の家庭科教育の男女共修への方針変更も，条約第10条が同一の教育課程を確保するとともに，男女の固定化された役割概念の撤廃を奨励するよう義務づけているからであった。もっとも，95年に人種差別撤廃条約に日本が加入した際には，既存の国内法で十分対応しうるとして独自の人種差別撤廃法は制定されなかった。このことは，日本で生活する外国人から批判されている。

このように国が条約によって新たな国際法上の義務を受諾すると，それに伴う国内法の改正や整備がしばしば見られる。19世紀までの条約は国家間関係，とくに戦争終結や安全保障等の政治的事項に関するものが中心で，そのような場合，国は条約現定に従って外交関係を処理していれば十分であった。この時代には，国際法と国内法が規律する対象はそれぞれ対外関係と対内関係というように各々独立していて，別々の法秩序に属するとされていた（二元論）。しかし，19世紀後半から国民の生活を直接規律する条約が増加した。女性差別撤廃条約や人種差別撤廃条約のような人権条約については，条約義務が国内で実施されていなければ意味をなさない。すなわち国際法と国内法の規律対象が重なる部分が増大してきて，国際法上の義務が国内で実施されることが不可欠になってきたのである。ここでは，まず国際法の国内法上の効力について，次に国際法の国内実施を促進するために，条約や国際機構がどのような規制を行っているかについて考えてみたい。

国際法の国内法上の効力

日本国憲法は第98条2項で「日本国が締結した条約及び確立された国際法規は，これを誠実に遵守することを必要とする」と規定する。これにより条約と慣習国際法の日本国内における効力が一般的に認められ，日本の裁判所で国際法の直接適用が可能となっている。しかし，すべての国で国際法の国内的効力が認められているわけではなく，各国の国内法とくに憲法で受容方式や国内法上の地位等が定められる。また，日本国憲法のように，条約と慣習法を同時に国内的に受け入れている場合が一般的とは言えず，異なる扱いがなされる場合も少なくない。ここでは，各国憲法の一般的傾向について概観したい。

慣習国際法については，一般的に国内法上の効力を認める国が多い。しかし，個別慣習法の適用に当たっては，国により「国内の制定法と抵触しない」など様々な条件が付けられる。他方，スウェーデン憲法のように，裁判所に国内法の適用のみを認めて，一切の国際法の直接的な適用を不可能とする制度もある。次に条約については，日本のような一般的受容方式とスウェーデンのように同一内容の国内法を作って間接的に適用しなければならない変型方式に分けられる。変型方式の国には，ほかにイギリスがあり，国内法を変更したり財政負担を伴う条約を国内で適用するためには，議会の立法措置が必要とされる。一般的受容方式の国はアメリカ・ドイツ・フランス・スイス・イタリア等多いが，この場合もすべての条約がそのままの形で国内実施されるのではなく，条約が自動執行的な性質であるか否かによって異なる。

1950 年前後アメリカで，大山事件と藤井事件という日系人に関係する 2 つの裁判が行われた。そこでは，外国人の土地所有を禁止するカリフォルニア州法が，人種による差別のない普遍的な人権尊重を規定した国連憲章第 55 条および第 56 条に違反して無効ではないかが問われた。すなわち国連憲章のこれらの規定が自動

Key
国際法の直接適用／国際法の国内的効力／一般的受容方式／変型方式／条約の自動執行性

執行的で，いかなる国内立法措置も必要なく国内法上適用可能であるならば，連邦法として州法を無効とする効力が認められる。当時アメリカでは憲法学者や国際法学者の間で多くの議論が起ったが，判決では，国連憲章の人権規定が自動執行的との認定は結局なされなかった。しかし，人権や個人の経済活動等を規律する条約のその後の増加とともに，この区別は条約の国内適用上非常に重要となり，日本においても議論が高まってきている。

なお一般に自動執行条約という言い方がされるが，条約のすべての規定が一律に自動執行的と判断されるとは限らず，また国により異なる扱いをされることも十分考えられる。なぜなら条約の国内法上の効力に関しては，各国の国内法に委ねられるのが原則となっているからである。

また国際法の国内法体系における位置も，各国の国内法によって決まる。条約の場合は，オランダやオーストリアのように，憲法と同等またはそれ以上の上位に位置づける国や，アメリカやスイスのように法律と同等の効力を認める国もあるが，憲法と法律の中間というケースが最も多い。日本国憲法はこの点で明文規定を設けていないが，第 98 条 2 項の規定から憲法よりは下位だが法律よりは上位との説が有力である。したがって，憲法と内容的に矛盾するような条約を締結した場合には，憲法の方が優位して条約は違憲条約となり，国内法上は無効とされる可能性が生じる。

違憲条約

違憲条約の問題は，すでに第 1 章で取り上げられた砂川事件において，ある程度検討されているので，事件についての詳細は省くこととする。ここでは，違憲条約がどのように是正されるのかについて考えてみたい。違憲条約により国際法と国内法の内容が矛盾してしまう場合，どちらかを変更せざるをえないが，国内法の変更は憲法改正によって実現される。他方国際法の変更は，条約の終了または改正を相手国に申入れ，相手国が応じれば実現することになる。しかし申入れが拒絶された場合は，国内法と矛盾するという理由で条約義務を免れることはできないので，憲法規定により国内的に条約を実施できない以上，そこから生じる事態，つまり国際法違反の状態について国際法上の責任を負うことになる。

条約の批准に当たっては議会の承認等の手続が整えられているので，実際には違憲条約が生じる可能性は少ないし，憲法を始めとする国内法をできる限り条約に合致するよう解釈することにより，この問題は回避されている。また砂川事件の最高裁判決において導入された統治行為論は，違憲条約の認定等高度の政治性を有する判断を裁判所の審査から除外しようとするもので，憲法第81条に規定される違憲立法審査権の裁判所による自発的制限と言えよう。同様のものが，アメリカにおいては政治問題の法理として，憲法判例上確立していると言われている。

Key
統治行為論／違憲立法審査権／政治問題の法理

国内実施方法等の条約による指示

国際法とくに条約の国内的実施の手段は，立法措置または行政措置のいずれかをとる。具体的にどのような方法を採用するかについては，すべて締約国の判断に委ねられるのが原則である。各種の人権条約においても，締約国は実体的な権利を「確保することを約束する」または「すべての適当な措置をとる」と規定され，具体的な実施方法まで特定されていないことが多い。

しかしILO条約は国内で実施されるべき労働者の権利や労働

Key

対世的義務／国際社会の一般利益／強行規範／国際犯罪

条件の基準を設定してきた。また，最近の環境保護の分野においても，海洋汚染や大気汚染の防止のために具体的な規制方法や予防措置を義務づけたり，さらに規制の基準目標の設定まで規定した条約がある。またハイジャック等の航空機犯罪や外交官等に対する犯罪を取り締まるために，これらの犯罪に重い刑罰を科す義務を条約上締約国が負うこともある。このように国内実施の内容や方法が具体的に条約で定められるようになってきたのは，たんに国際法が国内問題に内容的に立ち入るようになっただけでなく，そこで保護されている利益の性質に関わる問題でもあると言える。

国家が一般国際法上負っている基本的義務が他国の権利に対応する相互的な性質であることは，次章で明確にされる。しかし，これとはまったく性格の異なる対世的義務が，国際社会においても徐々に認められる傾向が見られる。このタイプの義務は，他国の権利に対応するのではなく，国際社会の一般利益を保護するため，直接国際社会に対して負う義務である。またいかなる逸脱も許されない強行規範や，国際犯罪という形で国家に対して厳格に禁止される行為も，同様の性格を有すると考えられる。

国際社会の共通の一般利益実現には，国際法が国家間関係において実効的であるばかりでなく，国内でも実施されていなければ意味をもたない。そこに条約が国内実施にまで踏み込む共通の基盤が見出される。労働者の権利や環境保全，航空機の安全な運航，テロ行為の標的となり易い外交官等の保護などは，国際的平面において国家によって侵害されてはならないと同時に，国内においても同様に確保されなければならない。したがって，各国が各々の裁量で自由に規制するだけでは不十分で，足並みを揃えながら協力していかなければ実効性はあがらないのである。

Key
国際標準／コントラクティング・アウト方式／保健規則／技術規則

このような基準の平準化や統一という目的は，ILO による労働条約の作成によってかなりの程度達成されてきた。また国際民間航空機関（ICAO）においては，設立条約の附属書という形で締約国が従うべき航空規則についての国際標準が設定され，これと異なる規則を採用する国は，背離という方法で国際標準との相違を ICAO に通告することが義務づけられる。この手続は条約締結とは逆の作用の働きをするところから，コントラクティング・アウト（不参加の意思表示）方式と呼ばれる。背離通告をしない場合は国際標準がそのまま国内法として適用されたり，行政府のみの行為により国内的効力を発生させる措置が，多くの国において講じられている。

ほかにも世界保健機関（WHO）の保健規則，世界気象機関（WMO）の技術規則で同様の方式が採用されているが，ここでは統一的な規則の存在と相違点の明確化というところに，非常に柔軟ではあるが共通の一般利益が見出される。しかし一般利益を実現するための条約や慣習法上の義務という概念は新しいもので，いまだその内容や実現方法が確定しているわけではない。したがって，当然今後の実行に残されている課題は多いと見られるが，ここで検討した国内実施方法等の条約による指示も，その一形態と考えられる。また，主要な人権条約においては，専門家委員会による履行監視制度を導入して，条約の国内実施を確保する実行が一般化している。

条約義務の国内的履行の監視

人権条約の場合，条約義務の実施方法は各締約国に委ねられることが多いが，実施した結果として，条約違反となるよう

Key 国家報告制度／国家申立制度

な人権侵害の減少や削減が確保されなければならない。これを検証するための監視制度が，近年のほとんどの人権条約で整備されるようになってきた。これはILO憲章における苦情申立や条約不遵守の申立という伝統的な制度から発展したと考えられ，近年では各種の環境条約においても採用されてきている。監視制度は条約が守るべき実体的権利の性格により当然異なるが，一般には国家報告制度，国家申立制度，そして個人申立制度に分けられる。

国家報告制度は現在の人権条約にほぼ共通に見られる義務的な制度で，児童（子ども）の権利条約，欧州社会憲章等では唯一の実施措置となっている。報告は2〜5年に1回とされ，提出された報告は個人資格の委員により構成される委員会で，審議または検討される。委員会の結論は一般的勧告や意見としてまとめられるが，法的拘束力をもつものではない。しかし締約国の国内状況が国際的な専門家委員会によって明らかにされ，条約義務の国内における履行の実態が公表されることは，条約の実効性を高める上で非常に有効と考えられる。

人権条約における国家申立制度は，条約の解釈や適用に関する紛争の裁判条項等を適用した解決とは異なる。条約上の権利を侵害された締約国に限定されず，他の締約国一般に認められる条約義務違反についての申立を，条約によって設置された委員会が処理する手続である。人種差別撤廃条約，欧州人権条約，バンジュール憲章（アフリカ人権条約）においては義務的な制度であるが，自由権規約と拷問等禁止条約では他締約国の通報を受理し検討する委員会の権限を認める宣言をした締約国間に限られ，任意的な制度となっている。委員会に付託された事案が満足な解決に至らない場合は，さらに調停委員会等が設置されて友好的解決がはかられる。この制度は従来の外交的保護権のように，自国民を軸とした国対国の個別的制度ではなく，被害者が自国民であるか否かを問わず認められる，公共的で客観的な性格の制度であるところに特徴がある。しかし現実には国の政治的判断が優先されるため，実際の利用はけっして多くはない。

最後の個人申立制度は，人権侵害の被害者たる個人等に委員会への条約違反の通報を認めるものである。これが義務的な制度となっているのは米州人権条約とバンジュール憲章で，ほかに自由権規約，女性差別撤廃条約，人種差別撤廃条約，拷問等禁止条約，移住労働者権利条約，欧州人権条約が選択議定書または宣言による任意的制度として導入している。個人申立は人権条約の履行確保のために極めて効果的な制度だが，いまだ十分普及しているとは言えず，またこの制度を通じて最終的に法的拘束力のある解決が実現されるようになるまでには，今後まだ多くの道のりが必要とされよう。しかし様々な限界があるとは言え，個人に一定の申立権が認められたことは画期的で，その促進には国連の人権侵害に対する取組みが大きな役割を果たしたと考えられる。とくに1970年の経済社会理事会決議1503によって実現された非公開手続は，継続的かつ大規模な人権侵害に関する個人通報を可能とし，世界人権宣言の履行確保がはかられている。さらに78年にはユネスコでも，教育・科学・文化・情報の分野における人権侵害についての個人通報を処理する手続が導入された。

Key
外交的保護権／個人申立制度／経済社会理事会決議1503／国際査察

国際査察制度

条約の国内実施については具体的方法の指示，履行監視と見てきたが，さらに踏み込んだ制度として国際的資格をもつ査察官が現地に赴く国際査

Key 相互査察／大量破壊兵器／化学兵器禁止機関／国際原子力機関の査察

察が挙げられる。この制度は軍縮を実効的にするために比較的早くから構想されたが，最初に実現されたのは1961年の南極条約においてであった。南極条約の第7条では，締約国によって指名された監視員がすべての地域にいつでも出入りすることが許され，軍事利用を禁止する条約規定が遵守されているかどうかを相互的に検証する体制が整えられた。同様の相互査察制度は，1967年の宇宙条約にも導入されている。

大量破壊兵器（WMD）を規制する条約が締結されるようになると，1993年に成立した化学兵器禁止条約が化学兵器禁止機関（OPCW）を設置して，定期的な査察制度を導入した。他方生物兵器禁止については，72年に成立した条約が検証規定を含まなかったため，議定書による導入を検討してきたものの，いまだ実現には至っていない。また原子力の平和利用のための2国間協定に基づく保障措置が，60年代に入り国際原子力機関（IAEA）の査察に移管されるようになり，さらに68年に核兵器不拡散条約（NPT）が成立すると，平和利用から核爆発装置への転用を防止するため，第3条でIAEAの保障措置を個別協定により受諾する義務が，NPT締約国中の非核兵器国に課された。

IAEAは，1991年にイラクの核兵器開発計画を認めさせたように，転用が行われた場合かなり高い確度で発見できる査察方法を採用しているが，対象とされるのは安保理常任理事国を除く非核兵器国に限定されている。したがってリビアやイラン等査察制度の不平等から，査察を拒否して問題となるケースが跡を絶たない。その後リビアは2003年に米英の事前検証を経て，核兵器開発放棄宣言をしてIAEAによる査察を受け入れたが，イランは02年に核疑惑が発覚した後もウラン濃縮を停止せず，06年安保理が制裁を課した。他方NPT非締約国であるインドは，自国内の大半の原子力施設へのIAEAの保障措置の適用を，アメリカとの間で合意した。また1990年代半ばに核査察を拒否してIAEAから脱退した北朝鮮は，2003年にNPTからの脱退を一方的に通告し，05年の核兵器保有宣言に続いて06年には核実験を強行し，安保理決議による制裁を受けることとなった。なおIAEAの査察は1967年のラテンアメリカ核兵器禁止条約（トラテロルコ条約），85年の南太平洋非核地帯条約（ラロトンガ条約），95年の東南アジア非核兵器地帯条約（バンコク条約），96年のアフリカ非核兵器地帯条約（ペリンダバ条約），そして2006年に成立した中央アジア非核兵器地帯条約においても義務づけられている。

〔篠 原　梓〕

第3章 国家に関する国際法の規則

国家は，今日の国際社会における基本的な構成単位であり，国際社会で起こる重大な事件の多くに関与している。国際法は，今日においても，基本的には国家間の合意によって定立され，国家間の関係を規律する，国際社会の法である。本章では，国際社会の基本単位である国家に関する国際法の諸規則について考えてみる。

1 国家の成立・変動・消滅

国家の重要性

1989年の冷戦の終結に伴って，ドイツでは，90年に東ドイツが西ドイツに編入され統一が実現した。一方，ソ連やユーゴスラビアでは，91年から92年にかけて，連邦が解体して複数の共和国が成立し，その後もロシアのチェチェン共和国やボスニア・ヘルツェゴビナなどで内戦が発生した。また，2001年9月11日のアメリカ同時多発テロに伴って，アメリカ軍などの武力行使により，02年にアフガニスタンのタリバン政権が，03年にはイラクのフセイン政権が，次々と崩壊した。このように，国家とは，必ずしも固定した存在ではなく，変動を繰り返す存在なのである。一体，国家とは，国際法上，どのようなものとしてとらえることができるのだろうか。

今日の国際社会には，200に近い国家が存在している。他方で，

Key 領域権（対内主権）

国家以外の実体（行為主体），たとえば国際連合（国連）などの国際機構，個人，企業なども，国境を越えて活動している。しかし，次の二つの理由によって，国家は，依然として，国際法上の権利義務をもつ国際法主体の中で最も基本的で重要なものである。

第1に，国家のみが，国家として当然に認められる固有の基本権に基づいて，原則としてすべての国際法上の権利義務をもつ，生得的な国際法主体である。他方で，国家以外の実体は，条約などの国家間の合意に基づいて，特定の分野に限定された部分的な国際法上の権利義務をもつ，派生的な国際法主体にとどまるのである。

第2に，国家のみが，物理的空間である領域をもち，原則としてその領域内におけるすべての行為や事実に対し他国の介入を排除して排他的に統治権を行使する権能である領域権（対内主権）をもつ。

国家の要件

1948年のイスラエル建国に伴って難民となったパレスチナ人は，64年にパレスチナ解放機構（PLO）を結成してイスラエルとの闘争を展開し，パレスチナ国家の建設を目指してきた。PLOは，1988年に国家建設の目標をヨルダン川西岸・ガザ地区のイスラエル占領地に限定し，93年にはイスラエルと合意に達してパレスチナ暫定自治政府による暫定自治を開始したが，その後は困難な状況が続いている。一体，国家であるためには，国際法上，どのような要件を満たす必要があるのだろうか。

国際法上，ある政治的実体が国家となるためには，次の四つの要件を満たす必要があるとされている。

第1の要件は，永続的人民であり，社会を構成する個人の集合体のことである。永続的人民は，国籍によって特定の国家と結合している。国籍の付与の方式は，国家が主権に基づいて自由に決定できる国内問題（国内管轄事項）として国家の裁量に委ねられている。

第2の要件は，領域であり，永続的人民が定住する物理的空間のことである。国家領域は，領土，領海，領空から構成される。国家のみが領域をもつ政治的実体であり，領域をもたない国家はありえない。

第3の要件は，政府であり，永続的人民と領域を実効的に支配する統治機構のことである。日本をはじめ今日の国家の多くは，一つの政府が対内的にも対外的にも一つの国家を代表する単一国家である。

第4の要件は，外交能力であり，他国と対外的な関係を結ぶ能力のことである。外交能力は，独立権（対外主権）すなわち対外的に独立であることを意味する。単一国家や，欧州連合（EU）のような複数の国家が条約に基づいて結合する国家連合の構成国は，原則として完全な外交能力をもつ。他方で，アメリカなどのような複数の国家が憲法に基づいて結合する連邦の構成国（州など）は，原則として外交能力がほとんどないか大幅に制限される。

Key　国籍／国内問題（国内管轄事項）／独立権（対外主権）／合併

国家の成立形態

16世紀から17世紀にかけて，当時のヨーロッパ諸国間で国際法が成立したが，その後の新しい国家の成立形態は，次のいくつかに分類されている。

第1は，合併である。それは，複数の国家が合併して，一つの

朝鮮半島に上陸する国連軍（1950 年）

新国家を形成する場合である。19 世紀後半に成立したドイツ帝国がその例である。

第 2 は，併合である。それは，1 国が条約に基づき他国の領域のすべてを譲り受け，併合された国家が消滅する場合である。たとえば，1935 年のイタリアによるエチオピア（アビシニア）併合がある。

第 3 は，分離独立である。それは，国家の一部が分離して独立した国家となる場合である。第 2 次世界大戦後のアジアやアフリカにおける植民地の母国からの分離独立に象徴されるように，分離独立は，最近では最も例の多い国家の成立形態である。

第 4 は，分裂である。それは，1 国が消滅し 2 国以上に分裂する場合である。1993 年のチェコスロバキアのチェコとスロバキアへの平和的な分裂が例として挙げられる。

Key 創設的効果説／宣言的効果説

国家承認

日本は，朝鮮半島には韓国と北朝鮮という異なるイデオロギーをもった分裂国家が存在するとし，韓国に対して，1952 年に国家承認を行い，65 年に外交関係を開設したが，北朝鮮に対しては，国家承認を行わず未承認国として扱ってきており，外交関係も開設していない。2002 年に小泉首相が北朝鮮を訪問して金正日国防委員長と会談し平壌（ピョンヤン）宣言を発表した際も，日本は，北朝鮮に対して国家承認を行っていない。一体，国家承認とは，国際法上，どのようなものなのだろうか。

⑴　国家承認　　国家承認とは，国際社会で新しく成立した政治的実体に対して，既存の国家が，国家としての存在を公式に認める行為である。国家承認は，中央集権的な国内社会では国籍の付与という社会の構成員としての資格を認める制度が存在するのに対して，分権的な国際社会ではこのような制度が存在しないことから，認められたものである。したがって，既存の国家が個別に新国家を承認するのであり，国際社会全体が新国家を承認するということではない。また，国家承認は，承認国の一方的な意思表示として行われる行為であり，被承認国の同意は必要ではない。

⑵　国家承認の法的性質　　国家承認の法的性質については，伝統的に，次の二つの学説の対立がある。

第 1 は，創設的効果説である。それは，新しく成立した政治的実体は，国家の要件を満たしたのみでは単なる事実上の存在にすぎず，既存の国家の国家承認を受けた場合に，はじめて国際法上の存在，すなわち国際法主体としての国家となる，という学説である。

第 2 は，宣言的効果説である。それは，新しく成立した政治的実体は，国家の要件を満たして事実上成立すれば，既存の国家の国家承認の有無とは無関係に，国際法主体としての国家となり，国家承認はこのことを確認し宣言するにすぎない，という学説である。

欧米諸国では，宣言的効果説が通説であり，日本では，かつては創設的効果説が有力であったが，最近では宣言的効果説も有力になりつつある。

19 世紀には，国家承認は，欧米諸国がラテン・アメリカやアジアの非欧米諸国に対して国際社会の構成員としての資格を認める行為であるとされたことから，創設的効果説が通説であった。その後も，国際法は国家間の合意に基づくことから，国家が成立するためには既存の国家の同意が必要であるとして，創設的効果説が支持されてきた。しかし，第 2 世界大戦後，国際法上，人民の自決権が確立し，植民地住民が母国から分離独立して政治体制を自由に決定できるようになると，他国が国家の成立を左右するという創設的効果説は妥当性を失った。その後の国家の実行上も，事実上成立した新しい政治的実体は，未承認国であっても制限された範囲で国際法上の権利能力を認められ国際法主体としての国家として扱われることから，宣言的効果説が妥当している。もっとも，未承認国は国際法上の一般的権利能力までもが認められるわけではなく，新しく成立した政治的実体が国家の要件を満たしているにもかかわらず，政治的判断によって国家承認が行われない場合もあることから，創設的効果説が考慮される余地も残されている。

⑶　国家承認の要件　　国際法上，国家承認を行うためには，次の二つの要件を満たす必要があるとされている。

第１は，客観的要件である。それは，被承認国が，国家の要件すなわち永続的人民，領域，政府，外交能力の四つの要件を満たしている，ということである。

第２は，主観的要件である。それは，被承認国が国際法を遵守する意思と能力をもっている，ということである。

これらの要件を欠いて行われる国家承認は，尚早の承認とされ，国際法上違法である。とくに武力抗争によって母国から分離独立を達成する新国家の成立に際しての尚早の承認は，母国の国内問題に対する違法な干渉となる。たとえば，18 世紀後半にイギリスとの間で独立戦争を戦っていたアメリカに対して，フランスが行った国家承認が尚早の承認とされた。

他方で，新しく成立した政治的実体が国家承認の要件を満たした場合に，既存の国家が国家承認を行うべき国際法上の義務を負うかどうかについては，学説の対立がある。しかし，国家の実行上は，国家承認は，国家の主権的な裁量行為であって，国際法上の義務ではないとされており，否定説が通説である。

⑷　不承認主義　　不承認主義とは，新国家が他国の国家承認を受けるためには国際法上合法に成立することが必要であるとし，国際法上非合法に成立した場合には，一般国際法上の義務として，他国は国家承認を行ってはならない，という主義である。たとえば，1932 年に日本が中国東北地方における軍事占領を背景に成立させた満州国に対して，アメリカは，28 年の不戦条約に違反する手段によって引き起された事態であることから承認しないとした。しかし，国際法上は，不承認主義は確立していない。

他方で，国連の実行上は，武力行使の禁止，人民の自決権の尊重，人権の保障などの一般国際法上の義務に違反して成立した国

Key
明示の承認／黙示の承認／法律上の承認／事実上の承認

家に対して承認を行わないように，加盟国に要請する場合がある。たとえば，南アフリカ共和国が人種隔離（アパルトヘイト）政策に基づいて独立させようとしたアフリカ人の国家であるトランスカイに対して承認を行わないように要請した1976年の安全保障理事会（安保理）決議402がある。

⑸　国家承認の方式　　国家承認の方式は，承認の意思の表示形式の違いによって，次の二つに区別されている。

第1は，明示の承認である。それは，承認の意思が，書簡，電報，宣言や2国間条約の中で，「承認する」という文言によって，明示的に表明される場合である。

第2は，黙示の承認である。それは，承認の意思が特定の行為によって推定される場合である。黙示の承認とみなされる行為としては，外交使節（大使など）の派遣や接受による公式の外交関係の開設，同盟条約や通商航海条約などの重要な2国間条約の締結など，本来ならば国際法主体としての国家の間でのみ行われる行為が挙げられる。

また，国家承認の方式は，後に撤回が可能かどうかによって，次の二つに区別される。

第1は，法律上の承認であり，後に撤回が可能ではないものとして，確定的に行われる場合である。

第2は，事実上の承認であり，後に撤回が可能であるものとして，暫定的に行われる場合である。暫定的なものであることから，公式の外交関係の開設や2国間条約の締結を行うことはできない。事実上の承認は，新国家が，政府の安定性，国際法を遵守する意思や能力などの国家承認の要件に疑問があるにもかかわらず，新国家と一定の関係を樹立する必要がある場合に，承認国の政治的

Key
承認の法的効果の相対性

判断によって行われる。たとえば，アメリカは，イスラエルに対して，1948 年に事実上の承認を行い，49 年に法律上の承認に切り替えた。

⑹　国家承認の法的効果　　国家承認によって，新国家は承認国との関係で国際法上の一般的権利能力を取得し，一般国際法（慣習法）上の権利義務関係が発生する。国家承認が承認国によって一方的に行われることから，国家承認の法的効果は，相対的なものであって，承認国と被承認国との間でのみ発生し，承認を行っていない第三国と被承認国との間には及ばない。このことを，国家承認の法的効果の相対性と言う。

もっとも，未承認国であっても，永続的人民，領域，政府，外交能力といった国家の要件を満たしている場合には，その政治的な存在に基づいて，国家が国内法によって統治する権能である管轄権とそれに伴う一定の権利義務を認められるなど，制限された範囲で国際法上の権利能力をもっている。

国家承認は，外交関係を含む 2 国間関係の前提となる。しかし，国家承認は承認国の一方的行為であるが，外交関係の開設は当事国間の合意に基づく双方行為であって，法的性質が異なる。したがって，外交関係の開設は，国家承認の効果として同時に行われる場合もあれば，政治的理由に基づいて遅れたり，あるいは行われない場合もある。また，戦争や国家間関係の悪化に伴う外交関係の断絶は，かならずしも国家承認の撤回を意味しない。

政府承認

中国では，1949 年に中華人民共和国政府（北京政府）が北京に樹立され，中華民国政府（国民政府）は台湾に逃れた。日本は，1952 年に国民政府と日

Key 事実上の政府／法律上の政府

華平和条約を締結したが，72 年には日中共同声明により北京政府を中国の唯一の合法政府として承認した。日本は，中国は一つの国家であるとして，政府承認を国民政府から北京政府に切り替え，国民政府との間の国際法に基づくすべての公式関係を終了させたのである。一体，政府承認とは，国際法上，どのようなものなのだろうか。

(1)　政府承認　　政府承認とは，ある国家で，革命，クーデター，内戦などにより，憲法の規定に違反して国内法上，非合法に成立した事実上の政府に対し，他国が，その国家を正式に代表する政府（正統政府）として認める行為である。したがって，新政府が，憲法の規定に基づいた選挙などによって，国内法上，合法に成立した法律上の政府である場合には，政府承認の問題は生じない。国際法上，国家は，政府が国内法上，非合法に交替した場合にも，国家としての同一性を維持しており，他国との間の国際法上の権利義務関係は継続する。そのことから，政府承認は，他国が，新政府を通じて外交関係を維持するかどうかを政治的判断に基づいて確認する必要があることから，認められたものである。

(2)　政府承認の法的性質　　政府承認の法的性質については，国家承認の場合と同じように，創設的効果説と宣言的効果説とが対立してきた。政府承認がどの政府を通じて外交関係を維持するかという他国の政治的判断であること，国際法上確立された人民の自決権に基づいて政府の選択は人民の権利であることから，宣言的効果説が妥当している。

(3)　政府承認の要件　　国際法上，政府承認を行うためには，次の二つの要件を満たす必要があるとされている。

第 1 は，新政府が，国家の領域の全体と人民に対して実効的支

Key
事実主義／正統主義／政府承認不要論

配を確立した一般的事実上の政府となることである。したがって，新政府が，国家の領域の一部で実効的支配を確立したにとどまる地方的事実上の政府の場合には，政府承認の要件は満たされていない。

第2は，新政府が，国家を対外的に代表する意思と能力をもつこと，とくに国際法上の義務を履行する意思と能力をもつことである。

これらの要件を欠いて行われる政府承認は，尚早の承認であり，他国の国内問題に対する違法な干渉となる。たとえば，1936年に内戦中のスペインのフランコ政権に対してドイツとイタリアが行った政府承認が尚早の承認とされた。

また，政府承認の要件については，次の二つの考え方の対立がある。

第1は，上記の二つの要件が満たされることで十分である，という事実主義である。

第2は，上記の二つの要件に加えて，新政府が正統性に基づくことという要件も満たす必要がある，という正統主義である。正統性とは，選挙や人民投票などによって国民の同意を得ていることである。たとえば，ミャンマーの軍事政権に対して，1990年の選挙の結果を無視して居座っている非正統的政府であるという主張がアメリカなどにあるが，それはこのような正統主義に基づく議論である。

国家の実行上は，かつては，ヨーロッパ諸国，中米諸国，アメリカなどで正統主義がとられたこともあったが，今日では，事実主義が一般的である。

(4)　政府承認不要論　1970年代以降，政府承認不要論が台頭

している。政府承認不要論とは，政府承認を回避あるいは廃止し，政府の非合法的交替を，政府承認の問題ではなく，外交関係の継続の有無の問題として処理する，という考え方である。政府承認不要論は，政府承認が，新政府の行っている政策や政治体制のあり方（軍事政権，独裁制など）をも肯定する意味あいをもつとして，批判されるようになってきたことから，主張されるようになった。政府承認不要論は，アメリカ，イギリス，フランスなど，かなりの数の国家で実行されているが，日本ではまだとられていない。

⑸　政府承認の方式　　政府承認の方式は，国家承認の場合と同じように，明示の承認と黙示の承認，また，法律上の承認と事実上の承認とに区別されている。

⑹　政府承認の法的効果　　政府承認によって，承認国との関係で，新政府はその国家を正式に代表する政府であることが認められる。政府承認の法的効果は，承認国と被承認政府との間でのみ発生し，国家承認の場合と同じように，相対的である。

国際機構への加盟と国家承認・政府承認

新国家が国連などの国際機構への加盟を承認された場合や，新政府が国際機構で代表権を承認された場合に，その国際機構の加盟国でいまだに国家承認や政府承認を行っていない国家は，その新国家や新政府に対して黙示の承認を行ったとみなされるかどうかについては，学説の対立がある。

しかし，国連の実行上は，国家承認や政府承認は各国の個別的行為であるが，加盟承認や代表権承認は集団的行為であって，法的性質が異なることから，国連による加盟承認や代表権承認は，国家承認や政府承認には影響を及ぼさないとされている。たとえば，1991 年に北朝鮮が韓国と同時に国連に加盟した後も，北朝鮮は，日本との関係では未承認国である。

Key
主権／平等権／管轄権／領土保全義務／国内問題不干渉義務

国家の消滅

複数の国家が合併して一つの新国家が成立する場合，あるいは1国が他国に併合される場合，また1国が分裂して複数の国家が成立する場合などには，旧国家と新国家との間で国家としての同一性が維持されないことから，旧国家は消滅することになる。

2 国家の基本的権利義務

国家の基本的権利義務

国家の国際法上の権利義務の多くは，条約によって定められ，その内容は条約ごと，国家ごとに異なっている。しかし，これらの条約上の権利義務とは別個に，慣習法上，国家であれば当然に認められる基本的権利義務が存在している。

国家の基本的権利義務の内容は，必ずしも明確ではないが，伝統的には，国家が並存する分権的な社会であるという国際社会の構造を反映して，主権，平等権，管轄権，領土保全義務，国内問題不干渉義務などが挙げられてきた。もっとも，今日では，国家が諸国の共通利益や国際社会の一般利益を追求し国連などの国際機構を通じて実現しようとする国際社会の組織化を反映して，武力行使の禁止，紛争の平和的解決義務，相互協力義務などが加えられることがある。

Key

領域権（対内主権）／独立権（対外主権）

国家の基本的権利

1945年にアメリカの連邦裁判所は，外国のアルミ会社がアメリカの領域外で行った生産制限のカルテルが，アルミの対米輸出を抑制する効果があるとして，アメリカの反トラスト法（独占禁止法）に違反する，と判決した（アルコア事件）。アメリカは，外国人が自国の領域外で行った行為に対して，自国の国内法を域外適用したのである。このような場合に，域外適用の対象とされた国家は，主権の侵害であるとして外交上の抗議や対抗立法を行うなど，国際紛争に発展することもある。一体，主権などの国家の基本的権利とは，国際法上，どのようなものなのだろうか。

(1) 主権　従来，国家の主権は，絶対的な権力であるとされ，対内的には封建諸侯に対する絶対君主の権力の最高性を，対外的にはローマ法王に対する絶対君主の権力の独立性を説明する概念であった。しかし，今日では，国家の主権は，国際法上の国家の権能を総称するものであるとされ，対内的には国家が領域内のすべての行為や事実に対して他国の干渉を排除して排他的に統治権を行使し領域を自由に処分できるという領域権（対内主権）を，対外的には国家が他国に対して従属せず国際法の規則にのみ従うという独立権（対外主権）を説明する概念である。

また，今日では，国連などの国際機構の発達に伴って，国家の主権（あるいはその行使）が制限される場合もある。多数決により国家が自己の意思に反して国際機構の決議に法的に拘束される場合には，国家の主権（あるいはその行使）が制限されることになる。たとえば，国連の安保理の決議は，決定であれば，すべての加盟国に対して法的拘束力をもつ。

(2) 平等権　国家は，領域の面積や人口などの大きさ，経済力や軍事力などの国力，文化，宗教，政治体制や経済体制などの違いとは無関係に，国際法上は，主権をもつものとして，相互に平等な関係にある（主権平等原則）。

Key 主権平等原則／形式的平等／実質的平等

平等権の内容は，次の二つに区別されている。

第1は，形式的平等であり，それはさらに法の定立に関する平等と法の前の平等との二つに区別される。法の定立に関する平等とは，国家は，同等の発言権や1国1票の投票権をもつなど，国際法の定立に平等に参加できる，ということである。また，法の前の平等とは，国家は，国際法上の権利を平等に主張し，国際法上の義務を平等に課せられるなど，国際法の適用において平等に扱われる，ということである。

第2は，実質的平等であり，国家は，各国の実情に応じた実質的に平等な内容の国際法上の権利義務をもつなど，定立された国際法の内容において平等に扱われる，ということである。

しかし，国際法上，国家の形式的平等は保障されてきたが，実質的平等は必ずしも保障されてこなかった。力の行使などによって強制され，その義務の内容が不平等である不平等条約も，形式的に国家間の合意である限り，国際法上有効であるとされてきた。たとえば，日本に対してのみ領事裁判による治外法権の設定などの義務を課した1858年の日米修好通商条約などが不平等条約の例として挙げられる。しかし，今日では，途上国などの新興諸国による非難を受けて，実質的平等を実現する内容を定めた条約が採択されるようになった。強制による条約の無効を定めた1969年のウィーン条約法条約，200カイリの排他的経済水域や人類の共同遺産としての深海底制度を定めた82年の国連海洋法条約がその例である。

Key
機能的平等／立法管轄権／執行管轄権／司法管轄権

また，国際機構では，運営の効率化のために，特定の国家に特別な地位や権限が与えられることから，形式的平等が制限を受けて，国家間に不平等な関係が設定される場合がある。たとえば，国連の安保理における5大国の常任理事国の地位やそれに伴う拒否権，国際通貨基金（IMF）や国際復興開発銀行（IBRD，世界銀行）における加盟国の出資額に応じた加重投票制がそのような例として挙げられる。もっとも，このような形式上の不平等関係については，国際機構の機能上の必要に基づく区別であって機能的には平等である（機能的平等），と主張する立場が有力である。

⑶　管轄権　　国家の管轄権とは，国家が，国内管轄事項に属する諸問題を国内法によって処理できる国際法上の権能である。国家の管轄権は，国家の統治権の中の法的な側面であり，中心的な役割を果たす重要なものである。

国家の管轄権は，その作用によって，次の三つに区別される。

第1は，立法管轄権であり，議会などの立法機関が国内法を制定する権能である。

第2は，執行管轄権であり，政府などの行政機関が捜査，逮捕，押収などの強制措置によって国内法を執行する権能である。

第3は，司法管轄権であり，裁判所などの司法機関が裁判などによって国内法を解釈適用する権能である。

国際法上，国家の管轄権の行使は，自国の領域内で，領域権に基づいて原則として他国の介入を排除して排他的に認められるばかりでなく，自国の領域外でも，国際法上とくに禁止されない限り国家の主権的な裁量として認められる。その結果，同一の事項について，複数の国家の管轄権の行使が競合する場合もあることから，国際紛争の主要な原因の一つとなっている。

Key 属地主義／効果理論／能動的属人主義／受動的属人主義

国際法上，国家の管轄権の行使には，管轄権を行使する国家と管轄権の行使の対象となる行為や事実との間に何らかの連関が存在するなど，一定の基準が必要であるとされているが，このような基準として，次の五つがある。

第１は，属地主義である。それは，国家が，ある行為が自国の領域内で行われたことを基準として，行為者の国籍とは無関係に，この行為に対して自国の管轄権を行使する，という考え方である。このような属地的管轄権は，領域権に基づくものであり，最も基本的な基準である。

また，属地主義の変型として，効果理論がある。効果理論とは，外国人の行為が自国の領域外で行われても，その効果が自国の領域内に及ぶことを基準として，この行為に対して自国の管轄権を行使する，というものである。たとえば，アメリカの反トラスト法の域外適用がその例である。この効果理論は，国家の管轄権の行使が認められる範囲をめぐって，国際紛争の原因となることが少なくない。

第２は，能動的属人主義（属人主義）である。それは，国家が，自国の領域外で行われた行為であっても，自国民の行為であることを基準として，この行為に対して自国の管轄権を行使する，という考え方である。属地主義と並んで基本的な基準である。たとえば，日本の刑法は，殺人などの重大犯罪に限って，日本人が国外で犯した犯罪に対しても適用される。もっとも，このような属人的管轄権は，行為が行われた他国の属地的管轄権と競合する場合には，一定の制限を受ける。

第３は，受動的属人主義である。それは，国家が，自国の領域外で行われた外国人の行為であっても，その行為によって自国民が被害を受けたことを基準として，この行為に対して自国の管轄権を行使する，という考え方である。たとえば，日本の刑法は，2003 年の改正で，殺人などの重大犯罪に限ってこのような受動的な属人管轄権を認めるようになった。

第 4 は，保護主義である。それは，国家が，ある行為が自国の安全などの重大な利益を侵害したことを基準として，行為者の国籍や行為地とは無関係に，この行為に対して自国の管轄権を行使する，という考え方である。保護主義に基づく国家の管轄権は，日本の刑法のように，内乱などの政治的基本秩序を侵害する行為や通貨偽造などの経済的基本秩序を侵害する行為に限って認められている。

第 5 は，普遍主義である。それは，国際社会のすべての国家が，ある行為が諸国の共通利益や国際社会の一般利益を侵害したことを基準として，この行為に対して自国の管轄権を行使する，という立場である。しかし，国家の管轄権の行使が認められる範囲については，人類共通の敵とされる海賊の場合には問題がないが，集団殺害（ジェノサイド）罪や戦争犯罪（国際人道法違反）の場合には異論もある。テロについては，諸国の共通利益を侵害する犯罪として，その構成要件と処罰を確実にするための普遍主義に基づく管轄権の設定を定めた条約が採択されている。1970 年の航空機不法奪取（ハイジャック）防止条約，73 年の「国家代表等（外交官を含む）に対する犯罪防止条約」，79 年の人質禁止条約がその例である。

このように，国家はこれらの五つの基準によりつつ，主権的な裁量に基づいて，自国の管轄権を行使している。その結果，自国の管轄権の行使が他国の管轄権の行使と競合する場合があり，次のような管轄権の調整が必要とされている。

第1は，執行管轄権の調整である。執行管轄権の行使は，原則として自国の領域内すなわち属地主義に基づくものに限定されている。したがって，他国の領域内における執行管轄権の行使は，両国間に条約がある場合や相手国の同意がある場合に限られる。

第2は，司法管轄権の調整である。司法管轄権の行使は，原則として，自国民や外国人が自国の領域内で行った行為に対する属地主義に基づくものや，自国民が自国の領域外で行った行為に対する能動的属人主義に基づくものに限定されている。したがって，外国人が自国の領域外で行った行為に対する司法管轄権の行使は，両国間に条約がある場合や相手国の同意がある場合に限られる。

第3は，立法管轄権の調整である。立法管轄権の行使は，執行管轄権や司法管轄権の行使とは異なって，国家の主権的な裁量が大幅に認められており，各国は，原則として外国人が自国の領域外で行った行為をも対象とする国内法を自由に制定できる。その結果，立法管轄権は，執行管轄権や司法管轄権と比較して，競合の調整が必要とされる場合が多い。たとえば，アメリカの反トラスト法の域外適用については，その対象とされる国家が外交上の抗議や，域外適用を違法とする国内法を制定する対抗立法を行ったり，アメリカの裁判所が自国と他国の利益を比較考量し域外適用の可否を決定して自制したり，あるいは1999年の日米間の独占禁止協力協定のような2国間条約を締結し相手国の要請に基づいて自制することによって，競合の調整が行われている。

国家の基本的義務

中国では，1989年に民主化を要求して北京の天安門広場に集まった学生などに対して中国軍が攻撃し，多数の死傷者を出した（天安門事件）。欧米諸国は，これを重大な人権侵害であるとして，政治的・経済的な対抗措置をとり人権状況の改善を要求した。これに対して，中国は，国内問題不干渉義務に違反するとして，激しく反発し，国際紛争に発展した。一体，国内問題不干渉義務などの国家の基本的義務とは，国際法上，どのようなものなのだろうか。

(1) 領土保全義務　領土保全とは，国家の物理的空間である領域に対する実効的支配の確保のことである。国家は，他国の領土保全を尊重すべき基本的義務を負う。

(2) 国内問題不干渉義務　国内問題（国内管轄事項）とは，国家が，他国の干渉を受けることなく，自由に決定できる事項のことである。国家は，他国の国内問題に対して，干渉してはならない基本的義務を負う。

国内問題不干渉義務については，次の二つの問題がある。

第1は，国内問題の範囲である。伝統的には，国内問題の範囲は，国家の存立に関係する重要な事項として，各国によって政治的に決定された。しかし，20世紀に入ると，国内問題の範囲は，国際法上もっぱら国家の管轄に属する事項として，国際法によって決定されるようになった。もっとも，20世紀前半には，国際法によって規律されない事項はすべて国内問題であるとされたが，今日では国際法の発達に伴って，国際法によって規律される事項が増大し，国内問題の範囲は狭くなった反面，他国の干渉から保護されるべき事項すなわち国内問題として国際法により積極的に規定される事項も出現している。政治的や経済的や文化的な体制の選択など，領域権（対内主権）に基づく支配に関する事項がその例である。たとえば，衛星テレビ放送が受信国の政治的や経済的や文化的な体制に対する干渉となる場合などには，放送を規制するために関係国間の合意が行われることもある。

第２は，干渉の方法である。伝統的には，国際法上違法な干渉の方法として，武力などの強制手段を用いる一方的な介入が挙げられた。しかし，今日では，武力行使が原則として禁止されていることから，たとえば，武力行使に至らない軍事的措置や政治的・経済的圧力も，違法な干渉の方法として，主張されている。他方で，国際法上違法ではない干渉は，国内問題不干渉義務の違反とはならない。違法ではない干渉の方法としては，たとえば，当事国間の条約に基づく干渉，他国の国際違法行為に対する対抗措置，他国の武力攻撃に対する自衛権の行使などが主張されている。

ところで，国内問題不干渉義務に対して，次の二つの例外について議論がある。

第１は，国内法上合法な政府の要請に基づく干渉である。これは，原則として国内問題不干渉義務の違反とはならない。もっとも，国内で内戦などの武力紛争が進行中の場合には，政府が国家を代表するかどうかが問題となることから，政府の要請があっても，第三国は干渉してはならない，という立場が有力である。

第２は，重大な人権侵害に対して武力行使を伴って行われる人道的干渉（人道的介入）である。人道的理由に基づく干渉については，従来，国内問題不干渉義務の違反とはならないと主張されてきた。19 世紀にはヨーロッパ諸国が，トルコにおけるキリスト教徒の迫害に対して，人道的干渉を行った。しかし今日では，国際法上，武力行使が原則として禁止されていることから，人道的干渉の問題は，国内問題不干渉義務の問題というよりは，武力行使

Key 人道的干渉（人道的介入）

Key
破綻国家（失敗国家）／国際関心事項

の禁止の問題とされるようになった。たとえば，1991 年に多国籍軍が，イラクにおけるクルド人の迫害に対して，国連の安保理決議 688 に基づく軍事活動を行った。また，1999 年には北大西洋条約機構（NATO）軍が，ユーゴスラビアのコソボにおける民族間の迫害や虐殺に対して，安保理の決議なく空爆を行い，これを国連憲章違反であるとする安保理決議案も，3 票対 12 票で否決された。またとくに冷戦の終結後，ソマリアなど，旧植民地からの独立国で内戦によって政府が実効的な支配を失い国家としての一体性を維持できなくなった破綻国家（失敗国家）において，虐殺や飢餓や難民などの重大な人権侵害が存在する場合に，人道的干渉が問題とされるようになった。しかし，人道的干渉については，人権の保障が武力行使の禁止に優位するとし武力行使の禁止の例外として認められるかどうか，認められるためには安保理の決議が必要とされるかどうかなど，学説の対立があり，国家の実行も一致しないことから，国際法上，確立しているとは言えない。

また，国内問題不干渉義務については，国連などの国際機構が，加盟国の国内問題にどの程度まで干渉できるかが問題となる場合がある。国連憲章第 2 条 7 項によれば，国連は，憲章第 7 章のもとの強制行動の場合を除いて，本質上加盟国の国内管轄に属すると認定される事項については，干渉する権限をもたない。もっとも，国連の実行上，加盟国の国内管轄に属する事項の範囲の認定は，国連の機関が独自に行ってきた。国連は，国連憲章の目的や原則に対する違反，国際の平和と安全に対する脅威，人権の重大な侵害などを，加盟国の国内管轄には属さない国際関心事項であるとして，討議，調査，勧告などの措置をとってきており，これらの措置は国連憲章のもとで適法とされている。たとえば，この例として，人種隔離（アパルトヘイト）政策に関連した1962年の総会決議1761に基づく南アフリカ共和国に対する経済制裁の勧告がある。

主権免除

主権免除（国家免除）とは，国家は，その行為や財産について，外国の裁判所の管轄権に服することを強制されない，という原則である。もっとも，国家は，原告として外国の裁判所に提訴することはできるし，主権免除を放棄して外国の裁判所の管轄権に服することも可能である。主権免除が認められる根拠としては，主権の最高絶対性や，「対等な者は対等な者に対して支配権をもたない」という国家の平等権，さらには国家間の友好関係の維持などが指摘されている。

ところで，主権免除が認められる事項については，次の二つの立場の対立がある。

第1は，絶対免除主義であり，原則として国家のすべての行為や財産について無条件に主権免除を認める，という考え方である。絶対免除主義は，19世紀まで，国家が，私的自治の原則に基づいて，私人の経済活動には関与しなかったことを背景とするものであった。

第2は，制限免除主義であり，国家の活動を，統治的，公的な性質をもつ主権的行為と商業的，私的な性質をもつ業務管理的行為とに区別し，主権的行為についてのみ主権免除を認める，という考え方である。制限免除主義は，20世紀に入って，国家が伝統的に私人に委ねられてきた経済活動に積極的に関与するようになり，国家と外国の私人との取引が増大して，裁判によって外国の私人に取引の安全を保証することが必要となったことを背景とするものである。

このような背景の変化に伴って，今日では，イギリス等で，国内裁判所の判決や国内法，条約などによって，制限免除主義が広くとられつつある。国連の国際法委員会（ILC）も，1991 年の「国家およびその財産の裁判権免除に関する条文草案」で，制限免除主義をとっている。日本では，2006 年，最高裁判所の判例が絶対免除主義から制限免除主義に変更された。

もっとも，慣習法上，制限免除主義の内容は必ずしも確定していない。とくに制限免除主義をとる場合に必要とされる，主権的行為と業務管理的行為との区別の基準については，次の二つの立場の対立がある。

第 1 は，行為目的説である。それは，国家の行為の目的を基準とし，国家の統治的，公的な目的を達成するための行為であるかどうかを基準とする，という立場である。

第 2 は，行為性質説である。それは，国家の行為の性質を基準とし，その目的とは無関係に，私人が行うことのできない主権的行為であるかどうかを基準とする，という立場である。

今日では，行為性質説が一般的に有力であり，とくにアメリカ，イギリスなどで，とられている。もっとも，行為性質説は，国家の行為の性質という客観的な基準によるにもかかわらず，国家の実行上は，同種の国家の活動の性質の認定について，各国の国内裁判所の判断が一定していない。たとえば，日用品の供給や工事に関する外国の軍隊との契約などは，活動の性質は商業的，私的なものであるが，目的は統治的，公的なものであることから，判断が分かれている。

このように今日では，慣習法上，絶対免除主義は一般的に維持されていない。他方で，制限免除主義も，国家の活動を区別する基準を定める国際法の規則が存在していないことから，完全には確立していない。したがって，主権免除が認められる事項の決定は，原則として国家の主権的な裁量に委ねられている。

3 国家承継

国家承継

ドイツでは，1990年に統一が実現した。西ドイツと東ドイツとの間で締結されたドイツ統一条約は，西ドイツが締約国であった条約については，統一後も効力が維持され，一部の条約を除いて，旧東ドイツの地域にも拡大適用されるとして，条約の国家承継を認めた。他方，東ドイツが締約国であった条約については，信頼の維持，関係国の利益，条約上の義務の性質などを考慮して，継続か調整か失効かのいずれかを決定し確認するために，旧東ドイツの条約の相手国と協議するとして，条約の自動的な国家承継を認めなかった。一体，国家承継とは，国際法上，どのようなものなのだろうか。

(1) 国家承継　国家承継とは，合併，併合，分離独立，分裂などによって，一定の地域について，統治する国家が変更し領域権が移転した場合に，国際法上，前国家である先行国の国際関係における権利義務が，新国家である後継国に承継されるかどうか，また承継されるとすればどのような条件でどの程度まで承継されるか，という問題である。国家承継は，条約，国家財産，公文書，国家債務などについて問題となる。

国際法上，国家承継は古くから問題とされてきたが，20世紀に

Key 包括承継説／クリーン・スレートの原則

入って，とくに社会主義国の成立や解体，植民地の母国からの分離独立によって，異質な国家間の国家承継が問題とされるようになった。

国連では，1978 年に「条約に関する国家承継条約」が，83 年には「国家の財産等に関する国家承継条約」が，採択された。しかし，これらの二つの条約は，クリーン・スレート（白紙）の原則など，植民地の母国からの分離独立を果たした新独立国の主張を大幅にとり入れた結果，慣習法と異なる部分も多く，旧植民地の母国をはじめ先進国の大部分が消極的であることから，後者は未発効であり，前者も批准国は 17 カ国にすぎない。

(2)　条約の国家承継　　条約の国家承継については，次の二つの立場の対立がある。

第 1 は，包括承継説である。それは，領域権の移転があった場合にも国家の継続性は認められるとして，先行国の条約は包括的に後継国に承継される，という立場である。

第 2 は，クリーン・スレートの原則である。それは，後継国は先行国が第三国と締結した条約には拘束されず，承継するかどうかは後継国の意思に委ねられる，という立場である。クリーン・スレートの原則は，今日では，とくに母国からの分離独立により植民地などの従属地域の状態から脱した新独立国によって，強く主張されている。

伝統的には，条約の国家承継は，国家が他国の領域を併合した場合に問題となることがほとんどであった。したがって，国家の実行上は，包括承継説を原則としてきた。

他方で，「条約に関する国家承継条約」は，次の三つの場合を区別して定めている。

第1は，領域の一部の移転の場合であり，その領域については，原則として先行国の条約は後継国に承継されない。

第2は，国家の結合の場合であり，原則として先行国の条約は後継国に承継される。

第3は，国家の分離や分裂の場合であり，原則として先行国の条約は後継国に承継される。他方で，植民地の母国からの分離独立の場合は，新独立国は，原則として先行国の条約を承継すべき義務は負わず，先行国の条約の承継を選択できるとして，クリーン・スレートの原則を採用している。

⑶　国家財産，公文書，国家債務の国家承継　　国家財産，公文書，国家債務といった条約以外のものについての国家承継は，従来，国家の実行は一定しておらず，関係国間の個別的な合意に委ねられてきた。

他方で，「国家の財産等に関する国家承継条約」は，新独立国の場合とその他の場合とを区別したうえで，先行国と後継国などの関係国との間に特別の合意がないときに適用される一般原則を定めている。

第1は，領域の一部の移転と国家の分離や分裂の場合である。この場合には，先行国の国家財産は後継国に承継される。また，先行国の公文書も後継国に承継される。さらに，先行国の国家債務は，これに関連して後継国に承継される国家財産を考慮し，衡平な割合で後継国に承継される。

第2は，新独立国の場合である。この場合には，先行国の国家財産は新独立国に承継され，先行国と新独立国との間に特別の合意があるときは，その合意は天然資源に対する永久的主権を侵害してはならないとして，新独立国の主権を保護している。また，先行国の公文書も国家財産に準じて新独立国に承継される。他方で，先行国の国家債務は原則として新独立国に承継されず，先行国と新独立国との間に特別の合意があるときは，その合意は天然資源に対する永久的主権の原則を侵害してはならないばかりか，その実施は新独立国の基本的な経済上の均衡を危うくしてはならないとして，国家財産と比較して，新独立国の主権をさらに尊重している。

(4) 私権の国家承継　伝統的に，国際法上，後継国は，先行国で私人が取得した財産権などの私権の中ですくなくとも既得権として確定していたものについては，尊重し承継すべき義務を負う。

政府承継

政府承継とは，1国内で政府が交替した場合に，国際法上，前政府の権利義務が，新政府に承継されるかどうか，また承継されるとすればどのような条件でどの程度まで承継されるか，という問題である。

国際法上，1国内で政府が交替した場合には，国内法上非合法的な交替であっても，国家は，第三国との関係で同一性を維持している。したがって，国際法上，新政府は，原則として前政府のすべての権利義務を承継する。1972年に日本が政府承認を国民政府から北京政府に切り替えたことによって，61年以降国民政府が京都に所有していた留学生施設（光華寮）が北京政府に承継されるかどうかを争点とする光華寮事件について最高裁判所に上告中であるが，これまでの判決は原則として政府承継を認めている。

4 国家の外交関係

外交関係

外交関係は，国家間の協力と相互理解を促進し，交渉によって両国間の問題の解決をはかるなど，円滑な国際関係を確保するために必要とされる手続である。外交関係は，通常，大使や公使などの外交官から構成される外交使節団を通じて処理される。

外交関係は，中世のヨーロッパに成立し，1648 年のウェストファリア講和会議以降一般化したが，慣習法によって規律されてきた。今日では，1961 年にウィーン外交関係条約が採択され，日本を含む 188 カ国が批准している。

外交関係は，関係国間で相互に同等の内容の権利義務を保障し合う相互主義を原則とする。外交関係の開設と外交使節団の設置は，派遣国と接受国との同意により，通常，国家承認や政府承認に伴って行われる。他方で，外交関係の断絶は，一方的行為によって，両国間に紛争が存在する場合や，国連などの国際機構が国際法上の義務に違反した国家に対して集団的な制裁措置を課す場合に行われる。もっとも，外交関係の断絶は，国家承認や政府承認の撤回を意味しない。

(1) 外交使節の種類　外交使節の種類は，次の二つに分類されている。

第 1 は，特別外交使節であり，特定の任務のために臨時に接受国に派遣される。特別外交使節には，国王や大統領などの国家元首，首相などの行政府の長，外務大臣など，中央の政府機関に属

Key
代表任務／報告任務／促進任務／アグレマン／ペルソナ・ノン・グラータ

する者が任命される場合もある。

第2は，常駐外交使節であり，接受国に常置される。

外交使節団は，外交官の身分をもつ，大使などの長と外交職員のほか，事務職員と技術職員，役務職員から構成される。

⑵　外交使節の任務　特別外交使節の任務は，派遣された目的に従って定められる。

他方で，常駐外交使節の任務は，次の三つに分類されている。

第1は，代表任務であり，接受国で，派遣国を代表し，国内問題不干渉義務や営利活動の禁止に従いつつ，国際法が認める範囲内で派遣国とその国民の利益を保護し，接受国の政府と交渉することである。

第2は，報告任務であり，接受国の事情を適法な手段によって収集し，派遣国の政府に報告することである。

第3は，促進任務であり，派遣国と接受国との間の友好関係を促進し，経済，文化，科学上の関係を発展させることである。

⑶　外交使節の任務の開始と終了　外交使節団の長の任命には，接受国のアグレマン（同意）を必要とする。また，その任務は，公文書である信任状を接受国に対して提出することによって開始する。接受国は，理由を示すことなく，アグレマンを拒否したり取り消すことができる。たとえば，1990年にミャンマーの軍事政権は，反政府民主化運動を支持すると発言したアメリカ臨時代理大使についてアグレマンを取り消した。

接受国が派遣国に対して外交使節団の長や外交職員をペルソナ・ノン・グラータ（好ましくない人物）として通告し召還を要求した場合には，その任務が終了する。ペルソナ・ノン・グラータの通告は，理由を示すことなく，いつでも行える。たとえば，1995

年にフランスは，アメリカ大使館員について産業スパイ活動を行ったとしてペルソナ・ノン・グラータを通告した。また，派遣国が接受国に対して外交使節の任務の終了を通告した場合，限定された任務の期間が満了した場合，外交関係が断絶した場合にも，任務が終了する。

領事関係　外交関係が，国家間の政治的な問題を処理するために存在する制度であるのに対して，領事関係は，在外自国民の商工業上の利益を保護するという実務的な問題を処理するために必要とされる制度である。

領事関係は，中世のヨーロッパに成立し，19 世紀には在外自国民の保護を内容とする近代的な領事関係が成立したが，関係国間の個別的な事情を反映して，通商航海条約や領事条約といった 2 国間条約によって規律されてきた。今日では，1963 年に多数国間条約であるウィーン領事関係条約が採択され，日本を含む 174 カ国が批准している。

領事関係は，接受国の領域に設置された領事機関を通じて処理される。領事関係の開設は，派遣国と接受国との同意によって行われる。また，領事機関の設置は，接受国の同意を必要とする。領事関係の開設は，国家承認や政府承認とは関係なく行われ，外交関係の断絶は，必ずしも領事関係の断絶をもたらさない。

⑴　領事の種類　　領事の種類は，次の二つに分類されている。

第 1 は，本務領事であり，派遣国の政府から派遣され，俸給を得て，領事の任務を遂行する。

第 2 は，名誉領事であり，接受国の国民であって，接受国の同意を得て任命され，領事の任務を委託される。

Key

保護任務／行政機関事務／報告任務／促進任務

領事機関は，総領事や領事などの長を含む領事官，事務職員と技術職員，役務職員から構成される。

⑵ 領事の任務　領事の任務は，次の四つに分類されている。

第1は，保護任務であり，接受国で，国際法が認める範囲内で派遣国とその国民の利益を保護し，接受国の国内法が認める範囲内で相続や後見などの援助を行うことである。

第2は，行政機関事務であり，派遣国の国民に対して旅券（パスポート）や渡航文書を発給し，派遣国への渡航希望者に対して査証（ビザ）を発給することなどである。

第3は，報告任務であり，接受国の通商・経済・文化・科学上の事情を適法な手段によって調査し，派遣国の政府に報告し利害関係者に情報を提供することである。

第4は，促進任務であり，派遣国と接受国との間の通商・経済・文化・科学上の関係の発展を助長するなど，両国間の友好関係を促進することである。

このように，領事の任務は，派遣国を代表する資格がないことから，外交使節の任務とは本質的に異なるものである。

⑶ 領事の任務の開始と終了　領事機関の任務は，派遣国の委任状が接受国に対して送付され，接受国が認可状を付与することによって開始する。接受国は，理由を示すことなく，認可状の付与を拒否できる。

接受国が派遣国に対して領事機関の長を含む領事官をペルソナ・ノン・グラータとして通告し召還を要求した場合，派遣国が接受国に対して領事の任務の終了を通告した場合，あるいは認可状が撤回された場合には，領事の任務が終了する。

中国瀋陽日本総領事館事件

特権免除

2002年に中国の瀋陽で，日本総領事館内に亡命目的で駆け込んだ北朝鮮住民が館内に立ち入った中国の警察官によって連行された日本総領事館亡命者連行事件が起こった。日本は，領事機関の公館の不可侵を定めたウィーン領事関係条約に違反するとして，強く抗議し北朝鮮住民の身柄引渡しなどを要求した。これに対して，中国は，ウィーン領事関係に定められた領事機関の公館の保護義務を果たしたものであり条約違反ではないとして，反論し，外交問題に発展した。一体，公館の不可侵などの特権免除とは，国際法上，どのようなものなのだろうか。

国際法上，特権免除とは，派遣国の外交使節や領事，さらにはその公館などに対して，接受国の管轄権の行使が排除され，通常の外国人とは異なる特別な待遇が付与される，ということである。

⑴　外交使節の特権免除　　外交使節は接受国で特権免除が認められるが，その理由と目的については，次の四つの立場がある。

Key

威厳説／治外法権説／代表説／機能説／身体と名誉の不可侵／公館の不可侵

第１は，威厳説である。それは，外交使節は国王などの国家元首の身代わりとして元首の威厳を表していることから，元首と同様に特権免除を享受する，という立場である。

第２は，治外法権説である。それは，外交使節が常駐する場所は派遣国の領域の延長にあるとみなされ，接受国の国内法が適用されない，という立場である。

第３は，代表説である。それは，外交使節は派遣国という国家を接受国において代表することから，接受国は外交使節に対して国家と同様の特権免除を認めるべき義務を負う，という立場である。

第４は，機能説である。それは，特権免除は，外交使節がその任務を効率的に遂行するために必要とされる，という立場である。

ウィーン外交関係条約は，特権免除の目的を，国家を代表する外交使節の任務の能率的な遂行の確保であるとして，機能説に基づきつつ，代表説も考慮した立場をとっている。

さて，外交使節の特権免除の主要な内容は，次のようなものである。

第１は，身体と名誉の不可侵である。外交官の身体は不可侵であり，いかなる方法によっても抑留や拘禁できない。また，接受国は，敬意を払って外交官を待遇し，その身体や自由や尊厳に対する侵害を防止するために，すべての適当な措置をとるべき義務を負う。

第２は，公館の不可侵である。大使館などの外交使節団の公館は不可侵であり，接受国の捜索などを免除されて，警察官などの接受国の官吏は，外交使節団の長の同意がない限り，公館に立ち入れない。また，接受国は，外部からの不法な侵入や破壊から公館を保護し安全の妨害や威厳の侵害を防止するために，すべての適当な措置をとるべき義務を負う。外交官の個人的住居も同様に不可侵である。

ところで，慣習法上，国家は，領域権に基づいて，迫害などによって自国の領域に逃れてきた外国人に対して，入国や在留を保障し定住に必要な待遇を与える権利である領域的庇護権が認められている。他方で，外交使節団の公館の不可侵に基づいて，公館に逃れてきた外国人に対して，公館内に保護し接受国の引渡請求を拒否する権利である外交的庇護権については，確立していない。たとえば，1989年の天安門事件で中国のアメリカ大使館が反政府民主化運動を支持する中国人科学者を庇護して，外交問題となった。

第3は，公文書の不可侵である。外交使節団の公文書と書類は，いずれのときいずれの場所でも不可侵である。外交官が保有する書類も不可侵である。

第4は，裁判権からの免除である。外交官は，公務遂行の有無とは無関係に，かつ無条件に，接受国の刑事裁判権から免除される。また，外交官は，原則として接受国の民事裁判権や行政裁判権からも免除される。たとえば，1964年に東京で，日本人大学生がマレーシア大使館の外交官の運転する乗用車にひかれて死亡したが，この外交官は日本の裁判権から免除されマレーシアに帰国してしまった（アヤトリ事件）。

第5は，課税からの免除である。外交官は，原則として接受国のすべての賦課金や直接税から免除される。また，外交使節団の公的使用や外交官の個人的使用のための物品は，関税や租税や課徴金から免除される。

Key 領域的庇護権／外交的庇護権／公文書の不可侵／裁判権からの免除／課税からの免除

Key 通信の自由／旅行の自由／外交封印袋

第6は，通信の自由である。外交使節団は，原則として，すべての公的目的のために自由に通信する権利をもつ。また，外交使節団の公用通信は不可侵であり，外交封印袋は開封や留置できず，外交伝書使の身体は不可侵であり留置や拘禁できない。外交官の通信も不可侵である。

第7は，旅行の自由である。外交使節団は，原則として，接受国の領域内を自由に移動や旅行する権利をもつ。

ところで，今日では，特権免除の濫用が大きな問題となっている。たとえば，1995年にザンビアの駐日大使が，無申告で大量の高級ブランドの腕時計やハンドバッグなどを日本国内にもち込もうとして，関税法違反に問われた。また，覚醒剤をはじめ，公文書や公的使用以外の物品を入れるなど，外交封印袋の濫用も多発している。このような外交官の特権免除の濫用に対して，接受国は，アグレマンの取消，ペルソナ・ノン・グラータの通告などの措置をとることができる。

ちなみに，派遣国は，外交官などの特権免除が認められる者に対する裁判権からの免除を放棄できる。もっとも，裁判権からの免除の放棄は，派遣国の権利であって，外交官の個人的権利ではない。

⑵　領事の特権免除　　領事も接受国で特権免除が認められる。もっとも，領事の特権免除は，派遣国を代表する資格がないことから，外交使節の場合とは異なって，任務の遂行に必要な範囲に限られている。ウィーン領事関係条約も，特権免除の目的を，領事が自国のために行う任務の能率的な遂行の確保であるとして，機能説の立場をとっている。領事の特権免除の主要な内容は，次のようなものである。

第1は，身体と名誉の不可侵である。もっとも，領事官は，重大な犯罪に関して司法当局の決定がある場合には抑留や拘禁されることもあり，刑事訴訟手続が開始された場合には当局に出頭しなければならない。

第2は，公館の不可侵である。もっとも，領事機関の活動のために利用されている部分に限られる。

第3は，公文書の不可侵である。

第4は，裁判権からの免除である。もっとも，領事の任務の遂行中に行った行為に限られる。

第5は，課税からの免除である。

第6は，通信の自由である。もっとも，領事封印袋については，外交封印袋とは異なって，接受国の当局は，公的使用以外の通信や書類や物品を含んでいると信じるに足る十分な理由がある場合には，開封を要求できる。

派遣国は，領事機関の構成員について，身体の不可侵，裁判権からの免除などを放棄できる。

⑶　軍隊，軍艦，軍用航空機の特権免除　　外国の領域内にある軍隊，軍艦，軍用航空機は，領域国の許可や関係国間の条約によって，領域国で裁判権からの免除などの特権免除が認められる。

とくに第2次世界大戦後に増大した外国の領域に駐留する軍隊とその構成員の裁判権については，関係国間の地位協定によって，裁判権の範囲を定めている。たとえば，日米地位協定は，在日アメリカ軍について，日米の刑事裁判権が競合する場合には，アメリカの財産や安全またはアメリカ軍の構成員の身体や財産に対する犯罪と公務執行中の犯罪については，アメリカが一次的な刑事裁判権をもつと定めて，アメリカ軍に対する特権免除を認めている。日米地位協定に関連して，たとえば，1995 年に沖縄で起こったアメリカ兵の少女暴行事件などでは，日本が一次的な刑事裁判権をもつにもかかわらず，アメリカ軍に拘禁された被疑者の日本への身柄不引渡しが，日米間の外交問題になった。また，2004 年に沖縄で起こったアメリカ軍のヘリコプター墜落事件では，アメリカ軍が拒否した日米合同の現場検証などが，大きな外交問題となった。

5 国家責任

国家責任

国家責任とは，国際法上，国家が，国際違法行為を行った場合には，法的な責任を負う，ということである。国際法上の国家責任は，伝統的に，慣習法によって規律されてきた。国連の国際法委員会（ILC）は，50 年以上にわたって国家責任条文草案の作成を行ってきたが，慣習法の規則にとどまらず新しい規則も条約化しようとしたことから，総会による採択に至っていない。

ところで，国際法の特定の分野では，条約によって，国家の権利義務ばかりでなく，権利濫用や義務違反に対する措置も定められた自己完結的制度が整備されている場合がある。たとえば，外交関係の分野では，ウィーン外交関係条約によって，外交使節の特権免除ばかりでなく，特権免除の濫用に対して，アグレマンの取消，ペルソナ・ノン・グラータの通告などの措置も定められている。自己完結的制度では，権利濫用や義務違反に対して，まず条約上の措置がとられなければならず，これらの措置では不十分な場合にはじめて国家責任に関する慣習法上の措置がとられることになる。

さて，国家責任の法的性質については，国内公法上の刑事法上の刑事責任ではなく，国内私法上の民事責任に類似するとされてきた。また，国際法上の国家責任の目的も，国際社会の一般利益に対する侵害の処罰ではなく，他国の利益の侵害に対する損害の賠償が中心であった。

国際犯罪

もっとも，今日，国際社会の一般利益が次第に認識されるようになり，国際法上も，国家の国際犯罪が主張されるようになった。

たとえば，ILC は，1996 年の国家責任暫定条文草案において，国際違法行為を，国家の国際犯罪とそれ以外の通常の国際不法行為の二つに分類した。国家の国際犯罪は，国際社会の基本的利益の保護のために不可欠な義務の重大な違反から生じ，国際社会によって犯罪であると認められる国際違法行為である，とされている。また，国際社会の基本的利益の保護のために不可欠な義務として，侵略の禁止，力による植民地支配の禁止，奴隷制度や集団殺害やアパルトヘイトの禁止，大気や海洋の大量汚染の禁止などが挙げられている。しかし，その後，ILC は，国際法上，国家間の合意による逸脱が許されない規則である強行規範（ユース・コーゲンス）や，国際社会全体に対する国家の義務である対世的（エルガ・オムネス）義務（普遍的義務）は認められるが，その重大な違反国を処罰するという国家の国際犯罪は確立していない，という最終的な結論に達した。その結果，2001 年の「国際違法行為に対する国家責任条文草案」によれば，国家の国際犯罪に代って規定

Key 国家の国際犯罪／強行規範（ユース・コーゲンス）／対世的（エルガ・オムネス）義務（普遍的義務）

された国際違法行為は，一般国際法の強行規範に基づいて発生する義務の国家による重大な違反である，とされている。しかし，この国際違法行為も，強行規範や対世的義務との関係，重大な違反の概念などが不明確であることから，国際法上確立しているとは言えない。

他方で，国際法上，国家の国際犯罪ではなく，個人を処罰の対象とした個人の国際犯罪は認められており，次の二つに分類されている。

第1は，諸国の共通利益を侵害する犯罪であり，国際法によって犯罪と定められるが，実際の処罰は各国の国内法や国内裁判所に委ねられているものである。たとえば，海賊，奴隷取引，麻薬取引，航空機の不法奪取（ハイジャック），航空機内の犯罪などがある。

第2は，国際法違反の犯罪であり，個人が，国際法によって直接に義務を負い，その違反について国際裁判所などにより直接に処罰されるものである。たとえば，第2次世界大戦後の国際軍事裁判所で日本やドイツの戦争犯罪人が処罰の対象とされた戦争犯罪（国際人道法違反）や平和に対する罪や人道に対する罪がそれにあたる。その後，集団殺害罪，アパルトヘイト罪なども個人の国際犯罪とされるようになった。また，国際裁判所の例としては，2003年に国際刑事裁判所（ICC）規程に基づいて設立されたICCがある。ICCは，今のところ，集団殺害罪，人道に対する罪，戦争犯罪を対象犯罪としており，国内裁判所が裁判できない場合にのみ管轄権をもつが，犯罪行為地国か被疑者の国籍国のいずれかがICC規程の締約国であれば管轄権が認められる。

国家責任の成立要件　イランでは，1979 年に革命によって，イスラム教指導者のホメイニ師が実権を掌握した。ホメイニ師を支持する過激派は，テヘランのアメリカ大使館を占拠し大使館員を人質にとった。これに対して，アメリカは，人質の解放などを求め，国際司法裁判所（ICJ）に提訴した。1980 年に ICJ は，過激派が政府の要請を受け国家に代って行動したことは明らかではないことから，過激派の行為はイランの行為とはみなされないが，イランは過激派の行為を防止するために適当な措置をとらず，また過激派を容認することによって過激派の行為をイランの行為とみなされる国家機関の行為に変質させたとして，イランは国際法に違反し，イランの国家責任が成立する，と判決した（在イラン米国大使館占拠事件）。一体，国家責任が成立するためには，国際法上，どのような要件を満たす必要があるのだろうか。

国際法上，国家責任が成立するためには，すくなくとも，国際違法行為の存在，行為の国家への帰属という二つの要件を満たす必要があるとされている。他方で，これらの二つの要件に加えて，故意や過失の存在，損害の発生といった要件も満たす必要があるかどうかについては，学説の対立があり，国家の実行も一致していない。

Key
国際違法行為の存在／行為の国家への帰属／故意や過失の存在／損害の発生

(1)　国際違法行為の存在　　国際違法行為とは，行ってはならない行為を行う積極的な作為や行わなければならない行為を行わない消極的な不作為による国家の国際法上の義務の違反や不履行のことである。国際違法行為の存在は，国際法上の義務が条約上のものか慣習法上のものかといった義務の淵源とは関係がない。また，国際違法行為の存在は，国際法によって認定されるもので

Key
違法性阻却事由

あり，国内法によって違法ではないと主張したり正当化することはできない。

もっとも，違法性阻却事由が存在する場合には，国際違法行為の違法性は排除される。違法性阻却事由は，国家の行為が国際違法行為であるにもかかわらず例外的にその違法性が排除されて国家責任が成立しなくなる特別の事由である。たとえば，他国の武力行使に対する自衛，他国の国際違法行為に対する対抗措置などが挙げられる。

⑵　行為の国家への帰属　　行為の国家への帰属とは，実際の行為者である個人（自然人）の行為が，国際法上，国家の作為や不作為とみなされる，ということである。行為の国家への帰属は，国家は自らの肉体をもたない団体（法人）であり，その行為は実際には個人の行為を通じて実現されることから，必要とされるものである。行為の国家への帰属は，各国の国内法の違いとは無関係に，最終的には国際法によって判断される。

国家機関の地位にある個人が国内法上その資格で行った行為は，立法や行政や司法，中央や地方といった国内法上の機関の種類，上級や下級といった国内法上の地位とは無関係に，国際法上，国家の行為とみなされる。また，ILC によれば，その権限を逸脱したり指示に違反した場合でも，国際法上，国家の行為とみなされる。

他方で，国家機関の地位にない私人が行った行為は，国際法上，国家機関の要請を受けるなど，国家に代って行動した場合を除いて，国家の行為とはみなされない。

また，1国内における革命，クーデター，内戦などの進行中に行われた反乱団体の行為も，国際法上，国家の行為とはみなされな

Key
相当の注意義務／国際標準主義／国内標準主義

い。ただし，反乱団体が革命などの成功によってその国家の新政府となった場合や領域の一部に新国家を成立させた場合には，内戦などの進行中に行われた反乱団体の行為は，国際法上，その行為が行われた時点にさかのぼって国家の行為とみなされる。

もっとも，私人や反乱団体の行為に関連した国家機関の行為が国家の行為とみなされて国家責任が成立することがある。国際法上，国家は，領域権に基づいて自国の領域内におけるすべての行為や事実に対して排他的な管轄権の行使が認められる反面，その管轄下にある外国人の生命や身体や財産に対する私人や反乱団体の侵害行為を事前に防止したり事後に救済するために相当の注意を払うべき義務を負っている（相当の注意義務)。したがって，警察が私人や反乱団体の襲撃を防止しなかったり，裁判所が裁判を拒否するなど，国家機関が相当の注意義務に違反して外国人に損害が発生した場合には，このような国家機関の行為が国家の行為とみなされて，国家責任が成立することがある。

ところで，このような私人の行為や反乱団体の行為を契機とした国家責任の成立に関連して問題とされる相当の注意義務の程度については，各国の発展段階や国内体制などの違いを反映して，次の二つの主義の対立がある。

第１は，国際標準主義である。それは，国家は，自国民に与える保護の程度とは無関係に，一定の国際的な基準に従って外国人を保護すべきである，という考え方である。

第２は，国内標準主義である。それは，国家は，自国民に与えるのと同等の保護を外国人に与えれば十分である，という考え方である。

先進国は，一般に国際標準主義をとっているが，ラテン・アメ

Key 過失責任主義／客観責任主義

リカ諸国，社会主義国，途上国などは，国内標準主義をとる傾向が強い。最近では，国家の実行上も学説上も，国内標準主義が有力である。また，人権保障の観点から，世界人権宣言や国際人権規約などの人権の国際的保障制度の発展に伴って，国家は，自国民のみでなく外国人に対しても一定の国際的な基準を保障すべき義務を負うことになった，という普遍的な立場もある。

(3) 故意や過失の存在　故意とは，国家がある国際違法行為の結果を予見していたにもかかわらずあえてその行為を行うことであり，また，過失とは，国家がある国際違法行為の結果を予見できたにもかかわらず不注意でその行為を行うことである。

もっとも，国際法上，国家責任の成立要件として，国際違法行為の存在，行為の国家への帰属といった要素に加えて，故意や過失の存在という要素も必要であるかどうかについては，次の二つの主義の対立がある。

第1は，過失責任主義である。それは，「過失なければ責任なし」というローマ法の原則に基づいて，国家は故意や過失がなければ責任を負わないとし，国家責任の成立には，故意や過失の存在という要素が必要である，という立場である。

第2は，客観責任主義である。それは，国家は，故意や過失の有無とは無関係に，国家に帰属する国際法上の義務に違反する客観的な行為によって責任を負うとし，国家責任の成立には，故意や過失の存在という要素は必要ではない，という考え方である。客観責任主義によれば，故意や過失の存在という要素は，国際違法行為の存在という要素に含まれる。

伝統的には，過失責任主義が，国家の実行上は一般的であり，学説上も有力であった。しかし，第2次世界大戦後は，客観責任主義が，学説上は有力となり，国家の実行上も受け入れられつつある。ILC も，客観責任主義の立場をとっている。

また，折衷的な立場もある。国際違法行為の発生の契機となる事実について国家機関が注意を欠いたことから国際違法行為が生じた場合には，このような国家機関の過失が国家責任の成立要件となる，という立場である。警察が相当の注意を払わずに外国人に対する襲撃を防止しなかった場合などには，このような行政機関の相当の注意の欠如が過失として国家責任の成立要件となり，過失責任主義が妥当することになる。他方で，国際法上の義務の履行に必要な国内法を制定しないなど，立法機関の国際違法行為の場合と，外国人の訴訟を受理しないなど，裁判拒否による裁判所の国際違法行為の場合には，立法機関と司法機関の過失は問題とされず，客観責任主義が妥当することになる。

ところで，今日では，高度な科学技術の進歩によって，国際法上禁止されてはいないが重大な損害を発生させる危険性がある活動（高度に危険な活動）から生じる損害について，無過失責任原則を採用する条約が採択されるようになった。無過失責任原則とは，活動とそれから発生する損害との間に相当因果関係が存在するならば，活動の違法性とも故意や過失の存在とも無関係に，損害に対する国家の賠償責任が成立する，という原則である。1972 年の宇宙損害責任条約は，ロケットなどの宇宙物体が地表で引き起こした損害や飛行中の航空機に与えた損害について，打上げ国の国際法上の無過失責任を定めている。また，1963 年の「原子力損害についての民事責任に関する条約」などは，国家の国内法上の無過失責任を定めている。

他方で，ILC は，これを一般化し，高度に危険な活動につい

Key
国際適法行為に対する国家の無過失責任

て，「国際法上禁止されていない行為から生じる有害な結果についての国際責任に関する条文草案」の作成を行っている。しかし，国際法上禁止されていない国際適法行為に対する国家の無過失責任は，条約によって認められているものに限られており，慣習法上はまだ確立していない。

⑷　損害の発生　　損害の発生とは，国際違法行為によって，国際法上保護された法的利益が侵害されて実害が発生する，ということである。もっとも，国際法上，国家責任の成立要件として，損害の発生という要素が必要であるかどうかについては，次の二つの立場の対立がある。

第1は，国際違法行為が存在するためには法的利益の侵害の存在が前提となるとして，国家責任の成立には，損害の発生という要素が必要である，という立場である。

第2は，法的利益の侵害という要素は，国際違法行為という要素に含まれるとして，国家責任の成立には，損害の発生という要素は必要ではない，という立場である。

伝統的には，第1の立場が，学説上も国家の実行上も有力であった。しかし今日では，第2の立場が，一般的に有力である。ILCも，第2の立場をとっている。

また，折衷的な立場もある。条約に違反する国内法の制定などのように，法的利益の侵害の発生を伴わないで国家責任が成立する国際違法行為もあれば，外国人の生命や身体や財産に対する侵害などのように，法的利益の侵害の発生を伴ってはじめて国家責任が成立する国際違法行為もある，という立場である。

Key 対抗措置／外交的保護権

国家責任の追及　国際違法行為によって国家責任が成立した場合には，国際法上，被害国は，加害国に対して国家責任を追及するために国際請求を提起する権利をもつことになる。

もっとも，国際違法行為が存在しても国際法上保護された法的利益が侵害されて損害が発生しない限り，被害国は加害国に対して具体的な国際請求を提起することはできない。また，被害国は，加害国の国際違法行為と侵害された自国の法的利益の間に相当因果関係が存在することを立証しなければならない。

国際請求の方法としては，交渉や国際裁判などの国際紛争の平和的解決手段がある。また，これとは別に，国家自体の法的利益が直接に侵害された場合には対抗措置があり，自国民である私人の身体や生命や財産が侵害された場合には外交的保護権の行使がある。

(1)　対抗措置　　対抗措置は，他国の国際違法行為に対してとられる措置である。本来は国際法上違法であるが，他国の国際違法行為が存在すること，武力行使の禁止に違反しないこと，国際違法行為と対抗措置との間に均衡が存在することといった要件が満たされることによって，違法性が阻却される。伝統的には，復仇と呼ばれていた。たとえば，加害国との間の輸出入の禁止，加害国の政府や国民の資産の凍結などがある。また，ウィーン条約法条約に基づく他国の重大な違反を理由とする条約の一方的な終了や運用停止，国連憲章に基づく国連の非軍事的・軍事的強制行動も対抗措置にあたる。

(2)　外交的保護権　　外交的保護権は，自国民が他国の領域内で違法に損害を受けた場合に，被害者の本国（国籍国）が，自国民

Key 国籍継続の原則／真正結合／国内的救済完了の原則

を保護するために，加害国である他国に対して国際請求を提起する権利である。今日では，国際法上，武力行使や武力による威嚇を伴う外交的保護権の行使は禁止されている。外交的保護権は国家の権利であって個人の権利ではないことから，加害国に対して国際請求を提起するかどうかは被害者の本国の主権的な裁量行為である。したがって，国家は，被害者から要請を受けても，加害国との外交関係などを考慮して外交的保護権を行使しないこともあれば，被害者から要請がなくとも，外交的保護権を行使することもある。

慣習法上，国家が外交的保護権を行使するためには，次の二つの要件を満たす必要があるとされている。

第1は，国籍継続の原則である。それは，被害者が，国際違法行為が行われたときから本国が外交的保護権の行使によって国際請求を提起するときまで，継続してその国籍を保持しなければならない，という原則である。国籍継続の原則は，被害者が損害の発生後に国籍を強大国の国籍に変更することによって，弱小国である加害国に対して不当な国際請求が提起されることを防止するために，必要とされるものである。また，外交的保護権を行使する国家と被害者との間には，居所や住所，営業活動の本拠地，家族関係，公職への関与，国家に対する愛着など，真正結合の関係が存在しなければならない。

第2は，国内的救済完了の原則である。それは，国家が外交的保護権を行使する前に，被害者が，裁判をはじめ加害国の国内法上利用可能なすべての救済手段を尽くしていなければならない，という原則である。国内的救済完了の原則は，加害国の領域権を尊重するために，必要とされるものである。

ところで，19 世紀以降，欧米諸国が当時の新興独立諸国であったラテン・アメリカ諸国に対して不当な国際請求を提起することが相次いで起こった。これに対して，ラテン・アメリカ諸国は，外国企業と締結する契約の中に，その契約に関する紛争については，外国企業は本国の外交的保護を求めず国内的救済手段によってのみ解決するというカルボ条項を挿入するようになった。しかし，カルボ条項については，学説上も国家の実行上も，外交的保護権は国家の権利であって個人の権利ではないことから，個人が本国の権利を放棄できないとして，国際法上は無効である，という立場が有力である。

Key
カルボ条項／原状回復／金銭賠償／精神的満足

国家責任の解除

2002 年の瀋陽にある日本総領事館亡命者連行事件で，日本は中国に対して，ウィーン領事関係条約の違反による国家責任を解除するために，原状回復として，連行した北朝鮮住民の身柄引渡しを，また精神的満足として，陳謝と事件の再発防止の保証を要求したが，中国は条約の違反を否定した。一体，国家が国家責任を解除するためには，国際法上，どのような行為が必要とされているのだろうか。

国際違法行為によって国家責任が成立した場合には，国際法上，加害国は，被害国に対して，国家責任を解除するために一定の措置をとるべき義務を負うことになる。

国家責任の解除の方法としては，原状回復，金銭賠償，精神的満足が挙げられる。一般的に，物質的損害については，原状回復や金銭賠償がとられ，非物質的損害については，原状回復や精神的満足がとられている。

(1) 原状回復　　原状回復とは，国際違法行為の結果を可能な限り除去して，その行為が行われなかったならば存在したであろう状態を回復させる，ということである。たとえば，国際法上の義務に違反して没収した外国の財産の返還，国際法上の義務に違反して外国の領域から誘拐した個人の釈放，国際法上の義務に抵触した国内法の改廃などがある。

⑵　金銭賠償　　金銭賠償とは，損害が原状回復によって十分に回復されない場合や原状回復が不可能である場合に，国際違法行為によって発生した損害を金銭に評価しその金額を支払う，ということである。国家の実行上，金銭賠償は最も一般的な責任の解除の方法である。賠償額の算定は，実際の損害額などを考慮し国際法によって決定される。金銭賠償の範囲は，必ずしも国際違法行為によって直接的に発生した損害に限定されず，国際違法行為との間に相当因果関係が認められる限り間接的に発生した間接損害も含まれる。

⑶　精神的満足　　精神的満足は，国際違法行為によって発生した損害が国家の名誉の侵害などの非物質的損害に限定される場合に行われる。たとえば，陳謝，被害国の国旗に対する敬礼や特別外交使節の派遣，国際違法行為の再発防止の保証，国際違法行為の原因となった国家機関や私人などの国内法上の処罰などがある。また，今日では，国際違法行為の存在を確認する，国際裁判所の宣言判決や国際機構の非難決議も，精神的満足として認められる，という立場が有力である。

〔丸 山 珠 里〕

第4章　領域に関する国際法

今日，地球はますます小さくなっていると言われている。確かに私たちの身の回りには，世界各国の産物があふれ，また，ほぼリアルタイムで世界中の情報を手に入れることができる。しかし，外国への旅行にはパスポート（旅券）が必要であり，ビザ（査証）を手に入れなければならないこともある。国家が，主権を持ち自国領域を自由に統治しているからである。そこで国家の領域に関する基本的な規則について考えてみよう。

1　国家の領域

2012年末現在，世界には200近くの国家がある。大韓民国やフランス，メキシコのように海に面した沿岸国，日本やフィリピン，イギリスのように周りを海に囲まれた島国，モンゴルやアフガニスタン，スイスのように海に面していない内陸国等，国が置かれている地理的状況は様々である。国家として成立するための不可欠な要件の一つが領域である。

領域とは国家主権が及ぶ空間的範囲であり限界がある。その基礎になるものが国境である。しかし，この国境は必ずしも確定していない場合があり，時には，この国境をめぐって紛争が生じることがある。国内社会では人が土地を取得した場合には登記所に登記し，その土地をめぐって問題が生じた場合には裁判所に訴えて決着をつけることになる。しかし，国際社会では，国境を登記するような機関もなければ，紛争が生じた場合に確実にその紛争を解決する手続きも存在しない。では，各国はどのようにして自国の領域を確保，維持してきたのだろうか。

国　境

領土の限界はどのように定められるのだろうか。まず，日本のように陸の部分が海に接する場合には，潮が最も引いたところを結ぶいわゆる低潮線までが領土とされる。陸続きの場合の限界は，隣国との間に引かれる国境線となる。国境線は，山や川などの自然的障害線を使う場合もあるが，条約により定められることも少なくない。国境に関する合意（条約）が成立している場合でも，その条約の解釈や適用をめぐって利害が対立し，紛争が発生することもある。このことは，国境画定の基準について，国際法上決まった規則が確立していないことを示している。しかし今日，次にあげる原則が国境画定のための基準として用いられることが多い。また，国境には目印が設けられていないことも多く，個人の家の中を国境線が通るという下の新聞記事のようなことが起こることもまれにある。

トピックス

国境またぐわが家

中国系香港紙の文匯報によると、中国雲南省の少数民族の農家、李忠民さん宅は、自宅の真ん中に中国とラオスの国境線が走る。李さん宅はもともと山のふもとにあったが、日が当たらず眺望も悪いことから、一九八八年に頂上の方に引っ越した。ところが九二年初めに中国とラオスが合同で調査した際、家の中央が国境に当たることが判明し、びっくり。

両国とも「友好関係の象徴」として立ち退きは要求していない。それでも自宅を訪問した記者に対し、李さんは「中国領土」側に座るよう勧めるという気の使いようだ。（共同）

朝日新聞（朝刊）1994 年 8 月 27 日

Key
国際河川／タールベークの原則

自然的国境

私たちの生活にかかわる自然の地理的障害を国境とすることがよくある。河川や湖沼を国境とする場合に，これらの河川や湖沼をとくに国際河川や国際湖沼と呼ぶ。例としては，アメリカとメキシコの国境をなすリオ・グランデ川，ドイツ，オーストリア，スイスの国境をなすボーデン湖等がある。

国際河川を国境とする場合の境界は，航行不可能な河川の場合は，川幅の中間線を境界とし，航行可能な河川の場合には航路の中間線を境界としてきた。これをタールベーク（谷底の道）の原則という。もっとも，河川の場合は洪水等の自然現象の結果，流路が変化することもある。そのため河川を国境線とする場合には，流路の変化に備えて関係各国が特別の合意をする場合がある。国際湖沼を国境とする場合の境界は，一般的な基準を見出すことは難しく，関係各国の合意により決まることが多い。

アルプスのような山岳地域を国境として用いる場合には，山の頂上を結ぶ線や分水嶺線を国境とすることが一般的である。

人為的国境

自然的条件とは関係なしに関係各国の特別の合意によって国境が画定される場合がある。この場合にも，それぞれの地域の政治的，社会的，文化的，経済的関係を考慮する場合と，これらを一切無視して緯度や経度などを用いて画定する場合とがある。

ラテン・アメリカの植民地が19世紀に独立した際には，個別の国境画定合意に代わるものとして，植民地時代の行政区画線を独立後の国境線としてそのまま用いるとする，ウティ・ポッシデティス（所有するままに）の原則により国境線を画定することが合

カシミール

意された。この原則は，現状承認の原則とも言われ，南米については1810年，中米については1821年当時の行政区画線を基準とした。また，この原則は第2次世界大戦後独立したアフリカ諸国間の国境画定にも適用された。

関係各国の合意によって，また，ウティ・ポッシデティスの原則の適用によって国境線が画定された場合でも，その解釈や適用をめぐって紛争が生じることがある。南米先端のホーン岬付近に点在する島々の帰属をめぐって争われたビーグル海峡事件では，アルゼンチンとチリが合意した1884年の国境条約に記された「ビーグル海峡の南方の島々」の解釈をめぐって1世紀以上にわたって争われた。また，スペインから独立したコロンビアとベネズエラは，両国ともウティ・ポッシデティスの原則による領土決定について憲法上明確にしていたが，スペイン統治時代の行政区画線に明確でない部分があり，実際の国境線を画定するまでに1世紀近くもの年月を要した。

領土をめぐる紛争は，解釈や適用をめぐる紛争ばかりでなく，カシミール問題のように特定地域の帰属をめぐる紛争もある。第2次世界大戦後イギリスの支配から解放されたカシミールは，パキスタンに帰属するのかそれともインドに帰属するのかをめぐって今日まで争われている。

領　土

領土とは国家領域を構成する陸の部分である。陸には河川や湖沼など水の部分も存在する。これらを内水という。内水とは，一国の領土内にある水域で，領土と同じ法的地位にある。内水には河川や湖沼のほか，東京湾のような湾や瀬戸内海のような内海なども含まれる。内水とされる場合には，その水域は陸地と十分に密接な関連を有さなければならず，湾や内海が内水とされるためには一定の条件（下記）がある。また，内水が海に接する場合にはその限界が問題となる。1966 年に紀伊水道で生じた海難事故に関して，瀬戸内海の限界と性格づけが問題となった。この事例については，日本の裁判所は瀬戸内海を内水と認定した。その後日本は，1977 年に制定した領海法で，瀬戸内海を内水と規定した。

Key 内水／内海／湾

内水としての内海の条件は，二つ以上の海峡で外洋とつながることと，全ての海峡の幅が領海の幅の 2 倍を超えないことである。

内水としての湾の条件は，①海岸が単一の国に属する湾であること，②湾の奥行が十分に深く湾入部分の面積が湾口を横切って引いた線を直径とする半円の面積以上のものであること，③湾口の距離が両側の低潮線上の点から測って 24 カイリを超えないこと，である。

ただし，これらの条件は，沿岸国が古くから領有を主張してきたカナダのハドソン湾，オーストラリアのスペンサー湾などの歴史的湾については適用されない。

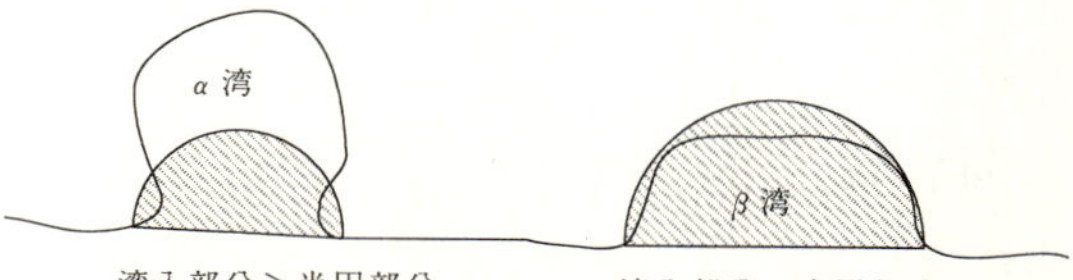

湾入部分＞半円部分
α湾は内水となる

湾入部分＜半円部分
β湾は内水とならない

また，一定の土地を領土

として主張するためには，その土地に対する国家の領有の意思表示と実効的な占有が必要となる。領有の意思表示は，通常，その土地に対する立法・行政上の措置や，宣言などによって行われる。公の地図に表示することによって行われる場合もある。実効的な占有とは，その地域に国家権力が事実上及んでいなければならず，国旗の掲揚などの象徴的な行為だけでは不十分とされる。

領　海

領海とは国家領域を構成する海洋の部分で，沿岸の基線に沿った一定の幅の海域である。海洋部分にその沿岸国の主権が及ぶ水域を設けるという領海制度は，18 世紀以降慣習法上確立されるようになった。しかし領海の幅については，3 カイリ（1 カイリ＝1852 m）をとる国が比較的多かったが，4 カイリ，6 カイリ，12 カイリをとる国もあり，一致していなかった。そこで，1930 年に国際連盟は領海の幅を統一するための会議を開催したが合意には達しなかった。

1958 年，国連は海洋法秩序確立のため，ジュネーブで海洋法会議（第 1 次国連海洋法会議）を開催し，国際法委員会が作成した草案をもとに審議し，領海条約，公海条約，漁業条約，大陸棚条約の海洋法 4 条約に合意した。それにもかかわらず，領海の幅は統一できなかったため，1960 年に再び会議（第 2 次国連海洋法会議）を開き解決を目指したが失敗した。その後，領海の幅として 12 カイリを主張する国々が増加し，中には 200 カイリを主張する国も出てきた。

1967 年の国連総会において，マルタのパルド大使が「深海底およびその資源を人類の共同の遺産とすべし」という提案を行ったことを契機として，国連は海洋法の全面的見直しを行うこととし，

1973年に第3次国連海洋法会議を開催した。この会議は各国の利害が対立し難航したが，1982年に領海の幅は12カイリとし，その他に接続水域（基線から24カイリ），排他的経済水域（基線から200カイリ）などを規定した「海洋法に関する国際連合条約」（国連海洋法条約）の採択にこぎつけた。

Key 通常基線／直線基線

日本は，明治時代から領海3カイリを主張し実践してきたが，国連海洋法会議開催中の1977年，領海法と漁業水域に関する暫定措置法を制定し，領海の幅を12カイリとし，200カイリの漁業水域を設定した。

領海の幅を測定するための基線の引き方は，沿岸国の海岸の低潮線を基線とする通常基線の方法と，適当な地点を選びその間を直線で結ぶ直線基線の方法とが，海洋法条約に規定されている。直線基線の方法は，海岸線が著しく曲折していたり海岸に沿って至近距離に一連の島がある場所で，低潮線にしたがって線を引くと複雑に入り組む場合に，用いられるものである。わが国も1997年1月施行の改正領海法で，直線基線方式を採用した（次頁の地図参照）。

領　空

領空とは国家領域を構成する空の部分で，その平面的境界は領土と領海から成る国家領域の境界線までである。高さの境界については必ずしも確定していない。しかし，私たちが通常「空」と呼んでいる部分は大気圏である。大気圏よりも高い部分を大気圏外または宇宙空間と言う。領域の上空部分のうち，大気圏にあたる領空には領域国の排他的主権が完全に行使されるが，大気圏外は，国家の主権の行使が排除される。

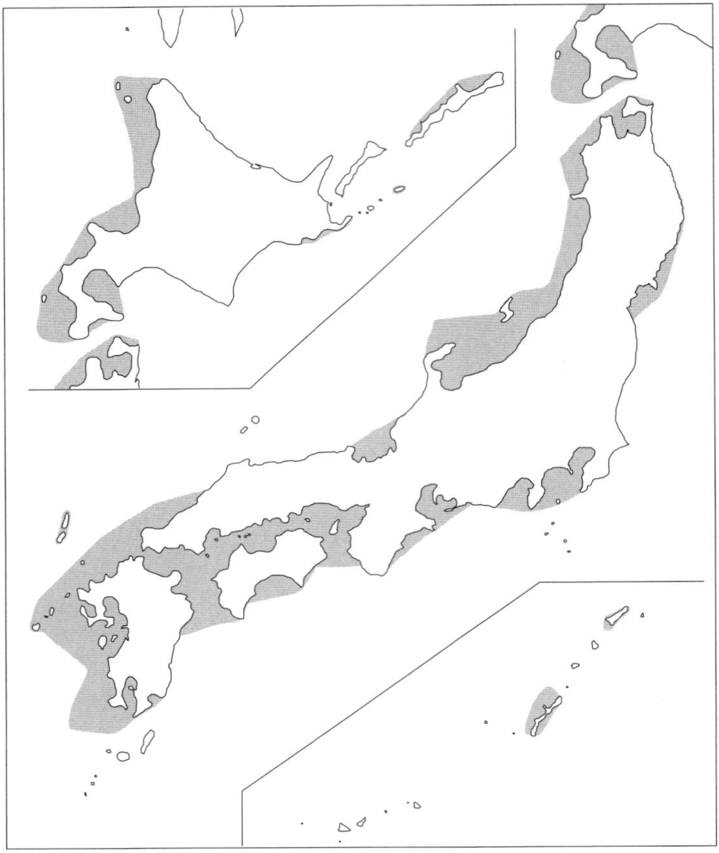

通常方式と直線方式を交えた日本の基線

領域としての「空」が意識されるようになったのは，私たちが気球，グライダー，飛行機など，空を飛ぶ手段を手に入れてからのことである。とくに，飛行機が交通手段として実用化されるようになった20世紀前半になって，その意識は急速に高まったのである。

飛行機が実用化されるようになっても，領空の上限は「飛行機が飛ぶことのできるところまで」とか「大気の存在するところまで」などと漠然と考えられてきた。ところが，1957年ソ連（現ロシア）が人工衛星を打ち上げ，宇宙活動が現実的になったことにより，大気圏と大気圏外とは異なる法秩序のもとにあることが認められるようになった。そして，大気圏外の法秩序形成の面から大気圏と大気圏外との境を確定する必要性が主張されるようになった。しかしながら，実際的な困難から，現在のところ未確定である。

領域の管理

国家の領域に対する権限も領土に対するものが基本であり，これを領域権とか領土権あるいは領域主権，領土主権などという。

領域権の内容は，国家が自国の領域および領域内の全ての人または物に対して排他的な管轄権（属地的管轄権）を行使することである。管轄権とは，狭義の場合は司法権や裁判権を表わし，広義の場合は国家の一般的支配権限を表わす。国家は国籍を問わず自国の領域内にいる人に対し，支配権を行使し，立法，司法，行政の統治作用を及ぼす。また，国家は領域の一部を他国に譲り渡したり，他国による使用を認めることがある。このことから，領域権の内容は，領域内に存在するものに対する統治権と領域そのものに対する使用および処分権の双方の権能を含むと考えられる。

領土に対する国家の権限

領土に対する国家の権限は，原則として自由に行使され制限を受けない。また，自国領土にどのような人や物を入れるかについても，国家は自由に決めることができる。通常，人が国境を越える場合には，それぞれの国の出入国管理の手続きを踏まなければならない。

たとえば，私たちが外国旅行をする場合，自国のパスポート（旅券）を入手し訪問国のビザ（査証）をとる必要がある。いずれも入手に際し国による審査がある。そのため，場合によってはパスポートを発給しないこともある。また，訪問国がビザを必ず与えるという保障もない。どのような人にビザを与えるかは，国が自由に決めることができる。もっとも，今日では，観光旅行などのような短期滞在の旅行者には，相互主義の原則のもとでビザの取得を入国条件としない国も多い。

パスポートとビザを手に入れ外国に出発する場合，まず自国の出国審査を受けなければならない。また，出国はできたとしても，相手国の入国審査の場で，入国が認められないこともある。2002年に日本と韓国でサッカーのワールドカップが開催された時には，熱狂的なサポーターであるフーリガンの入国を阻止するため，日本や韓国では特別な体制がとられ，フーリガンは開催国へ入国できず，出発地に戻された。また，所持品の中に麻薬等のその国の禁制品があれば逮捕，訴追されることもある。外国に入国した場合には，その国の法律に従う必要がある。その人の本国で許されている行為であっても，滞在国では許されないこともある。「知らなかった」という言い訳は通用しない。また，その人の本国にはない刑罰があることもある。外国人だからといって特別扱いはされない。1993年にシンガポールは，自動車にいたずらをしたアメリカ人少年にムチ打ちの刑を科し，アメリカ大統領の要請にもかかわらず執行した。

外国旅行を終えて帰国した場合にも，入国審査がある。外国人でない自国民に対しても審査が行われる。これは犯罪容疑者の帰国をチェックすると同時に，その国で認められていない物（禁輸品）を，持ち込むことを防ぐためでもある。麻薬や拳銃などはもちろん，検疫証明のない果物や偽ブランド品など外国で買った土産品でも，持ち込むことが認められないものがある。これらは，その場で任意放棄することを求められる。また，麻薬や拳銃などを不法に持ち込もうとする場合には，検査で発覚すれば逮捕，訴追されることになる。

このように，国家は領域や領域内の物や人を自由に支配する権限を持っている。ただし，自由にと言っても，大使館などの外交使節に対する外交特権免除のように国際法で制限される場合には，国際法の規則に服さなければならない。また，権限をもつということは，同時に義務を負うことでもある。それは，他国の権益を侵害するようなやり方で，自国の領域を自ら使用してはならないし，私人に使用させてはならないというものである。カナダの民間会社のトレイル熔鉱所が排出した亜硫酸ガスがアメリカ領域内に流れ込み，農産物に大きな損害を与え問題となった事件の判決で，1941年アメリカ＝カナダ仲裁裁判所は，「いかなる国家も，他国の領土内の財産もしくは人に対して損害を生じさせるような方法で領土を使用したり使用を許可する権利を有するものではない」と指摘した。また，1972年に開催された国連人間環境会議で採択された人間環境宣言の原則21は，「各国はまた，自国の管轄権内または支配下の活動が他国の環境または国家の管轄権の範囲を越えた地域に損害を与えないことを確保する責任を負う」とし，この原則はその後「トレイル・スメルター原則」として，環境の国際的保護との関連で注目されるようになった。

領海に対する国家の権限

領海に対する国家の権限は，領土に比べると制限されている。すなわち，沿岸国は領海における漁業権を独占し警察権等を行使する権利を有する一方，外国の船舶には無害通航権を認めなければならないという義務がある。

無害通航権とは，外国船舶が，①単純に領海を通過するため，②港などがある湾などの内水に入るため，③港などがある湾などの内水から公海に向かうため，に領海を航行する場合に，沿岸国の平和，秩序または安全を害しない限り無害とされ，領海通航の権利が認められることである。ただし，潜水船は，海面上をその属する国（旗国）の旗を掲げて航行しなければならない。無害通航権を行使する外国船舶は，沿岸国が国際法に従って制定した運送および航行に関する法令等には従わなければならない。沿岸国は，自国の安全の保護のために不可欠である場合には，外国船舶の無害通航を一時的に停止することができる。しかし，国際海峡の場合には，沿岸国は外国船舶の無害通航を停止してはならない。

国際海峡とは，日本の原油輸送などに重要なマラッカ海峡やロンボク海峡のように比較的近距離で海岸が向かい合っている水域が，二つの公海を結ぶ通路となっているもののうち，とくに国際航行に使用されるものをいう。海峡の両岸が同じ国の場合で，海峡の幅が領海の幅の2倍以内であればその海峡は沿岸国の領海となる。2倍以上の場合には中央部分に自由通航が認められる公海部分が残ることになる。

Key 通過通航権

領海の幅として12カイリを設定する国が大勢を占めるようになると，海上交通に重要な国際海峡の大部分が領海となる事態が生じてくる。その結果沿岸国以外の船舶には，自由航行が認められず，単に無害通航権が認められるだけとなる。そこで，1960年代後半から国連の海底平和利用委員会では，国際海峡をめぐって，軍艦や軍用機の自由通航を意図する米ソと，海峡は領海の一部であり自由通航は認められないとする海峡沿岸国とが鋭く対立した。第3次国連海洋法会議でもこの対立は続いたが，結局，国際海峡における通過通航権という新しい概念を採用して問題を解決した。通過通航権と無害通航権との違いは，通過通航権は軍艦や軍用機を含むすべての船舶および航空機にも認められるものであるということである。また，通過通航権の下では，潜水艦や潜水船には浮上の義務がない。

わが国は，周辺の重要な国際海峡である宗谷海峡，津軽海峡，対馬海峡東水道，対馬海峡西水道および大隅海峡を，1977年制定の領海法の附則で「特定海域」とし，12カイリを適用せず領海の幅を3カイリとし，中央部分に公海部分を残していた。1997年の改正領海法においても，この方針が堅持された。

領空に対する国家の権限

領空に対する国家の権限は，領海に対する権限以上に「完全かつ排他的」である。航空機の開発が進み，実用化されると，各国は，主に軍事的見地から，飛行禁止区域の設定や外国航空機の通過の禁止などを国内法で規定した。第1次世界大戦で飛行機が有力な攻撃手段として使用されるようになると，スイスなどの中立国は，自国上空の交戦国機の飛行を拒否し，交戦国も中立国機の飛行を禁止した。

第1次世界大戦直後，パリで結ばれた国際航空条約は，「締約国は，各国がその領域上の空間において完全且つ排他的な主権を有することを承認する」と規定した。その後結ばれた条約においても，同様の領空主権の原則が規定され，国家実行としても支持され，慣習国際法上の原則として確立するようになった。また，1944年の国際民間航空条約（シカゴ条約）でもこの原則が確認された。今日では，領空に対する国家の権限は，この「完全かつ排他的」な領空主権の考え方を基礎として，国際法制が確立されている。

領域国の同意なしに領空に入れば，たとえ，それが民間航空機であったとしても，領空侵犯として国際法上の不法行為を構成し，撃墜されることもある。1983年アンカレッジからソウルに向かっていた大韓航空機がソ連の領空を侵犯し，サハリン上空でソ連空軍機に撃墜され，世界中の人々に衝撃を与えた事件や，1994年12月在韓米軍のヘリコプターが軍事境界線を越え，朝鮮民主主義人民共和国の領空を侵犯し撃墜された事件などがある。

このように，領空には，領海におけるような無害通航権は認められていない。さらに，他国航空機に自国の領空の通過を認めるか否か，領域への着陸を認めるか否か，また，これらを認める場合の条件などは，すべてその国が自由に決めることができる。

また，日本やアメリカなどは，国際法上の制度ではないが，領海に隣接する公海の上空部分に，飛行航空機の国籍識別を行うための，防空識別圏を設定し，接近してくる航空機を監視している。

さらに，この空域を飛行する航空機に対して，目的地などの情報を提供するよう要求し，領域国の指示に従わない航空機に対しては実力行使を行うことを国内法で規定している国もあるが，公海の上空部分において沿岸国が強制措置をとることは，国際法上違法とされる。

Key 権原／添付

領土の得喪

今日では，南極など特殊な地域を除いては，地球上の陸地はいずれかの国家に属している。しかしながら，領土をめぐる紛争や領土の変更についての問題は相変わらず生じている。では，領土の得喪に関する国際法の規則はどのようになっているのだろうか。

国家が，ある土地の領有権を取得するためには，権原と呼ばれる法律上の根拠が必要となる。権原には，先占，時効，割譲，併合，征服，添付などの態様があるとされている。このうち，自然現象である添付を除き，一定の国家の行為が前提とされる。その場合，国家の単独の行為に基づくものに先占と時効があり，複数の国家の合意に基づくものに割譲と併合がある。征服は他国の領土を支配下におく行為で，合意によらず実力でなされる。

自然現象に基づく領土の得喪

海底火山の噴火による新島形成や，土砂の堆積による海岸の拡大などで領土が増加することがある。これら自然現象によるものが，添付である。もっとも，今日では，海岸を埋め立てたり，人工島を建設したりする等の自然現象によらない人工的な添付も存在する。自然現象が一国には浸食をもたらす一方，もう一方には沖積によって領土を拡大させるような場合には，国際紛争が生じることがある。アメリカとメキシコの国境をなしているリオ・グランデ川の水流による浸食と沖積によって生じた河床の変化が国際紛争となり，1911 年に仲裁裁判所の判決が下されたチャミザル事件がその例である。

また，自然現象による領土の喪失は，浸食による海岸線の後退によるものや海水面の上昇による領土の水没によるものがある。最近，地球温暖化の影響で海水面が上昇し，現実問題として領土を失いつつある国が生じている。次頁の記事にもあるように，わが国は，1989 年に日本最南端の島である沖ノ鳥島が浸食で水没しないように，285 億円の経費をかけて領土保全工事を行った。

国家の単独の行為に基づく領土の得喪

国家は先占あるいは時効によっても領土を取得する。先占とは，国家が領有の意思をもって実効的に占有することにより無主の土地を自己の領域とする態様である。この場合の無主の土地とは，国際法上いかなる国家の領域にも属していない土地をいう。したがって，人が住んでいてもその土地が国際法上のいずれかの国の領域に属していない場合には，先占の対象となりうるのである。

時効とは，取得時効を意味し，領有権の帰属が不明確な土地に対する権原である。領有権の帰属が不明確な土地に対し，ある国が長期にわたり中断なく平穏かつ公然に支配し続けることによってその土地に対する領有権を確立する態様である。

ただし，時効完成のために必要な期間については，確定されておらず，個々の事情に応じて決められるものとされる。また，時効中断の方法としては外交的な抗議などがある。

新素材実験で「領土」の実績

日本最南端・コンクリートで固めた沖ノ鳥島

来年度から通産省構想

「経済水域」確保狙う

通産省は、水没しないようにコンクリートで固めた日本最南端の沖ノ鳥島で、同島の熱帯気候を利用し、一九九三年度から新素材の耐久実験を行う検討に入った。九五年にも発効する見通しの国連海洋法条約により、領土から二百カイリの海域が「排他的経済水域」として確保できるようになるため、同島の「領土」としての実績づくりを狙う。五年間に約五億円を投じる構想だ。

八二年に国連で採択された海洋法条約は、ある国の領土から二百カイリの排他的経済水域で、外国が無断で水産物や鉱物資源などを取ることができないことなどを定めている。同条約は批准国が六十カ国に達してから一年後に発効する。これまでに五十一カ国が批准済みで、今後、日本などかなりの国の批准が見込まれており、関係者は九五年ごろに発効する、とみている。

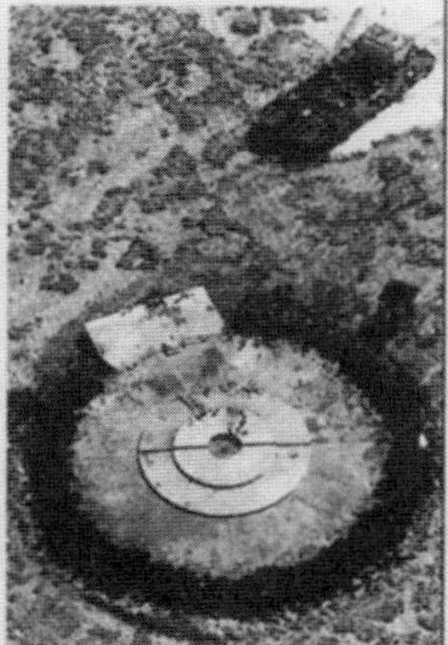

消波ブロック（外側の黒い部分）とコンクリートで包まれた露岩＝88年10月撮影

東京の南千七百キロにある沖ノ鳥島は、満潮時には数人が立てる程度の岩二つが水面から顔を出すだけになる岩礁。通産省では「周辺ではまだ海底資源などを確認していないが、見つかる可能性がある」としている。

ただ、放っておくと島が水没する可能性があり、そうなると半径二百カイリの経済水域を失うことになる。このため、建設省が八九年度までの三年間に約三百億円かけて、コンクリートなどを使って「領土保全」している。しかし、海洋法条約では「経済的生活を維持できない岩は、排他的経済水域を有しない」と定めており、通産省などが太陽電池パネルの小規模な耐久試験を行うなど「経済的生活」の実績づくりにも努めてきた。

それでも、現状では実績不足の恐れがあり、今回は規模の大きな実験を検討、海底油田のプラットホーム支柱などに利用が期待されている「コンクリートと炭素繊維を混ぜた新素材」の耐久試験を計画した。同省では「炭素繊維は高温に弱い。耐熱などの試験には、熱帯性気候の同島がうってつけ」と、八月末に締め切られる一九九三年度予算の概算要求に、初年度分の一億千四百万円を盛り込む。

同省によると、沖ノ鳥島での活動が認められれば、それだけで約四十万平方キロの排他的経済水域が確保でき、合計約四百五十万平方キロになる、という。

日本によって領土保全工事が行われた沖ノ鳥島
朝日新聞（朝刊）1992 年 8 月 21 日

Key 割譲／併合／征服／租借地

国家の合意に基づく領土の得喪

国家の合意に基づく領土取得の方式としては割譲と併合がある。

割譲とは，国家間の合意（条約）により国家の領土の一部が他の国家に譲渡される態様である。

今日では，国連憲章に規定された国際法の諸原則に違反する武力による威嚇または武力の行使によって締結された条約は無効であるとされているため，強制に基づく割譲の効果については問題がある。

併合とは，国家の領土の全てが他国に譲渡される態様である。併合される国家が消滅することを除けば，割譲の説明が併合に当てはまる。

実力で他国を支配下におくもの

国家が武力によって他の国家を完全に屈服させてその領域を自国に併合する態様を征服という。征服が成立するための要件は，征服国が相手国の領域を領有する意思表示をしなければならず，また，相手国の屈服が完全でなければならない。

征服は過去においては領域獲得の権原として認められていたが，侵略戦争が禁止されている今日では，法律上有効な根拠として認めることはできない。

主権が制限された領域

国家の領土の中には，主権が制限されている地域がある。このような地域として，租借地，共有地，共同統治等がある。

租借地とは，国家が条約により他国の領域の一部を借りるとした地域である。租借国は租借地の統治権は有するが，租借地の最終的な処分権は，租貸国に残されている。

租借地は，第二次世界大戦前までは中国に数多く設けられていたが，現在では，アメリカがキューバから租借し，海軍基地を設けているグアンタナモなどごく少数の例があるのみである。

共有とは，同一の領域を2以上の国家が共同で領有する場合である。1855年の日露和親条約で，日本とロシアが共同で領有することとし，1875年の千島・樺太交換条約によって共同で領有することを解消した樺太がこれにあたる。

共同統治とは，複数の国家が共同で，同一の領域に対する統治権を行使するものを言う。イギリスとフランスが，1980年まで支配していたニューヘブリデス諸島（現在は独立国のバヌアツ共和国）やアメリカとイギリスが，1979年まで統治していたフェニックス諸島（現在は独立国のキリバス共和国の一部）が，これにあたる。

国際機構が特定領域の統治にあたるか，あるいは統治が予定されたことがある。第一次世界大戦後に，ドイツが主権を放棄し国際連盟の保護下に置かれたダンチッヒ自由市がその例である。第2次世界大戦後では，ザールやトリエステが国際機構による統治を予定していたが，いずれも実現されなかった。

最近では，内戦などにより統治機構が破綻した国家を，国連が暫定的に統治する事例が増加している。これは，国連が安全保障理事会決議により，平和維持活動の一環として行う場合が多い。カンボジアやコソボ，東ティモールなどの事例がある。

国家の主権が制限され，さらに，国際的な義務を負っている地域もある。それが，国連憲章に規定されている信託統治制度と非自治地域である。

Key
共有／共同統治

信託統治制度のもとに置かれた地域は，1994 年までに，全て独立国または独立国の一部となって信託統治制度は事実上その使命を終えた。

非自治地域とは，信託統治制度に組み入れられなかった地域で，人民がまだ完全に自治を行うには至っていない地域をいう。国連総会は，1960 年 12 月 14 日，植民地独立付与宣言を採択し，この宣言を履行するための特別委員会を設けた。その結果，ほとんどの非自治地域が今日までに独立を達成した。

国際運河

国家は内水に対して領域主権を排他的に行使できるが，その内水が各国の船舶の国際的な航行に利用される運河の場合には，その運河を条約によって国際化し，領域国の主権を制限することがある。このように条約により国際化された運河を，とくに国際運河という。現在では，1888 年のスエズ運河の自由航行に関するコンスタンチノープル条約で国際化されたスエズ運河と 1901 年のヘイ＝ポンスフォート条約で，運河が各国艦船に開放されたパナマ運河がこれにあたる。

国際河川

河川が 2 国以上を貫流したり，河川が国境をなす場合，その河川の管理には複数の国家が関係し，河川管理のために条約が結ばれることもある。このように複数の国家が関係する河川を国際河川という。1815 年ウィーンで「諸国を貫流する河川の航行規則」が作成された。この規則は，同一の河川に関係している国家は，その河川の航行に関する全ての事項を一致して規制し，河川の航行は完全に自由とし，通商に関して何人にも禁止されてはならないことを定めた。その後，エルベ川，ダニューブ川，ライン川などのヨーロッパの国際河川についても個別の条約が締結された。

近年，河川管理の目的は，河川航行よりも発電や上水道，農工業用水など水資源の利用や，下水・工場廃液などによる汚染の防止の問題に関心が移っている。このような背景を受けて，1966 年に国際法協会は，国際河川の水利用に関するヘルシンキ規則を採択した。この規則では，水資源の合理的かつ衡平な配分にあずかる権利を全流域国がもつこととし，この配分の決定にあたっては，自然的条件と並んで，人口，経済的必要性，既存の水利用などの社会的条件も考量し，各種の水利用の間に本質的な優劣関係はないものとした。また，各流域国は他の流域国に実質的な損害を与えないように，既存の汚染を緩和し，新しい汚染を防止することを義務づけられた。

とくに汚染問題は深刻で，ヨーロッパでは，国際河川の汚染を規制するため，ライン川化学汚染防止条約やライン川塩化物汚染防止条約などの条約が新たに締結された。さらに国際法協会は，1982 年に「国際河川の流域水の汚染に関する規則」を採択した。これは，ヘルシンキ規則のなかの汚染に関する部分をより詳細に規定したものである。

2 海　　洋

海

15 世紀末に，当時の強大国であるスペインとポルトガルは，ローマ法王に働きかけ，その権威を利用して，スペインが大西洋の西に対して，ポルトガルが大西洋の東とインド洋に対して領有権を宣言し，世界の海を二分した。その後，国力を増してきたイギリスとオランダは，16 世紀末から 17 世紀にかけてそれぞれ海洋の自由を宣言した。1588 年，両国はスペインの無敵艦隊を撃破し，海洋自由の主張を実行に移した。

オランダのグロティウスは，1609 年に『自由海論』を公刊した。その中で彼は，海は領有の対象とならず，各国は海洋を自由に使用できることを，自然法と万民法の思想に基づいて主張した。これに対し，イギリスで排他的漁業水域を主張していたセルデン，ウェルウッドなどの学者は，海は領有の対象となるとの論を展開した。とくに，セルデンは 1635 年に『閉鎖海論』を公刊し，物理的に可能な限り海の私的領有が慣行として認められることを主張した。海洋をめぐるこの両方の立場の議論は活発になされたが，ウェルウッドも陸地から遠く離れた「大洋」が自由であることは認めていた。

18 世紀になると，沿岸国は自国の近海に，自国の主権の及ぶ海域を設け，それを領海とする慣習が確立した。それと同時にこのことは，どこの国にも属さない，つまり，どこの国の主権も及ばない海域，すなわち公海部分，を生じさせた。19 世紀には，国家の実行を通じて領海制度および公海制度が確立をすることとなった。20 世紀になり海洋支配の手段が進歩するにつれて，沿岸国は自国の海に対する支配権を拡大しようとした。

第 2 次世界大戦後，公海の海底部分にある天然資源に対する沿岸国の関心が高まり，それらに対する沿岸国の排他的支配が一方的に宣言され，実施されるようになった。1945 年の大陸棚資源に関するアメリカのトルーマン宣言や，1952年の漁業水域に関する韓国の李承晩ラインの設定，同年のオーストラリアの大陸棚宣言によるアラフラ海の真珠貝の独占など，沿岸国の主権拡大の動きが活発化した。そのため，国連は，1958年にジュネーブで海洋法会議を開催し，海洋法秩序の確立をはかるため海洋法4条約を採択した。これらの条約は，1966年までに必要な数の批准を得てそれぞれ発効したが，まもなく，国連は海洋法の全面的見直しを行うこととし，1973年に第3次国連海洋法会議を開催した。同会議は，足かけ10年におよぶ討議の結果，群島水域や排他的経済水域という全く新しい海域を創設した条約案を作成した。この条約案は，1982年4月30日「海洋法に関する国際連合条約」(「国連海洋法条約」) として採択され，1994年11月16日に発効した。

Key

トルーマン宣言／公海／旗国主義

公　海

領海の外側の海洋部分は公海である。公海は，各国の主権の及ばない海域であり，すべての国に開放されているので，いかなる国も，公海のいずれかの部分をその主権の下におくことを有効に主張することができない，との慣習法が形成された。その結果，各国は公海を自由に使用することができる（公海使用自由の原則)。

船舶は国に登録することによりその国籍を得て，その国の旗を掲げる。登録国と船舶との間には，真正な関係が存在することが必要とされる。公海条約は第5条で，「その国は，自国の旗を掲げる船舶に対し，行政上，技術上および社会上の事項について有効に管轄権を行使し，および有効に規制を行なわなければならない。」と規定した。つまり，公海において船舶は，登録国（旗国）の排他的管轄権に服するのである。これを旗国主義という。

Key 不審船

海洋法秩序の全面的見直しの結果，採択された国連海洋法条約は，群島水域や排他的経済水域という全く新しい海域を創設したため，公海を「いずれの国の排他的経済水域，領海若しくは内水又はいずれの群島国家の群島水域にも含まれない海洋」とした。そのため，公海の範囲は，従来に比べ群島水域や排他的経済水域の部分だけ狭くなったのである。ただし，「いかなる国も，公海のいずれかの部分をその主権の下に置くことを有効に主張することができない」とし，公海の性格はそのまま維持された。船舶の地位も，「船舶は，一の国のみの旗を掲げて航行するものとし，国際条約又はこの条約に明文の規定がある特別の場合を除くほか，公海においてその国の排他的管轄権に服する」と旗国主義が明示された。したがって，公海においてその旗国や登録国を明示しなかったり，登録国を偽って表示した船舶は，いわゆる「不審船」として臨検の対象とされる。

また，公海上において，軍艦は，外国船舶が海賊行為，奴隷取引，または海賊放送に従事しているか，あるいは船舶が国籍を有していないか，登録国以外の国の旗を掲げている疑いがある場合には，臨検する権利を，認められている。

沿岸国は，外国船舶が，領海内，接続水域内もしくは排他的経済水域内において自国の関連法令に違反したと信ずるに足りる十分な理由があるときは，その船舶を公海上まで，追跡することができる（継続追跡権）。ただし，その追跡は中断されてはならず，また逃亡船が第三国の領海に入ると，その権利は消滅する。

公海使用自由の原則

国連海洋法条約は第 87 条で，①航行の自由，②上空飛行の自由，③海底電線及び海底パイプラインを敷設する自由，④国際法によって認められる人工島その他の設備を建設する自由，⑤漁獲の自由，⑥科学的調査の自由，の六つを例示的に明記した。

このうち④と⑥が従来の公海条約には規定されていなかったもので，③と⑤は新たに条件が付けられた。すなわち，「漁獲の自由」は資源保護のための条件に従うこととし，「海底電線及び海底パイプラインを敷設する自由」は大陸棚に関する規定に従うこととした。新たに付け加えられた「人工島その他の設備を建設する自由」は大陸棚に関する規定に，「科学的調査の自由」は大陸棚に関する規定と海洋科学調査に関する規定とに従うこととされた。

すなわち，国連海洋法条約においては公海使用自由の原則が，生物資源の保護や環境汚染の防止などによって制約を受けるようになった。また，公海の海底部分の天然資源の開発や利用が技術的に可能となったが，これも規制を受けるようになった。

公海の生物資源の保存

20 世紀までは，海洋資源と言えば魚類を中心とする生物資源であり，生物資源は自然の生態系のなかで無尽蔵に再生を繰り返すものと考えられてきた。しかし，漁獲技術の進歩や漁船の大型化により乱獲が進み，魚種によっては枯渇するのではないかと心配されるようになり，20 世紀半ば頃からは，資源保護を目的とする漁業条約が関係国の間で結ばれるようになった。また，沿岸国は漁業に関する管轄権を，領海の外側の公海部分にまで拡大するようになった。さらに，オーストラリアは 1952 年に大陸棚に定着する真珠貝のような生物資源についても主権的権利を主張した。このような流れの中で開かれた 1958 年の第 1 次国連海洋法会議は，大陸棚条約において，海底に定着する生物資源を鉱物資源と同じく天然資源とし，沿岸国に大陸棚の天然資源開発のための排他的権利を認めた。

さらに，漁業条約では，公海における漁業に従事する国に対して，資源保存のための措置をとる義務を課した。また，沿岸国に対しては，その領海に隣接する公海において，生物資源の生産性の維持に特別の利害関係を有することを認めた。このような流れを受けて，1960年代以降各国は，漁業水域または漁業専管水域と呼ばれる水域を領海の外側の公海部分に設定するようになった。当初，漁業水域は12カイリを主張する国が大部分を占めていたが，中には200カイリを主張する国も増える傾向にあった。

世界的に広まりつつあったこの漁業水域の考え方は，第3次国連海洋法会議において排他的経済水域（EEZまたEZ）という概念に吸収されることとなった。国連海洋法条約では，生物資源の保護という考え方がより強く反映され，沿岸国は，その排他的経済水域の中と外とを回遊する魚種に対しても，保存と最適利用のために，漁獲国同士が直接あるいは国際機構を通して，協力するものとされた。さらに，同条約は沿岸国に，サケのように海から川を溯る魚種とウナギのように川から海へと下る魚種に対する権利と責任を認めた。

北洋漁場における日本のサケ，マス漁に関して，ロシアは日本が捕獲するサケ，マスはロシアの川に戻るから，ロシアのものであるとして権利を主張した。また，アメリカは本マグロに対する漁業規制を主張したが，これも，海洋生物資源保護の考え方が背景となっている。このように，第3次国連海洋法会議の結果，生物資源に対する沿岸国の管轄権は，排他的経済水域の外を回遊する魚種に対してまでも，及ぶこととなった。

鯨などの海産哺乳動物に対して国連海洋法条約は，沿岸国または国際機構に，厳しく禁止し，制限し若しくは規制する権限を与えている。国際捕鯨委員会は，1948 年に発効した国際捕鯨取締条約に基づいて設立された国際機構で，毎年，資源状態を調査検討し，捕鯨に関する規制措置を審議決定している。同委員会は，鯨資源の減少を理由として商業捕鯨モラトリアム（自主的停止）を決定し，わが国はこの決定に従い，1987 年商業捕鯨の停止を決めた。

海洋汚染

海洋汚染は，その発生源で分けることができる。すなわち，①工場の廃液が流れ出すなど陸上が汚染の発生源であるもの，② 1993 年にロシアが放射性廃棄物を日本海に投棄したことに見られるような海上投棄によるもの，③衝突や座礁などの海難事故による原油流出など船舶を汚染源とするもの，④石油採掘施設からの油の流出など海底資源の探査や開発活動を原因とするものなどに分けられる。

国連海洋法条約は，いずれの国も海洋環境の汚染を防止し，軽減しおよび規制するための措置をとるよう規定した。この措置は，海洋環境のすべての汚染源を取り扱うものとし，とくに，中毒性物質または有害物質による汚染を，できる限り最小にするための措置を含めるとした。

いずれの沿岸国も，その領海内において主権を行使するに当たり，外国船舶からの海洋汚染を防止し，軽減し規制するための法令を制定できる。ただしこの法令は，外国船舶の設計，構造または設備については適用されず，沿岸国はこの法令を適当に公表しなければならない。沿岸国は，その領海において無害通航権を行使するタンカー，原子力推進船や特定物質を運搬する船舶に対して，船舶の航行規制のために沿岸国が指定する航路帯のみを航行するよう要求できる。

汚染の防止等のための国際規則や基準を執行するための権限は，領海もしくは排他的経済水域内における投棄または大陸棚上への投棄については，当該沿岸国に与えられている。また船舶については旗国に，航空機についてはその登録国に，沿岸国の領域または沖合の係留施設において廃棄物その他の物質を積み込む行為については当該沿岸国に対して，汚染防止等の規則権限が与えられている。従来から，公海上の船舶は旗国の排他的管轄権にのみ服すことになっている。ところが，国連海洋法条約では，船舶が自国の港または沖合いの係留施設に任意にとどまる場合には，国際的な規則および基準に違反して公海域で行われた当該船舶からの排出について，入港国が管轄権をもつこととし，管轄権が旗国と沿岸国のほか入港国にも認められた。

接続水域

接続水域は，公海上に設けられる領海に隣接する一定範囲の水域である。接続水域は，アメリカが1920年代に，日本，フランス，イギリス等と個別に結んだ酒の密輸防止を目的とする2国間条約において設定が認められたのが始まりである。その後，通関，財政，衛生など特定の行政目的のために用いられるようになり，一般化したものである。これは，沿岸国が，その領海に接続する公海に一定範囲の水域を設け，特定の行政権限を行使することができる制度である。

領海条約は，沿岸国の領土または領海内における通関，財政，出入国管理，衛生のために必要な規制および処罰を，領海に接続する公海上で行う権利を認めた。そして，接続水域の幅は領海を測定するための基線から12カイリを超えてはならないとした。国連海洋法条約でも同様の規定が設けられているが，その幅が基線から24カイリに拡大されている。

接続水域は，沿岸国が公海上に設定する水域であり，当然に存在するものではない。したがって，沿岸国が領海の外側の水域を接続水域として設定しなければ，沿岸国は領海の外側の水域で特定の行政目的のための権限を行使することができない。また，接続水域を設定した場合においても，沿岸国は，当該権限に含まれない行為に対して主権を行使したり，外国船舶の自由航行や外国航空機の上空飛行などを，制限することはできない。

Key パトリモニアル海（世襲海域）

排他的経済水域

排他的経済水域の概念は，中南米諸国やアフリカ諸国が1970年代初めに行った宣言のなかで，天然資源に関する沿岸諸国の永久的主権の主張として，提唱された。とくに，1972年，ドミニカ共和国のサント・ドミンゴで開かれた「海洋法の諸問題に関するカリブ海諸国特別会議」は，沿岸200カイリ水域の海洋資源に対する権利を主たる内容とするパトリモニアル海――世襲海域――の概念を内容とするサント・ドミンゴ宣言を採択した。

第3次国連海洋法会議でも，この概念は多くの国の支持を受けることとなり，領海でも公海でもない新しい水域として排他的経済水域が創設された。国連海洋法条約は第55条で，排他的経済水域とは，領海を越えてそれに隣接する水域であって，特別な法的制度の下に置かれる，と規定している。沿岸国は，排他的経済水域の海底，地下，上部水域の全ての生物・非生物資源を探査，開発，保存，管理するためならびにその水域の経済的開発および探査のための他の活動に関する主権的権利を有する。さらに，沿岸国は人工島，施設，構築物の設置と利用，海洋科学調査や海洋環境の保護および保全についての管轄権を有する。その水域の幅は，領海の幅を測定する基線から200カイリを超えてはならない。

日本と中国，あるいは，日本と韓国のように向かい合っている国の距離が400カイリ未満の場合，それぞれの国が200カイリの排他的経済水域を設定した場合には，重なりあってしまう。そのような場合の，排他的経済水域の境界画定は，関係国の合意によって行われることが，国連海洋法条約に規定されている。日本はもちろん，中国も韓国も国連海洋法条約の当事国であるので，これらの国々の間の排他的経済水域の境界画定は，海洋法条約の規定に基づいて行われることになる。日本は，中国および韓国との間で，この排他的経済水域の最終的な境界画定を，事実上棚上げにしており，暫定的な境界を設定している。東シナ海においては，近年，豊富な海底資源があると期待されており，関係国の間で，緊張が高まっている。

国連海洋法条約は，排他的経済水域の漁業について，次のことを規定している。①沿岸国は，排他的経済水域内の生物資源の漁獲可能量を，生物資源を維持するために，決定し，同水域内の生物資源の最適利用の目的を促進する義務を負うこと。②沿岸国が同水域における漁獲可能量を漁獲する能力がないときは，余剰分に対し他の国の漁獲を認めなければならないこと。③その場合には内陸国や地理的不利国をとくに考慮すべきこと。④同水域内で，漁獲を行う他の国の国民は，沿岸国が定める保存措置および他の条件に従わなければならないこと。

このように，排他的経済水域において，資源については沿岸国に領海に対するのと同じ権限を認め，他方で，その水域での航行，上空飛行，海底電線およびパイプライン敷設の自由などを他の国に権利として認めている。したがって，2001年末に，中国の排他的経済水域の中に沈んだ「不審船」引き揚げに関しては，日本が独自に行うことに何の問題もない。ただし，引き揚げに際し，沈没船に搭載されている燃料が漏れ出したり，爆発物が爆発をするなどして海洋環境に影響を与える可能性もあった。また，一地点に留まって引き揚げ作業を行うため，中国の漁業活動にも影響を与える可能性もあった。このようなことから，引き揚げに関して，日本国政府は中国政府と協議を行い，補償金を支払って，引き揚げを実施することとなった。

大陸棚

大陸棚とは，地理学的には大陸や島周辺の海底で水深およそ200メートルまでのなだらかな部分のことである。その付近は好漁場となり，海底には石油や天然ガスなどの天然資源が豊かに存在している。

第2次世界大戦を契機とした資源開発技術の進歩は，領海の外側にあたる大陸棚の開発をも可能にした。1945年9月になされたトルーマン宣言は，アメリカの沿岸に接続する公海の海底である大陸棚に存在する天然資源に対して管轄権を初めて主張した。公海海底に管轄権を主張したにもかかわらず，この宣言は他国から抗議を受けることなく，むしろ多くの国々から同様の宣言がなされた。もっとも，各国の宣言は，大陸棚に対して沿岸国が権利を主張できることについては一致していたが，その内容は様々であり，海洋法秩序に混乱をもたらすこととなった。そこで，1958年

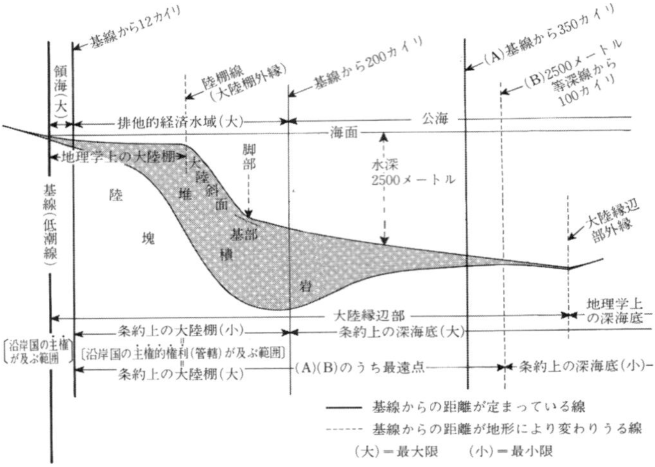

大陸棚の定義

にジュネーブで開催された海洋法会議で，大陸棚制度について条約が採択された。それが，大陸棚条約である。この条約は 1964 年 6 月に発効したが，その後の技術開発はめざましく，開発の対象が大陸棚に留まらずその先へと向けられはじめた。

大陸棚の資源および開発

大陸棚資源を開発する技術の発展はめざましく，今では大陸棚より深い海底での資源開発を可能とした。と同時に，沿岸諸国の技術格差も大きく，深海底の開発技術を有しているのは一握りの先進国に限られている。

1958 年の大陸棚条約は，大陸棚を「水深 200 メートルまでのもの，または水深がその限度を超える場合には，……海底区域の天然資源の開発を可能にするところまでのもの」と規定した。そのため，技術開発を進めている国にとっては，大陸棚は無制限に広がる可能性が出てきた。そこで，国連海洋法条約は，技術発展に応じた大陸棚に関する新たな規定を設けた。

国連海洋法条約は，法的な大陸棚として，地理学上の大陸棚（大陸棚縁辺部）が，領海を測定するための基線から200カイリの距離まで伸びていない場合には，同基線から200カイリまでとした。また，大陸棚縁辺部が，200カイリを超えてのびている場合には，その限界を基線から350カイリあるいは2500メートルの等深線より100カイリを超えない範囲で，同条約に規定した条件に従って定めることとした。

なお，領海基線から200カイリを超えて大陸棚縁辺部が延びていることを主張するためには，地質および地形が条約の条件に適合することを裏付ける科学的根拠に基づいたデータと共に申請書を，海洋法条約の附属書IIにより設置された「国連大陸棚の限界に関する委員会」に提出し，承認されることが必要である。この申請の期限は，2009年5月となっている。そのため，日本を含む大陸棚を有する多くの国々は，同委員会に提出するデータの収集活動を活発に行い，準備をすすめている。

なお，大陸棚に対する沿岸国の権利は，接続水域や排他的経済水域に対する権利と異なり，当然に沿岸国に与えられるものであって，特別の宣言や開発に関する国家実行を必要としない。

ところで，大陸棚の分布は極めて不均等である。大陸棚資源の開発について，大陸棚条約では，沿岸国は航行，漁業または海洋生物資源の保存や科学調査を妨害してはならない義務を負うのみであった。しかし，国連海洋法条約によって，沿岸国の大陸棚に対する管轄権が，200メートルという水深や200カイリという一定の距離ではなくて，大陸縁辺部の外側の限界にまで及ぶようになると，マンガンやニッケルなどを含むマンガン団塊がある深海底も沿岸国の管轄権の下に置かれることになり，大陸棚資源をもつ国ともたない国との不平等はいっそう大きくなる。そこで，国連海洋法条約では，大陸棚を200カイリという距離で一応区切り，その外側から得られる利益の一部を開発途上国および開発途上内陸国に配分する義務を定めている。

東シナ海における日本と中国との関係のように，向かい合っている国の大陸棚の境界については，大陸棚条約は中間線を境界とすることを規定していた。しかし，国連海洋法条約では，そのような境界は合意によって定めると，規定している。

深海底

深海底という言葉からは，水深1万メートル以上で太陽光線も届かず深海魚が住みマリンスノーが降る暗黒の世界というイメージが思い浮かぶ。しかし，国際法では，沿岸国の管轄権の下にある大陸棚の外側の海底区域とその地下すべてを深海底と規定する。すなわち，そのほとんどは公海の海底部分であり，公海使用自由の原則から考えれば，この部分における資源の開発や利用は本来自由のはずである。しかし，海底の資源開発技術が進歩するにつれて，深海底の資源開発が現実のものとなり，自由開発を認めると深海底の資源が一部の海洋技術先進国に独占的に開発される可能性も出てきた。

国際連合の取組み

国連における海洋法秩序の全面的見直しの契機となったのが，1967年の国連総会におけるマルタのパルド大使の提案であった。この提案は，公海の海底およびその資源を人類の共同遺産とすること，その資源を国際的に管理し，その利益を全人類のために利用すること，深海底には新しい国際制度を樹立すること，を内容とした。

国連は，この提案を受けて，国連海底平和利用委員会を設立し審議を行った。同委員会の報告に基づき，国連総会は，どこの国の管轄権にも服さない深海底区域が存在し，それは人類の共同の遺産であり，その区域の資源が人類全体の利益のために，とりわけ開発途上国の利益と必要のために開発され，すべての国の平和的目的の利用のために開放されるよう，国際制度と国際機構を設立することを内容とする「深海底を律する宣言」を1970年に採択した。この宣言の内容は国連海洋法会議で審議され，国連海洋法条約に「深海底を律する原則」として規定されることとなった。

深海底は，沿岸国であるか内陸国であるかを問わず，すべての国の平和的目的のための利用に開放される。

国連海洋法条約は，「深海底及びその資源は，人類の共同の遺産である」とし，次のような法的地位を与えた。

① 国または人は，深海底またはその資源のいかなる部分も専有してはならず，深海底および資源について主権または主権的権利を主張しまたは行使してはならない。

② 深海底の資源に関するすべての権利は，人類全体に付与されるものとし，機構は人類全体のために行動する。

管理のための国際機構（国際海底機構）

このように人類共有とされる深海底を管理するために，新たに国際機構が設立された。それが，国際海底機構（ISA）である。この機構は，主権平等の原則に基づき，締約国が深海底の資源を管理し，深海底における活動を組織しおよび管理する機構として設立された。ISAは，主要機関として総会，理事会，事務局を，開発機関として事業体（エンタープライズ）を設置している。

総会は，この機構の最高機関とされ，機構の全構成国から成る。

理事会は，総会が選出する任期4年の36カ国で構成される機構の執行機関であり，総会の定める一般的な政策に基づき，機構の権限の範囲内の問題または事項に関して，機構が遂行する個別の政策を定める権限を有する。

事務局は，理事会の推薦する候補者のうちから総会により任期4年で選出される事務局長と機構が必要とする職員で構成される。事務局長および職員は，深海底における探査および開発に関するいかなる活動についても財政上の利益を有してはならず，職務上知り得た秘密の情報は職務終了後も漏らしてはならない，と義務付けられている。

事業体（エンタープライズ）は，国際海底機構が，深海底における活動を直接に行い，かつ，深海底から採取される鉱物の輸送，精錬および販売を行い，それ自身独自の法人格をもつ。事業体に必要な資金は締約国の分担金でまかなわれる。

なお，深海底の資源開発については，国連海洋法条約には途上国に有利な規定が多いとして，先行投資を行っていた先進諸国は，批准をためらう国が多かった。先進諸国抜きで，同条約が発効したとしても，条約の実効性が確保されないので，先進諸国がこの条約に参加することは，必要なことであった。そこで，国連は深海底制度を規定した国連海洋法条約の第11部の，実質的な見直しにあたる会議を開催し，国連海洋法条約第11部実施協定を採択した。

3 宇宙空間

宇宙活動

人類が宇宙を活動の対象として意識するようになったのは，国際地球観測年計画の一環として1957年10月にソ連が科学衛星スプートニク1号を打ち上げたことに始まる。これ以降，宇宙はロマンの対象から現実の世界の問題となり，各国の利害対立の場となった。しかし，実際には大部分の国にとっては技術的または経済的に自国の管轄権を行使できない場であって，宇宙活動を実際に行える国の数は極めて限られている。また，宇宙における活動も宇宙空間の探査を目的とするものから，通信・放送・気象観測など実用的なものまで多様化の様相を呈するようになった。しかし，国家実行による慣習の形成がなされるほどの時間は経過しておらず，新しい法秩序を形成する必要があった。また，その法作成には国際機構が最初から参画することが要請され，実際には，国連を中心に法原則の確定が行われることとなった。

国連は，スプートニク1号打上げの翌年には，宇宙空間平和利用委員会を設置し，翌年には，宇宙活動に関する法律問題として検討すべき項目を洗い出した。1963年12月，国連総会は，宇宙空間の探査および利用に関する宣言を採択し，その後，この原則を条約化するための作業が行われ，その結果，1966年12月，「宇宙空間の探査及び利用に関する条約」（「宇宙条約」）が採択された。この条約は，宇宙空間の探査や利用に関する一般原則を定めた最初の法である。この条約が効力を発したのは，ソ連が最初の人工衛星を打ち上げてからわずか10年後の1967年10月であった。2013年1月現在この条約の当事国は日本を含む102カ国である。宇宙活動が始まってまもない頃に作成されたこの宇宙条約に規定された原則は基本的なものであり，その後の宇宙活動の進展とともに，これを補完する，宇宙救助返還協定（1968年），宇宙損害責任条約（1972年），宇宙物体登録条約（1974年），月協定（1979年）などが採択された。

宇宙活動の諸原則

宇宙条約は，月その他の天体を含む宇宙空間に関する諸原則を定めた。

(1) 探査利用の自由　宇宙空間の探査および利用は，すべての国の利益のために，その経済的または科学的発展の程度にかかわりなく行われるものであり，全人類に認められる活動分野である。すべての国がいかなる種類の差別もなく，平等の基礎に立ち，かつ，国際法に従って，自由に探査しおよび利用することができる。また，天体のすべての地域への立入りや宇宙空間における科学的調査は，自由とされる。ソ連（現ロシア）が先陣をきった宇宙空間における活動も，その後，アメリカ，イギリス，フランス，カナダ，中国，日本等が活動に加わったが，宇宙空間における活動への参入は全ての国に平等に認められており，いずれの国も宇宙活動を行う際に他国の許可を得る必要はなく，また，いずれの国も宇宙活動を行う国に対してその中止を求めることもできない。また，宇宙活動に実績を有する国が優先権を主張することもできない。朝鮮民主主義人民共和国が，日本の上空の宇宙部分を通過する多段式ロケットの発射実験を行っても，日本はそれに対し，実験中止を求めることはできないのである。

⑵　領有権の否定　　この宇宙空間は，いかなる手段によっても国家による取得の対象とはならない。したがって，日本も参加して現在建設中の「宇宙ステーション」が完成し，そこでの宇宙活動が継続的に実施され，その結果，宇宙空間の継続的な占有が行われていても，それを根拠に「宇宙ステーション」の周回軌道に対し関係国が排他的使用権を主張することはできない。同時に，同一の周回軌道を何年にもわたり利用することにより占有し独占的な使用をしていても，それが国家による取得の対象とされない限り，許される。

Key
全地球測位システム

⑶　平和利用　　今日，宇宙空間は米ロ両軍事大国の戦略の中に組み込まれていると言ってよい。米ロは，数多くの軍事衛星を打ち上げ，偵察，通信，航法，気象など軍事上の重要な情報を得ている。軍事面で利用されていることが多い宇宙空間ではあるが，原則は平和利用である。もともとはアメリカ国防総省が軍事用に開発した技術で，湾岸戦争やユーゴ空爆などでは巡航ミサイルや爆弾の誘導精度を高めるためにも使用されたGPS（全地球測位システム）と言われるシステムも，カーナビゲーションのような平和目的に，利用されている。現在周期12時間の衛星24個で，このシステムは構成されている。このシステムは，衛星から発せられる電波を受けて自分の位置を知ることができるため，民間の船や航空機が大洋を航行する際には必要不可欠なシステムともなっている。

月その他の天体は，もっぱら平和的目的のために利用されるものとし，天体上に，軍事基地，軍事施設，防備施設を設置したり，あらゆる型の兵器の実験や軍事演習の実施が，禁止されている。天体上のすべての基地，施設，装備および宇宙飛行士に対しては，

Key 宇宙飛行士

条約の他の当事国による査察の制度が設けられ，平和利用が徹底されている。一方，当事国は宇宙空間において，核兵器および他の種類の大量破壊兵器を運ぶ物体を地球を回る軌道に乗せないこと，これらの兵器を天体に設置しないこと，また他のいかなる方法によってもこれらの兵器を宇宙空間に配置しないこと，を義務づけられているだけである。その結果，軍事偵察衛星の打ち上げはもとより，大量破壊兵器の単なる飛行や通過は禁止されていない。なお，宇宙空間における核実験は，部分的核実験停止条約の第１条で禁止されており，対弾道ミサイルの宇宙配備も米ソ間の対弾道ミサイル制限条約で禁止されている。

⑷　宇宙飛行士の取扱い　　宇宙飛行士は，宇宙空間への人類の使節とみなされる。条約当事国は，宇宙飛行士が事故，遭難等で緊急着陸を行った場合には，その宇宙飛行士にすべての可能な援助を与え，宇宙飛行士は，その宇宙航空機の登録国へ安全かつ迅速に送還される。

宇宙飛行士は，宇宙空間や天体上で活動を行うときは，他の宇宙飛行士にすべての可能な援助を与える。

⑸　宇宙物体の法的地位　　国家の領域主権が及ばない宇宙では，その物体に対する管轄権は公海と同じく旗国主義が採用されている。宇宙空間に発射された物体が登録されている条約の当事国は，その物体およびその乗員に対し，それらが宇宙空間または天体上にある間，管轄権および管理の権限を保持する。人工衛星などが登録国の領域外で発見されたときは，登録国に返還されなければならない。その後，本条約を補完するために，宇宙物体登録条約が作成された。宇宙物体登録条約は手続事項中心の条約で，打上げ国に対して，宇宙物体の国内登録を義務づけ，管轄権行使

の基準を定め，国連への義務的通報や登録制度などを確立した。

国家の権利義務

宇宙条約は，国家への責任集中の原則を採用した。従来の国際法では，国家が私人の行為に責任を負うのは，国家が相当の注意を欠いた注意義務違反の場合のみであるが，宇宙条約では国家がすべての責任を負うこと（無過失責任または結果責任）とされた。かくして，国家は宇宙空間と天体で行われる自国の活動について，直接に国際責任を負うことになった。さらに，私人の活動についても国家が保証責任を負い，非政府団体の活動についても国家の許可および継続的監督が要求されることとなった。

ロケットの打上げに失敗し，他国領域にロケット等が落下し損害を与えた場合には，打ち上げが民間会社による場合であっても，打上げ国が損害賠償責任を負うことと宇宙条約は規定している。この原則を具体化したのが，宇宙損害責任条約である。この条約は，責任主体，責任原則，損害の算定基準，請求手続などを規定し，打上げ国は，その宇宙物体が第三者に与えた損害について無過失かつ無限の賠償責任を負い，他国の宇宙物体に与えた損害について過失責任を負うこととした。

宇宙条約は，当事国に宇宙飛行士が事故，遭難または緊急着陸に遭った場合には，可能な援助を与え飛行士を安全かつ迅速に返還する義務を締約国に課した。さらに，この義務を詳細に規定した宇宙救助返還協定が作成された。また，宇宙物体についても，事故を知った当事国は同様の通報義務を負い，打上げ機関の要求を受けた場合の回収や返還，危険または有害な場合の排除，それらの措置に要した経費の請求などの条件や手続も規定した。

このように，宇宙条約およびそれを補完する目的で作成された諸条約により，宇宙活動に関連して生じる様々な事態に対して援助し，保護し，防止する義務が国家に課せられている。

宇宙空間の資源の利用　宇宙空間および天体にある資源としては，まず，月その他の天体に存在する鉱物資源が考えられるが，これらの利用についてはいまだ現実的ではないため，当面は理論上の問題にとどまっている。

今日現実的な問題となっているのは，通信衛星や放送衛星が使用する周波数や静止衛星の軌道の問題である。国際電気通信連合（ITU）は，周波数帯と静止衛星軌道を「有限の天然資源」とみなして，関係国の利害調整を図っている。ただ，この分野においても，参入の機会均等は守られており，新規参入がある場合には既存の利用者を含むすべての利用者について調整が行われている。

4 特殊な地域

南極大陸　南極大陸は，いずれの国家にも帰属しない地域とされている。しかし，各国はこの地域に対してもその領有を主張してきた。

「極を頂点とし，2本の子午線とそれを結ぶ線で仕切られる極地セクター（扇形）が当然に一定の国家に帰属する」と主張する理論をセクター理論と言う。南極大陸に対しては，イギリス，ニュージーランド，オーストラリア，フランス，ノルウェー，チリ，アルゼンチンなどが，第2次世界大戦前から，セクター理論に基づき領有の意思を宣言していた。しかし，南極の自然条件は厳しく当時の技術では継続して生活をするなど実効的な支配が不可能であった。さらに，イギリス，チリ，アルゼンチンのセクターは重なりあうなど，紛争も生じていた。そこで，1957 年の国際地球観測年を契機として，領有権を主張している 7 カ国にアメリカ，ソ連（現ロシア），日本，南アフリカ，ベルギーを加えた 12 カ国で 1959 年に南極条約を締結した。1961 年に効力を発生した南極条約は，南極地域における科学的調査の自由および協力を促進し，南極地域が平和的目的のみに利用されることを規定した。

また，条約の有効期間を 30 年とし，この期間中各国が主張する領土権や請求権を凍結し，さらに，この期間中に行われた行為または活動は，新たな請求権の主張の基礎とはならず，また新たに主権を設定するものとはならないことを規定した。つまり，南極条約は，各国が主張する領有問題を解決したのではなく，一時的に棚上げしただけであった。南極条約発効から 30 年が経過した後は，いずれかの締約国の要請により改廃のための締約国会議を開催できることになっているが，会議を開催すれば各国の思惑が異なるため，収拾できなくなる可能性が高い。そのため，どの国も会議の開催を要請しておらず，条約は 30 年が経過した後も締約国会議を開催しないまま存続している。

南極の資源に関しては，海洋生物資源，鉱物資源ともに豊かであると考えられている。そこで，資源の保存と，有効利用に関して，1972 年には南極あざらし保存条約が，1980 年には南極海洋生物資源保存条約が，また 1988 年には南極鉱物資源活動規制条約が採択された。

5 日本の領土問題

第2次世界大戦以降，日本をめぐる領域に関する問題は，北方領土問題に代表されるように，島の帰属の問題であった。その後も，漁業資源の問題が，韓国やソ連（現ロシア），アメリカ合衆国などとの間に生じ，そのつど，2国間交渉などによって解決が図られてきた。最近は，排他的経済水域における天然資源に関係する問題が，近隣諸国，とくに中国との間でも生じてきている。

領土問題

懸案の日本の領土問題としては，ロシアとの北方領土問題，韓国との竹島問題，中国との尖閣諸島問題がある。

北方領土問題は，北海道の北東に位置する択捉（エトロフ）島，国後（クナシリ）島，歯舞（ハボマイ）諸島，色丹（シコタン）島の4島および周辺の小島の帰属をめぐる問題である。日本は，1951年に連合国46カ国と結んだ「日本国との平和条約」において，北方領土に関して，「日本国は，千島列島並びに1905年のポーツマス条約の結果として主権を獲得した樺太の一部及びこれに近接する諸島に対するすべての権利，権原及び請求権を放棄する」ことに同意した。この条約は，日本が放棄した相手先については何も規定していないが，日本が千島列島に関して主権を放棄したことは明らかである。ただし，千島列島の範囲について何も規定していないため問題が生じている。すなわち，日本が放棄した千島列島に択捉島，国後島等の諸島が含まれるかどうかである。

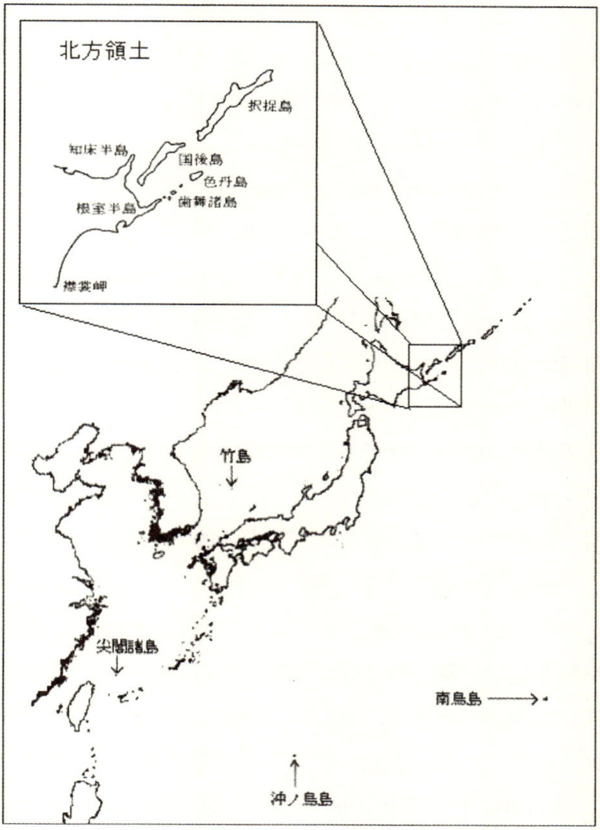

ソ連は，日本がポツダム宣言を受諾した後，樺太（カラフト），千島，歯舞色丹を軍事占領した。日本は，独立を回復後，ソ連に対して歯舞諸島，色丹島はもちろん，国後島，択捉島についても，日本固有の領土であるとして，返還を求める外交交渉を続けてきている。ソ連は，1956 年の日ソ共同宣言の 9 項で，平和条約締結後に歯舞諸島，色丹島を日本に返還することには同意したが，国後島，択

捉島については，日本が放棄した「千島列島」に含まれるとして，返還を拒否している。このようにして，北方領土問題については，いくつかの論点があるが，その中心は平和条約で放棄した「千島」という文言をめぐる解釈の相異ということができよう。日本は，ロシアによる択捉島，国後島の時効による取得を阻止するため，定期的な外交的抗議を行い，時効の中断を図っている。

現在，北海道の沖合の日本とロシアが主張する排他的経済水域の境界は，北方領土周辺部分では一部が重なりあっている。北方領土周辺水域には豊かな漁業資源があり，この領土問題の解決をより複雑化する要因となっている。

竹島問題は，1952 年に韓国が竹島を含む水域に，いわゆる李承晩ラインを設定したことから，顕在化した。日本は同島の問題を，国際司法裁判所に付託し解決することを提案したが，韓国はこれを拒否しその後の 1954 年に，同島に灯台などを建設し，官憲を常駐させるなどして，実効的支配を行ってきた。韓国の主張は，日本が平和条約で放棄した鬱陵（ウツリョウ）島等の島に，竹島が含まれるとする。これに対し，日本は，戦前から韓国が竹島を実効的に支配した事実はなく，また平和条約で日本が放棄した島々には含まれず，韓国の 1954 年の行為は竹島の不法占有である，と主張している。1965 年に日本と韓国の国交が正常化した際，両国間の紛争は，外交交渉および両国の合意する調停手続で解決する旨の合意をした。しかし，韓国は竹島問題がこの合意に規定される紛争にはあたらないとして，この問題はいまだ解決されないままである。

尖閣諸島は，沖縄県の八重山列島の北に位置している。同諸島は，東シナ海の大陸棚の上に位置し周辺は好漁場となっている。また，地質調査により東シナ海の海底には豊富な天然資源が埋蔵されていることが，報告された。1970年代の後半になって，中国および台湾が，同諸島の帰属を主張するようになった。その主張は，尖閣諸島は中国の領土であり，平和条約の規定により，台湾の一部として日本が中国に返還すべき領土である，というものである。これに対し日本は，尖閣諸島は，もともと無主地であり，この諸島を沖縄県の一部とする1895年の政府決定以後，同諸島に実効的支配を及ぼしてきたこと，また，同諸島に対する日本の統治について1970年代まで，中国は異議をとなえてこなかったことなどから，日本の領土であると主張している。

Key 沖ノ鳥島

資源問題

最近，中国は，東シナ海における天然資源の調査活動等を活発に行っている。また，日本が，領有権を主張している沖ノ鳥島の周辺水域においても，天然資源の調査活動を行っている。中国は，「沖ノ鳥島」が日本の領土であることは認めるが，「島」ではなく「岩」であり，排他的経済水域および大陸棚を主張することはできない，と主張している。両国が批准している国連海洋法条約は，第121条で，島の制度について規定している。その第1項は，「島とは，自然に形成された陸地であって，水に囲まれ，高潮時であっても水面上にあるものをいう。」と規定する。日本は，1989年に約285億円をかけて，同島が水没しないように工事を行った。したがって，海水による浸食は防ぐことができ，いまでも，高潮時にも水面上に小さな岩が出ている。ただし，第3項は，「人間の居住又は独自の経済的生活を維持することのできない岩は，排他的経済水域及び大陸棚を有しない」と規定している。中国は，この第3項に基づいて，沖ノ鳥島では排他的経済水域や大陸棚は主張できず，中国が海洋調査を行うことは自由である，との立場に立っているように思われる。確かに，沖ノ鳥島は，海面上に直径1メートルほどの岩が二つ出ているだけである。この沖ノ鳥島だけで，日本の国土面積以上の約40万平方キロメートルの排他的経済水域を日本は，主張している。したがって，この島が，「島」ではなく「岩」ということになれば，広大な排他的経済水域失うこととなり，日本の漁業にとっては大きな打撃である。

宇宙開発

日本は，今世紀前半には，有人宇宙船を打上げその回収を行うことを計画している。アメリカやロシアが宇宙船を打ち上げ回収する場合には，国土が広いために自国領域のみを利用した大気圏内突入および回収が可能となるが，日本が宇宙空間から宇宙船を回収する場合に日本近海を回収地点とすると，大気圏への突入角度の関係から中国などの領空を宇宙船が通過しなければならない状態となる。他国の領空通過を避けるためには，日本は，回収地点を小笠原近海など，本土から遠く離れたところに設けなければならなくなる。現在，宇宙空間と領空の限界をどこに設けるのか，あるいは，宇宙空間から帰還する宇宙飛行体に領空通過を認めるのか，などといった基本的な事柄も整備されていない部分がある。日本が有人衛星を打ち上げる場合には，技術的な問題ばかりでなく，このような法的な問題も克服しなければならない。

〔山 村 恒 雄〕

第5章 国際機構と国際法

国際機構はどのような背景から生まれたのか，その出現は主権国家のみを行為主体としていた国際法体系にどのような影響を与えたのか，国際法体系の中で今日の国際機構はどのように位置づけられるのか，国際機構は国際法の発展にどのように貢献しているのか，さらには，新たな法領域としての国際機構法というものが考えられるかなどについて考える。

1 国際機構の設立と発展

私たちの日常生活と国際機構

保健衛生の分野で国際的な規則や政策を創り，各国に対し技術援助を行うなどしている世界保健機関（WHO）は，2003年に流行した重症急性呼吸器症候群（SARS）や鳥インフルエンザなどの感染症について，感染情報の提供，流行地域の指定と渡航自粛勧告の発令，感染症の研究や対処法の指導などを行っている。

また，海外旅行に行く際に乗る飛行機は，国際民間航空機関（ICAO）が制定する，民間航空機の飛行に関する国際的な規則に従って飛行している。国際電話をかける際には国際電気通信連合（ITU）や国際電気通信衛星機構（INTELSAT）の活動が，また海外に郵便物を出す際には万国郵便連合（UPU）の活動が関わっている。

Key

政府間国際機構（IGO）

人とモノの移動が盛んな現在のグローバル化した社会では，このように，国際機構の活動が私たちの日常生活に深く関連している。もはや，国際機構の活動を語ることなく国際関係の諸問題を考えることはできない，と言われるほどである。

では，今日の国際社会において重要な活動を行っている国際機構とは，どのような組織体なのか。

国際機構の定義

今日，国際社会において活動を行っている国際的な団体は，多種多様である。国際決済銀行（BIS）のような国際共同企業，IBMのような多国籍企業（TNC），国際航空運送協会（IATA）のような国際業界団体，アムネスティー・インターナショナルのような非政府間機構（NGO）などがある。これらの国家間機構ではない団体も，広い意味では国際機構と考えることができる。しかし，一般的に国際機構とは，政府間国際機構（IGO）をさす。

政府間国際機構とは，①複数の国家が，②共通の目的を達成するために，③国際条約を締結して設立したものであり，④国際機構を構成する国家からは独立した，固有の機関および職員をもつ，⑤常設的な組織のことである。

なお，国際機構のほかに，国際組織，国際機関，国際団体などの用語が用いられることがあるが，いずれも政府間国際機構をさすので，ここでは固有名詞や引用の場合をのぞいて，比較的広く用いられている国際機構という用語を用いることにする。

初めは国際機構とは考えられていなかったものが，その後事務局を設置するなどして常設的な組織としての形態を整え，国際機構として徐々に発展してきたものもある。たとえば，1967年に設立された東南アジア諸国連合（ASEAN）は，当初は事務局もなく，単に，加盟諸国の地域的協力関係を示す国家の集合体にすぎなかった。その後，1976年に事務局が設置され組織的に発展することによって，ASEANは，今日では国際機構であると考えられるようになった。

一方，1989年に第1回会議が開催されたアジア・太平洋経済協力閣僚会議（APEC）は，常設的な事務局を設置しているが，APEC自身は，加盟諸国の経済協力を促進するための話し合いの場（フォーラム）にすぎない。したがってAPECは，まだ，固有の存在である国際機構とは言えず，単なる国家間の協力の場である。

では，国際機構が国際社会に登場するようになったのは，どのような背景からなのだろうか。

Key 東南アジア諸国連合（ASEAN）

国際機構成立の歴史

国際機構の萌芽は19世紀のヨーロッパに見られた。

今日ヨーロッパには，欧州連合（EU）という代表的な地域的国際機構が存在し，ヨーロッパの統合をめざしている。19世紀のヨーロッパにおいても，同じような状況が存在していた。産業革命の結果，国境を越えた人やモノの移動が活発化するにつれて，人々の生活の利便のために，各国が協力しあって共通の問題に対処していこうという，国際協力の動きが生じてきた。その最初の形態が，ヨーロッパの複数の国に接しあるいは貫流するライン川やダニューブ川などを国際的に管理することを目的として，19世紀半ば頃に設立された国際河川委員会である。これらの国際河川委員会は，複数の国家によって，河川の共同利用という共通の目的を達成するために，国際条約によって設立された組織体であり，

Key 国際行政連合

国際機構設立への方向性を示すものであった。しかし，国際河川委員会は，地域的にも，機能的にも限定的な存在であった。

国際機構の萌芽と呼べるものは，19世紀後半以降，ヨーロッパ諸国を中心に設立された国際行政連合である。その当時，各国は常設的な事務局を設置し，定期的に国際会議を開いて通信，郵便，交通，技術などの専門的，行政的問題を共同で処理するようになった。そのような定期的な国際会議と事務局を総称して，国際行政連合と呼んでいる。国際行政連合には，万国電信連合（1865年），一般郵便連合（1874年），国際度量衡連合（1875年），工業所有権保護同盟（1883年），国際著作権同盟（1886年）などがある。しかし，国際行政連合も組織的には未発達で，現在のような国際機構が設立されるようになるには，第1次世界大戦後の国際連盟と国際労働機関（ILO）の設立を待たなければならなかった。

1920年に設立された国際連盟は，国際平和の維持という一般的，政治的な目的を持ち，総会，理事会，事務局といった固有の機関を備え，事務局に実質的な権限が与えられた。また，加盟国とは切り離された固有の意思形成を行うことが可能となり，組織的にも一段と発達したものであった。

一方ILOでは，労働者の権利の促進と保護という目的のために，総会や理事会に加盟国の政府代表だけではなく，使用者代表や労働者代表も参加しており，より一層，加盟国の意思から切り離された固有の意思形成を行うような代表制度がとられている。

このように，組織的にも整った今日の国際機構の始まりとなったのは，第1次世界大戦後に設立された国際連盟とILOである。

代表的国際機構

	普遍的国際機構	地域的国際機構
一般的協力 (安全保障を含む)	国際連合(UN)	欧州連合(EU) 北大西洋条約機構(NATO) 米州機構(OAS) 東南アジア諸国連合(ASEAN) アフリカ連合(AU) アラブ連盟
経済	*国際復興開発銀行(IBRD) *国際通貨基金(IMF) *国際開発協会(IDA) *国際金融公社(IFC) 世界貿易機関(WTO) 多数国間投資保証機関(MIGA) 投資紛争解決国際センター(ICSID)	経済協力開発機構(OECD) 欧州復興開発銀行(EBRD) 米州開発銀行(IDB) アジア開発銀行(ADB) アフリカ開発銀行(AfDB) 石油輸出国機構(OPEC) 国際エネルギー機関(IEA)
農業	*国連食糧農業機関(FAO) *国際農業開発基金(IFAD)	
社会	*国際労働機関(ILO) *世界保健機関(WHO) *世界観光機関(WTO) 国際刑事警察機構(ICPO)	
教育・科学技術	*国連教育科学文化機関(UNESCO) *国際民間航空機関(ICAO) *国際電気通信連合(ITU) *万国郵便連合(UPU) *世界気象機関(WMO) *国際海事機関(IMO) *世界知的所有権機関(WIPO) *国連工業開発機関(UNIDO) 国際原子力機関(IAEA) 国際海事衛星機構(INMARSAT) 国際電気通信衛星機構(INTELSAT)	

*は国連の専門機関

国際機構の種類

今日では，400 ぐらいの国際機構が存在すると言われているが，その種類もまた，多種多様である。たとえば，国際連合（国連）のように，世界のほとんどの国（192カ国）が加盟している普遍的国際機構もあれば，EUやアフリカ連合（AU）のように，地域的に限定された範囲の加盟国をもつ地域的国際機構もある。また，国連のように，安全保障という政治問題だけではなく，国際協力，人権，人道援助など多角的な活動を行っている国際機構もあれば，労働問題を扱うILO，保健問題を扱う世界保健機関（WHO）などのように，専門的，技術的国際機構もある。一方，国際機構がどのような権限を与えられているかという点に着目すれば，経済協力開発機構（OECD）のように単に各国の政策調整を行う国際機構，国際民間航空機関（ICAO）のように民間航空機を安全に運行するための国際的な技術規則を制定する国際機構，国際復興開発銀行（IBRD，世界銀行）のように開発のための資金を貸付けるといった業務的活動を行う国際機構，さらには，EUのように参加諸国の統合をめざす超国家的国際機構がある。

このように国際機構は，その構成員，活動目的，権限といった点から，さまざまな種類に分類できる。しかし，そうした違いを越えて，国際機構として一般的な組織上，運営上の特徴も見られる。そこで，国際機構の代表的な組織構造，運営方法を見てみよう。

国際機構の内部組織

国際機構の組織構造として一般的に見られる特徴は，総会，理事会，事務局という三つの主要な機関が存在することである。これを国際機構の機関の三部構成と呼んでいる。

総会は，国際機構の全加盟国を構成員とする審議機関であり，国際機構の最高意思決定機関である。通常，国際機構の基本政策

Key
三者代表制／国際公務員／能力主義／地理的配分の原則

は総会によって決められる。

理事会は，国際機構の目的を実現するための具体的な活動を監督し，執行する機関であり，一般的には，一部の加盟国の代表から構成されている。たとえば国連の安全保障理事会は，15 理事国で構成され，国際平和を維持するための主要な任務を担っている。一般に，国際機構の理事会の構成員は，国連のように加盟国の政府代表である場合もあれば，世界銀行のように個人的資格の理事がなる場合もある。一部の代表から構成される理事会が，国際機構の主要な任務を遂行していく点に，国際機構が加盟国からは独立した固有の存在であることがよく示されている。

なお，ILO では，総会および理事会が政府代表，使用者代表，労働者代表から構成されているので，このような代表制を三者代表制（三者構成）と呼んでいる。

事務局は，事務局長（国連の場合は事務総長）および国際機構の職員から構成される。いわゆる国際公務員と呼ばれる人々である。国際機構の職員は，国際機構に対してのみ忠誠を誓い，いかなる政府，その他の外部からの圧力にも影響されず，政治的中立性を保つことが要求される。国連憲章第 101 条によれば，職員の採用に当たっては，「最高水準の能率，能力及び誠実を確保しなければならない」という能力主義が原則である。しかし同時に，「なるべく広い地理的基礎に基づいて採用する」ことにも配慮を要するという，地理的配分の原則も採用されている。

この 2 つの原則については，あくまでも客観的基準である能力主義が優先されるべきであるが，現実には，政治的配慮である地理的配分の原則が優先される傾向があり，能力よりも国籍が重視されがちである。日本人の場合，実際の日本人職員数は，分担金

Key

全会一致

などを基礎に割り出された望ましい国連職員数の半数以下とかなり少ない。したがって，国連としては日本人職員をより多く採用したいので，国連に応募する場合，日本人であることは，一般的には有利であると言われている。

事務局長には，通常，国際機構を代表して行動する権限が与えられている。事務局は，国際機構の予算や，活動の原案を作成するなど，実質的な権限を持っている。事務局に与えられている権限が大きければ大きいほど，その国際機構が加盟国から切り離された存在となっていることを示している，と言うことができるだろう。

意思決定手続

国際機構は，どのような手続に基づいて運営されているのであろうか。

国際機構にとってもっとも重要なことは，組織としての意思を決定することである。目的を達成するための政策や，そのための予算を決めなければならないからである。さらに，国際機構に参加を希望する国の加盟の承認をしたり，加盟国の義務違反を判定し，非難することも，国際機構の意思の形成となる。

伝統的な国家間の会議（外交会議）においては，主権平等の原則に基づいて一国一票制を用い，かつ同意原則に従って全会一致による意思決定が行われていた。国際行政連合においても，手続的な議決以外は，全会一致制を用いていた。しかし，国際機構は，その目的を達成するための活動を効率的に行わなければならず，そのためには迅速に機構としての意思を形成する必要がある。もし，国際機構が意思決定を全会一致で行うならば，世界のほとんどすべての国を加盟国としてもつ国連のような国際機構では，各国の利害が対立し，意思を形成することが極めて困難になるであろう。事実，国際連盟においては，総会と理事会の議決を全会一致によって行っていたため，加盟国の意見の一致がみられず，国際的な紛争に対して有効な措置がとれなかった。また第2次世界大戦の発生を防止することもできなかったのである。国際連盟のこのような失敗を繰り返さないために，国連をはじめとする今日のほとんどの国際機構では，多数決によって意思決定が行われている。

国連安全保障理事会の拒否権

国連の安全保障理事会においては，常任理事国である五大国（英，米，仏，中，ロ）が拒否権（veto）を持っていることがよく知られている。議長の選出や議題の選定などの手続事項に関する安全保障理事会の決定は，15理事国のうちの9理事国の賛成投票によって行われる。しかし，その他のすべての事項（実質事項），たとえば，イラクがクウェートに侵攻した時に多国籍軍による武力の行使を容認した決議などに関しては，五大国のうち1カ国でも反対すれば，決議案は否決される。これを五大国の拒否権と呼んでいる。これは，国際平和の維持に主要な責任をもつ五大国の賛成がなければ，国連として有効な措置がとれないという配慮からできた制度である。

その一方で，五大国のうち1カ国でも反対すれば，安全保障理事会は有効な措置がとれなくなり，機能麻痺に陥るという欠陥もある。事実，東西冷戦のさなか，しばしば五大国が拒否権を行使したため，国連は，安全保障の分野でほとんど機能することができなかった。冷戦の終了とともに五大国の意見が一致することが

Key 加重表決制／コンセンサス／分担金／通常予算

期待されたが，コソボ空爆，アフガニスタン空爆，イラク戦争などの事例が示すように，現在でも五大国の意見を一致させるということは決して容易ではない。

表決制度と主権平等

多くの国際機構では，主権平等の原則に基づいて，各加盟国が１票の投票権をもつ一国一票制を採用している。しかし，世界銀行などの国際金融機関では，加盟国の出資額に基づいて票数を決めるという加重表決制を採用している。これは，資金の貸付という業務的活動を行っている国際金融機関に特徴的なことで，多額の出資をしている国の意向を反映できるようにするための制度である。

また国連総会では，1960 年代以降，表決を行わずに構成国の総意を確認する，コンセンサス（総意）による意思決定を行う場合が多くなっている。

予　　算

国際機構が活動を行うに当たって，予算を必要とすることは言うまでもない。国際機構の財政は，一般に，加盟国が支払う分担金によって賄われている。どの国がどの程度の分担金を支払うかという査定は，通常，人口や１人当たりの国民総生産額などを基準にして決められる。国連では，2015 年現在，アメリカが最大の分担金支払国で，国連の通常予算の 22％（最大支払国の上限）を支払っている。日本は 10.833％ の分担率で，世界第２位の分担金支払国である。分担金は，会議の運営，情報収集，報告書の作成，職員の雇用などに必要な出費である，行政経費に使われる。最近では，平和維持活動（PKO）の経費も各国が支払う分担金によって賄われているが，

Key
自発的拠出金／行財政改革

PKOの場合，安全保障理事会の五常任理事国が他の加盟国よりも多く支払う，特別分担金の制度が採用されている。国連開発計画（UNDP）などの開発援助機関が行う業務的活動は，分担金とは別に各国が任意に支払う自発的拠出金によって賄われている。

今日，国連の通常予算は，年間約28億ドルであるが，これは東京都の予算のわずか5%程度にすぎない。また，加盟国が分担金を滞納するため，国連は常に財政難に見舞われている。さらに，紛争後の平和構築活動などの拡大により，ますます国連の財政はひっぱくしている。国連では，このような状況を克服するために，各機関の統廃合，人員削減を通して行財政改革をめざしてはいるものの，活動の規模の拡大に予算が追いつかず，きびしい状況が今後しばらく続くものと考えられる。

国際法主体としての国際機構

国際機構は，自然発生的に成立してきた国家とは異なり，複数の国家によって人為的に創られたものである。したがって，国際法上，国際機構は，国家と同等の権利および義務を当然にもつとは考えられない。では，国際機構それ自身は国際法上どのような存在なのだろうか。つまり，国際法主体としての国際機構の特徴は，どのようなものなのだろうか。

1948年の第1次中東戦争の際に，国連の調停官として任務を遂行中のスウェーデン人ベルナドッテ伯爵が，エルサレム市内のユダヤ人支配地区において殺害されるという事件が起こった。このとき国連事務総長は，イスラエルに対して損害賠償を請求する旨を述べたが，はたして国際法上国連にそのような権限があるか否かが問題となった。

この問題を解決するために，国連総会は国際司法裁判所（ICJ）に判断（勧告的意見）を求めた。その答えは，国連がイスラエルに対して①国連自身の受けた損害につき，そして②被害者または遺族等の被った損害につき，損害賠償を得るための国際的請求権を持つ，というものであった（国際連合の役務中に被った傷害に対する補償事件）。

ICJ の意見

ICJ は，1949 年 4 月 11 日のベルナドッテ伯爵殺害事件に関する勧告的意見で，国連の損害賠償請求権を認める判断を示した。その内容は，以下の通りである。

まず，国連が国際的請求権をもつか否かの前提として，国連が一般に国際法主体性（国際法人格）をもつか否かを検討する必要がある。国連憲章には，この点に関する明文規定は存在しない。しかし，憲章は，国連と加盟国との間に一定の権利義務関係を生じる場合を想定している。このことから考えて，国連は，加盟国とは別個の存在であると考えられる。また，国連には，かなり広範な任務が与えられている。国際法主体性を持たずに，国連がそれらの任務を遂行することは，不可能であると考えられるため，国連は，国際法主体性をもつと認められる。

しかし，国連が，国際法上の権利義務をもつ国際法主体であると認められるとしても，その法主体性は，国家の法主体性と同一ではない。したがって，この事例で問題となっている点，つまり，国連が損害賠償請求権をもつか否かについて，さらに検討する必要がある。この点に関しては，加盟国の義務違反に基づいて，国連自身が被った損害については，国連が損害賠償請求権をもつことは明らかである。さらに，国連自身の損害ではなく，被害者が被った損害に対して，国連が請求権を行使できるか否かという点に関しても，職員に対して十分な保護を与えることが国連の任務を遂行するために不可欠なことであり，そのような権限が国連に黙示的に与えられていると考えられる。したがって，国連は職員が損害を受けた場合，国連自らの権利の行使として損害賠償請求を行えると考えられる。

この勧告的意見は，国連が，国際法上の権利義務の担い手である地位，つまり国際法主体であることを認めた点に意義がある。

国際機構の国際法主体性

今日では，国際機構が国際法主体であるということは，一般に認められている。国際機構が，加盟国からは切り離された独立，別個の存在として，客観的に存在するという事実があれば，国際法主体として認められるのである（客観説または客観存在説）。もっとも，国際機構は，複数の国家によって条約に基づいて設立されたものであるから，国際機構の国際法主体性も，その設立条約（基本条約）に明示的に規定されている場合に認められるとする説もある。

法主体性には，法を創り出す地位を示す能動的主体性と，法によって規律される地位を示す受動的主体性とがある。国際機構は，自らが条約締結を行い，国際法を創り出しているという点において，国家と同様の能動的主体である。また，国際法の権利義務の担い手としての受動的主体性もある。

しかし，ICJ も指摘するように，国際機構は，国家と同一の国際法主体とは考えられない。なぜならば，国家は，国家として存在することによって，当然に権利能力をもつ生得的，本源的な国際法主体であり，他の国際法主体との関係で一般的な権利を主張できる。しかし，国際機構は，国家によって人為的に創られたことによって権利能力を取得する２次的，派生的な国際法主体であり，条約等で認められた権利義務をもつにすぎないからである。

そして，個々の国際機構が具体的にどのような権利義務をもつかについては，各国際機構の設立条約（基本条約）に基づいて，その国際機構の目的を達成するために必要な権能であるか否かを基準に検討することが必要である。

国際機構の国内法主体性

国際機構は，国際法上の法主体性ばかりではなく，加盟国の国内法上の法主体性も認められる。これは，国際機構がその活動を遂行する際に，特定の加盟国の領域内で，その加盟国の国内法に従って法律行為を行う必要があるからである。国際機構の基本条約，特権免除条約，本部協定などによって，国際機構の国内法上の法主体性に関して，規定されることが多い。具体的には，契約をすること，動産および不動産の取得または処分をすること，訴えを提起すること，などが明文で規定されている。

国際機構の法的性格

国際機構は，国家と比べた場合，限定的な国際法主体であるが，国際社会において法主体として存在していることは事実である。では，従来国際社会の唯一の法主体であった国家との関係において，国際機構はどのような存在と考えることができるのだろうか。言いかえるならば，国際機構は国家の上にたち，国家の主権を制限するような

Key
国家連合説／機能的統合説

形で国家の行動を規律するものなのだろうか。あるいは，国家の主権にはなんら制限を与えずに，国家と並列的に存在するものなのだろうか。

(1) 国家連合説　まず第1に，国際機構を伝統的国際法理論における複合国家のひとつ，つまり，国家連合として考える説がある。国家連合とは，複数の国家が，条約に基づいて並列的な国家結合を行ったものである。これは，アメリカ合衆国成立前のアメリカ諸邦間の連合（1781～87年）などのように，連邦国家成立前に形成される場合が多い。本来は参加国家に属する特定の事項を共同して処理するために，共通の機関を設定し，その機関に一定の権限を委ねるものである。しかし，今日存在する国際機構は，いずれも国家としての形態はとっておらず，国家のような主権的，領域的存在ともみなされていない。したがって，国際機構は，国家連合とは言えない。

(2) 機能的統合説　第2に，国家の主権の一部，あるいは，その行使の権限を国際機構に移譲することによって，国際機構の権限を徐々に増大させ，いずれ国際社会を統合させようとする存在と見る考え方がある。つまり，世界政府の前段階として国際機構をとらえる考え方で，機能的統合説と呼ばれている。これは，第1次世界大戦後に広まった世界政府思想に基づくもので，世界から戦争という惨害をなくすためには，諸国をひとつの世界政府に統一することが好ましいと考えるものである。現実には，統一された世界政府を一挙に樹立することは不可能なので，可能な分野から，あるいは，可能な地域的から統合を進め，いずれは国際社会全体を統合しようとするものである。

この説が妥当する可能性のある国際機構として，欧州連合

(EU）がある。EUでは，農業や通商などの特定の分野において，EUが加盟国に代わる固有の権限を有している。さらに，通貨統合を行い，外交や安全保障などの分野においても政策調整を行うなど，域内諸国の統合を進めている。

しかし，今日では，多くの専門分野別の国際機構や，地域的な国際機構が存在するにも関わらず，それらの国際機構は世界的な統合をめざすものとはなっていない。したがって，この機能的統合説も現在の多くの国際機構の法的性格を説明するには十分ではない。

⑶　法人説　　第3に，国際機構を「国家を構成員とする国際法人」とみなす法人説がある。これは，国際機構を企業のような存在と考え，加盟国をその株主のような関係にたとえ，国際機構は国家からは切り離された独立，別個の存在とみなす考え方である。この説によれば，国際機構は，なんら加盟国の主権を制限するものではなく，国際機構は国家と並存し，国家によって与えられた特定の目的遂行のために活動を行う存在と考えられる。

世界銀行やアジア開発銀行のような国際金融機関では，主権平等の原則に基づく一国一票制を採用せずに，出資額に応じた加重表決制を用いているが，それによって加盟国の主権が国際機構によって制限されているとは考えられてはいない。なぜならば，加重表決によって決定されるのは国際機構の組織としての意思であり，それは，なんら主権国家としての加盟国の権利を害するものではないからである。それは，あたかも，企業の株主総会の決定事項が，その企業の業務活動を規律していくものでありながら，株主一個人の私生活にはなんら影響を与えないのと同様である。このように国際機構と国家の関係をとらえるのが，法人説である。

この説では，EU が地域統合をめざし，実際に加盟国の主権の行使を制限するような権限を持っていることを十分に説明することはできない。また，ICAO や WHO のように，一定の範囲内で加盟国に対して規制を及ぼすような活動を行っている国際機構についても当てはまらない。したがって，個々の国際機構がどのような法的性格であるかは，より具体的に検討する必要がある。しかし，多くの国際機構が，加盟国の主権を制限するような権限は持っておらず，また，400 近くの国際機構の存在にも関わらず，国際社会は統合の方向に向かってはいない。したがって，一般的に国際機構の法的性格を説明する説としては，当面，第 3 の法人説がもっとも妥当であるということができる。

2 国際機構を規律する国際法

国際機構における加盟国の地位

2003 年の米英両国のイラクに対する武力行使以後，日本はイラクにおける人道援助および復興支援（平和構築）に寄与するため，自衛隊をイラクに派遣した。この自衛隊派遣に対し，完全には治安が確保されていないイラクに自衛隊を派遣することは自衛隊がアメリカ等が始めた戦争に加担することを意味し，ひいては，日本国憲法第 9 条の規定に違反するのではないか，という批判も日本国内には見られる。それでは，安全保障理事会決議に基づく紛争後の平和構築活動に自衛隊が参加することは，日本国憲法第 9 条に違反するのだろうか。このことは，国連の加盟国としての行動と，主権国家としての行動をどのように整合させて考えるべきかという問題を提起している。

国家と国際機構との関係は，創設者と創造物というただひとつの側面だけではない。国家は国際機構を構成する加盟国として国際機構の活動に参加する場合もあれば，主権国家として国際機構と対峙する場合もある。国際機構の活動は多岐にわたっているので，その場面，場面ごとに国際機構と国家との関係を考察しなければ，両者の関係は十分に理解できない。ここでは，国家とさまざまに関連しあって活動を行っている国際機構を規律している国際法には，どのようなものがあるかを見ていく。

国際機構設立条約（基本条約）

国際機構にとって，何よりも重要な国際法は，その国際機構を創り出した設立条約（基本条約）である。基本条約は，国際機構の目的，原則，任務，権限，内部機関，加盟・権利停止・除名・脱退の要件と手続などを規定している。

国連憲章

国連の基本条約は国連憲章である。

第2次世界大戦後の世界の安全保障制度を確立するために，国際連盟に代わる新しい一般的国際機構が必要であることは，1943年10月30日のアメリカ，イギリス，ソ連（現ロシア），中国の4カ国の宣言（モスクワ宣言）で言及されていた。しかし，より直接的に国連憲章の基礎となったのは，1944年10月29日のダンバートン・オークス提案であった。その後，1945年4月25日からサンフランシスコで「国際機関創設のための連合国会議」が開かれ，6月26日，国連憲章が採択された。

国連は，国際の平和と安全を維持し，諸国間の友好関係を発展

国連システム組織図

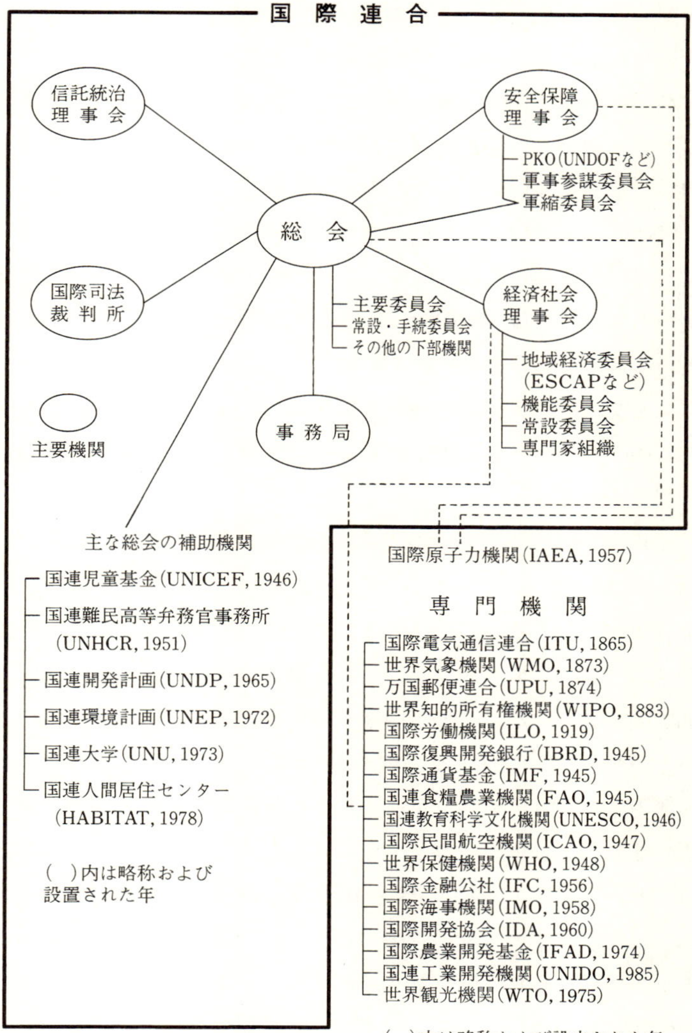
国 際 連 合
信託統治
理 事 会
安全保障
理 事 会
PKO(UNDOFなど)
軍事参謀委員会
軍縮委員会
総 会
国際司法
裁 判 所
主要委員会
常設・手続委員会
その他の下部機関
経済社会
理 事 会
地域経済委員会
(ESCAPなど)
機能委員会
常設委員会
専門家組織
主要機関
事 務 局
主な総会の補助機関
国連児童基金(UNICEF, 1946)
国連難民高等弁務官事務所
(UNHCR, 1951)
国連開発計画(UNDP, 1965)
国連環境計画(UNEP, 1972)
国連大学(UNU, 1973)
国連人間居住センター
(HABITAT, 1978)
( )内は略称および
設置された年
国際原子力機関(IAEA, 1957)
専 門 機 関
国際電気通信連合(ITU, 1865)
世界気象機関(WMO, 1873)
万国郵便連合(UPU, 1874)
世界知的所有権機関(WIPO, 1883)
国際労働機関(ILO, 1919)
国際復興開発銀行(IBRD, 1945)
国際通貨基金(IMF, 1945)
国連食糧農業機関(FAO, 1945)
国連教育科学文化機関(UNESCO, 1946)
国際民間航空機関(ICAO, 1947)
世界保健機関(WHO, 1948)
国際金融公社(IFC, 1956)
国際海事機関(IMO, 1958)
国際開発協会(IDA, 1960)
国際農業開発基金(IFAD, 1974)
国連工業開発機関(UNIDO, 1985)
世界観光機関(WTO, 1975)

( )内は略称および設立された年

Key
原加盟国

させ，国際協力を推進し，これらの共通の目的を達成するために，諸国の行動を調和することを目的としている。これらの目的を達成するために，国連および加盟国は，主権平等を尊重すること，憲章上の義務を誠実に履行すること，国際紛争を平和的に解決すること，武力を行使しないこと，国連に対して援助を与えること，内政に干渉しないこと，などの原則を遵守しなければならない。

国連の内部機関としては，総会，安全保障理事会，経済社会理事会，信託統治理事会，国際司法裁判所，事務局の六つの主要機関がある。その他に，総会，安全保障理事会，経済社会理事会は任務の遂行に必要な補助機関を設置することができる。実際に，ユニセフ，国連難民高等弁務官事務所（UNHCR），国連開発計画（UNDP）などの多くの補助機関が設置され，国連の重要な活動の一翼を担っている。

1945年のサンフランシスコ会議に参加した50カ国（正確には，48カ国およびソ連の白ロシア，ウクライナ両共和国を含む50代表）およびポーランドは，国連を設立した原加盟国である。これらの国は，国連憲章に署名し，かつそれを批准することによって国連の加盟国となったが，その後国連に加盟を希望する国は，一定の条件を満たせば，加盟国として認められる。その条件とは，第1に，国連憲章に掲げる義務を受諾すること，第2に，その義務を履行する能力および意思を持っていること，第3に，平和愛好国であること，である。日本の場合，1952年に対日平和条約が発効したことにより，この条約の当事国となった旧連合国との間の戦争状態が終了し，また，同条約5条において日本が国連憲章上の義務を受諾したことによって，日本の国連加盟の条件は一応満たされた。しかし，東西冷戦のもとで，ソ連の拒否権によって加盟はすぐには実現されなかった。日本が国連に加盟したのは，日ソ共同宣言によって日ソ関係が正常化された1956年である。

国連では，国連憲章上の義務に違反する加盟国に対して，その権利を停止し，除名することができる。国連憲章第6条では，「国連憲章に掲げる原則に執ように違反した国連加盟国」は，除名することができると明記している。除名にまではいたらないが，各加盟国が国連に支払うべき分担金を2年以上支払わない場合には，総会での投票権を剥奪される。

こうして国連憲章の規定の内容を見ていくと，国連の目的や内部機関は国連自身の問題，国連の原則は国連と加盟国のそれぞれが遵守すべき義務，そして，加盟および除名の要件は国連と加盟国との関係，というように，さまざまな内容を規定していることがわかる。

このように，国連憲章などの基本条約は，国際機構および加盟国の権利義務，あるいは，国際機構と加盟国の間の関係などを規定する基本的な法であり，国際機構にとっては，まさに，国内法でいえば憲法に当たるような基本法と言うことができる。

基本条約の特徴

国際機構の基本条約は，主権国家間の条約である。たとえば，国連憲章は，1945年にこれを批准した51カ国の間の条約である。その意味では，通常の条約となんら変わりない。しかし同時に，基本条約は，国際機構にとっては，その目的，任務，権限などを規定する基本法でもある。この基本条約の二重性，つまり，通常の条約としての側面と，国際機構の基本法としての側面が，以下のような基本条約の複雑な特徴をもたらしている。

第１に，国際機構それ自身は，基本条約の当事者ではない。国際機構は，基本条約によって設立されるのであって，基本条約締結時には存在していない。したがって，国際機構自身が，基本条約の当事者になれるはずはないのである。しかし，ひとたび基本条約が発効し，国際機構が設立されると，その国際機構の目的，任務，権限などは，すべて基本条約が規定しており，その国際機構の活動は，すべて基本条約によって規律される。したがって，基本条約は，通常の条約と同様に，当事者である国家の権利義務を規定するばかりでなく，その条約の非当事者，つまり，国際機構の権利義務をも規定している点が，通常の条約とは異なっている。通常の条約の場合，その規定は，条約の非当事者を拘束しないのである。このことは，基本条約が，国際機構の基本法でもあることに由来する特徴である。

第２に，通常の条約が改正された場合には，改正に同意しない国家との間では，改正前の条約が適用される。しかし，国際機構の基本条約の場合は，改正に反対の国も，改正後の条約に拘束される。たとえば，国連憲章の改正は，総会の構成国の３分の２の多数で採択され，かつ，安全保障理事会のすべての常任理事国を含む国連加盟国の３分の２によって批准されたときに，すべての国連加盟国に対して効力を生じる。したがって，改正に同意しない加盟国にも，改正後の国連憲章が適用されることになる。この点も，通常の条約とは異なる点である。

第３に，基本条約では，そこに規定される義務に違反した加盟国に対して，権利停止や除名といった制裁措置が規定されている場合がある。つまり，加盟国としての義務を履行しない国は，基本条約の規定に従って，その加盟国の同意なしに，一方的に基本条約上の権利が停止され，場合によっては，条約関係から追放されてしまう点が，通常の条約と異なっている。

第4に，国際機構の権限との関連で基本条約を解釈する場合，ベルナドッテ伯爵殺害事件においてICJが示したように，目的論的解釈が行われる。つまり，国際機構の目的を達成するために必要ならば，その基本条約上で明文の規定がなくても，その国際機構の黙示的権能が認められる。

Key
黙示的権能／主権国家群

国際機構と加盟国との関係

このような特徴をもつ基本条約のもとで，国際機構とその加盟国である国家との関係は，非常に複雑なものとなっている。

第1に，国際機構を創り出した主権国家群としての加盟国集団の存在がある。この場合，国際機構はまだ存在していないから，加盟国は伝統的な主権国家として存在している。そして，主権国家として基本条約を締結するのである。基本条約の通常の条約としての側面である。このことを示しているのが次頁の図 (1) である。そこでは基本条約が国家間条約のひとつとして示されている。

第2に，国際機構の構成要素として，国際機構内に位置する加盟国の存在がある。たとえば，加盟国が国際機構の意思決定に参加したり，採択された決議を実施していくような場合である。この場合，加盟国は，国際機構の構成要素としてその国際機構の意思に拘束され，加盟国としての義務を履行しない国に対しては，一定の制裁措置がとられる場合がある。たとえば，国連の加盟国が，国連の決定した分担金を2年以上滞納すると，その加盟国の意思に関わらず，投票権を剝奪されるような場合である。この場合，基本条約が，国際機構の基本法として加盟国を規律している

国際機構と加盟国との関係

(1)　国際機構を作り出した主権国家群としての加盟国

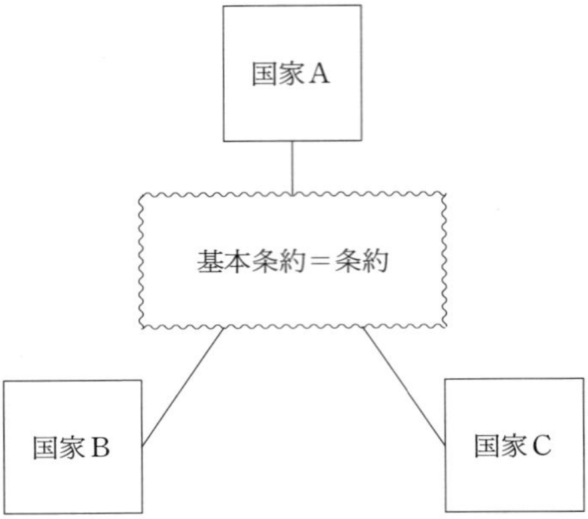

(2)　国際機構の構成要素としての加盟国

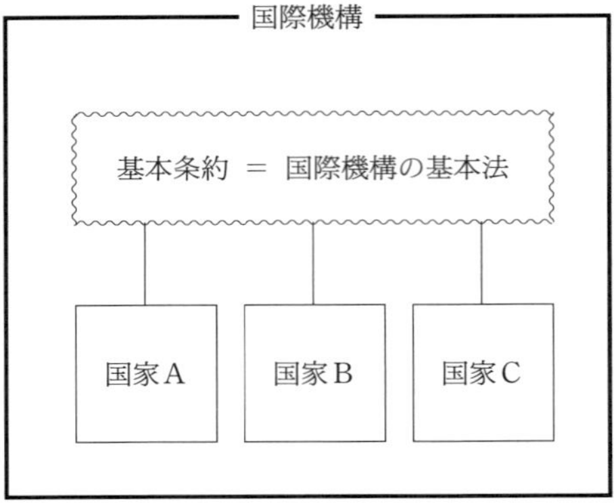

(3)　国際機構の外に位置する主権国家としての加盟国

と考えられる。この国際機構と加盟国との関係を示しているのが前頁の図 (2) である。ここでは，国際機構の構成要素としての加盟国が国際機構の意思決定に参加したり，国際機構の決定に拘束されたりする関係が示されている。

第 3 に，国際社会の中で，国際機構の外に位置し，その国際機構と対等に行動をする主権国家としての加盟国の存在がある。これは，国際機構が加盟国と本部協定や特権免除条約などを締結するような場合である。この場合，国際機構も加盟国も，対等の国際法主体として条約を締結している。この関係を示しているのが前頁の図 (3) である。ここでは国際機構と加盟国の関係は相互に対等，独立である。

上記の第 1 と第 3 の場合には，加盟国は，国際機構とは切り離された伝統的な主権国家として機能し，第 2 の場合には，国際機構の構成要素として機能している。これを，加盟国の二重機能と呼んでいる。国際機構の外に位置する加盟国と，内部に位置する加盟国という二重の存在である。これは，基本条約の条約としての側面と，国際機構の基本法としての側面という，基本条約の二重性に対応する，加盟国の機能の二重性を示している。

このように，基本条約は，国際機構にとってもっとも重要な国際法となっているが，その特殊性から，国際機構と加盟国の関係も複雑なものとなっている。

この他にも，たとえば EU においては，農業や通商などの特定の分野に関して，EU の固有の権限が認められている。したがって，これらの分野では，あたかも EU が加盟国の上に立つ政府であるかのような関係となっている。このように，国際機構と加盟国とが実際にどのような関係にあるかを理解するためには，具体的な事例に即して，詳細に検討する必要がある。

国際機構締結条約

国際機構を規律する国際法の第2のものとして，国際機構自身が当事者となって締結した国際機構締結条約がある。

国際機構は，その目的を達成するための任務を日々遂行しており，そのために，各国との間でさまざまな協定を締結している。これらの協定は，大きく分けて行政機能に関する協定と，業務活動に関する協定とがある。

行政機能に関する協定は，おもに国際機構の基本的な地位を規定する条約である。たとえば，国際機構がその本部を設置するに際して，本部所在国と締結する本部協定，国際機構の特権および免除を規定する特権免除条約，国際機構が他の国際機構と相互の協力関係を築くために締結する連携協定などがある。

国連は，アメリカとの間に本部協定を締結している。この協定の中で，国連本部地区は不可侵であること，アメリカは本部地区を警備し，加盟国代表や専門家，報道関係者など国連を訪れる人の通過を認め，国連本部が必要とする電気，水道，ガスなどの公共の役務を提供すること，他方で，国連はアメリカの法に基づく逮捕を逃れようとする者またはアメリカが他国へ引き渡すことを要求されている者などの避難場所となることを防止し，別段の規定がない限り，本部地区にアメリカの法を適用すること，などが規定されている。

また，国連がその任務を遂行していくためには，一定の特権および免除を享有する必要がある。国連憲章では，第105条において，国連それ自身と国連の職員および加盟国の代表者は，国連に関連する任務を独立に遂行するために必要な，特権免除を享有すると規定している。これをさらに詳細に規定するために，「国連の特権及び免除に関する条約」が締結されている。それによると，国連およびその職員は，国連の目的遂行のために必要とされる，制限された特権免除を有しているにすぎない。この点が，完全な特権免除を有する外交使節とは異なっている。具体的には，国連の施設内と公文書は不可侵であり，国連は裁判権や課税権から免除される。国連の職員は，職務上行った行動に関する訴訟手続きから免除され，給与および手当に対する課税も免除される。加盟国の代表については，任務遂行に関して，身体の不可侵，警察権の免除，文書の不可侵などが規定されている。国連の専門機関についても，国連の特権免除条約とほぼ同じ内容の「専門機関の特権及び免除に関する条約」がある。

さらに国連は，国連憲章第57条で，他の専門的国際機構と連携関係をもつことを規定している。この条文に基づいて，国連は，現在17の国際機構と連携協定を結んでいる。国連と連携関係にあるこれらの国際機構を「専門機関」と呼ぶ。たとえば，国連とILOとの連携協定では，国連がILOの予算を審議し，ILOに対して勧告を行うことが認められている。またILOは，自らがとった措置を国連に対して報告することが規定されている。このように両者は，密接な連携関係にあり，国連が専門機関の政策や活動を調整できるような制度となっている。なお，国連と専門機関および国際原子力機関（IAEA）等を総称して，「国連システム」と呼んでいる（201頁の「国連システム組織図」参照）。

業務活動に関する協定は，おもに，国際機構がその目的を遂行するために行う活動に関連して締結されるものである。具体的に

Key 平和維持活動

は，国連が平和維持活動（PKO）や人道援助活動などを行う場合に関係各国と結ぶ協定，世界銀行が貸付対象国と締結する貸付協定などがある。たとえば，難民の帰還に際して国連が難民の本国と締結する協定では，難民の帰還を促進するために，難民の本国は，難民が出国前に犯した政治犯罪については処罰しないこと，難民が帰還した後差別を受けないようにすること，などが規定されている。これらの業務活動に関する協定は，平和維持，人道援助，開発援助など，広範囲にわたる国際機構の活動全般に見られ，その数も多い。

なお，国際機構が条約を締結する相手国は，その国際機構の加盟国とは限らず，非加盟国とも条約を締結する。事実，国連は，国連欧州本部をジュネーブに設置するための本部協定を，非加盟国であったスイスとの間に締結していた（ただし，スイスは現在は国連加盟国）。日本も，自らは加盟していないEC（現EU）と条約を締結している。

国際機構締結条約については，「国家と国際機構間または国際機構相互間の条約法に関するウィーン条約」が1986年に採択されたが，批准国数が少ないため，まだ発効していない。

国際機構の条約締結権

ところで，国際機構が条約を締結する権能を有するか否かについては，以前は国際機構の国際法主体性との関連で議論の分かれる点であった。国際機構の国際法主体性は，一般的に認められているが，具体的な権能に関しては，個々の国際機構の目的と照らし合わせて，具体的に検討されるべきである。国際機構の条約締結権は，そのような具体的な国際機構の権能のひとつである。したがって，個々の国際機構の基本条約上で，明文で条約締結権が規定されている場合，あるいは，明文で規定されていない場合であっても，その国際機構の目的や任務から考えて条約締結権が必要と認められる場合には，その国際機構の条約締結権は認められる。現在では，多くの国際機構が，その基本条約上，明文で条約締結権が認められている。たとえば国連は，国連憲章第43条において，国連のとる軍事措置に関して，兵力などを提供する加盟国との間で特別協定を結ぶことが規定されており，また，第63条において，専門機関との間で連携協定を締結することが規定されている。

一般国際法

国際機構を規律する第3の法として，一般国際法としての慣習国際法があげられる。

一般国際法は，国際法主体間の権利義務関係を規律する。したがって，国際法主体としての国際機構も一般国際法の規律を受ける。具体的には，国際機構が条約を締結する場合には，一般国際法の規律に従って締結し，またベルナルドッテ伯爵殺害事件のように国際的な請求を行う場合にも，一般国際法の規律に従って請求する。ただし，国際機構は国家とは異なり，2次的，派生的な国際法主体であるので，一般国際法のすべてが国際機構に適用されるわけではない。たとえば，国際機構では外交使節団を派遣するということは一般的には行われていないので，特定国に派遣された大使は，全権委任状無しにその国との条約交渉を行えるといった条約法の規定は，国際機構には適用されない。その一方で，今日では，加盟国の国際機構に対する常駐使節の地位に関する規定などのように，国際機構に特有の慣習国際法の形成も行われるようになってきている。

3 国際機構による国際法の定立と執行

国際機構と国際条約

近年国際的な組織犯罪が急速に複雑化し，深刻化してきたことを背景として，国連は，2000 年の総会において，「国際的な組織犯罪の防止に関する国際連合条約」を採択した。同様に WHO は，喫煙による健康被害の拡大を憂慮して，2003 年の世界保健総会において「たばこの規制に関する世界保健機関枠組条約」を採択した。

このように，新しい条約が，国際機構の場で採択されており，国際機構は国際法の定立，さらには，その執行に関して，直接的または間接的に重要な役割を担っている。

国際法の定立と国際機構

国際機構が自ら国際法を定立する第 1 の例は，国際機構が条約の当事者となる国際機構締結条約の締結である。国際機構と国家が締結する本部協定や特権免除条約，国際機構と他の国際機構との間の連携協定などの国際機構締結条約は，それ自身が国際法の一部である。したがって，国際機構がこれらの条約を締結することは，国際法の定立に直接関わっていることを示している。

第 2 に，国際機構は，その内部機関において条約を審議し採択することによって，国際法を定立している。たとえば，国連総会において採択された「経済的，社会的及び文化的権利に関する国際規約（国際人権規約 A 規約）」，「市民的及び政治的権利に関する国際規約（国際人権規約B規約）」などの人権諸条約や，ILOの労働総会において採択される各種労働条約などがこの例である。また，宇宙空間における活動などのように，非常に短期間に急速に発達した科学技術分野の問題は，新しい現象に応じた新しい国際法制度を創り出す必要があり，慣習国際法の形成を待ったり，2国間条約による規律に任せておくわけにはいかない。そこで，国際機構が，これらの新しい法制度を創り出す立法作業に重要な役割を担うこととなる。宇宙空間における活動に関しては，国連の宇宙空間平和利用委員会の下部機関である，宇宙法律小委員会が中心となって立法作業を行っている。これらの条約は，国家間の条約であるが，条約採択のための外交会議を開催することなく，国際機構の内部機関で採択が行われている。このように国際機構は，自らが当事者とはならない条約をも採択し，国際法の定立に関わっている。

第3に，国際民間航空機関（ICAO）や世界保健機関（WHO）などの技術的問題を扱う国際機構では，国際的に守られるべき技術規則を制定している。国際航空などのように高度に技術的な問題は，国際的，統一的規律に服することを本質的に要求されるからである。このためICAOでは，国際航空の安全と能率化のために必要とされる望ましい国際規則を採択しており，これがICAOの主要な活動の一つとなっている。これらの技術規則は，通常の条約締結手続きとは異なり，国際機構における技術規則の採択によって成立発効し，各加盟国による個別の批准といったものは必要とされない。ただし，一定の期間内に加盟国が不受諾の意思を表明した場合には，その加盟国に対しては技術規則の法的拘束力が及ばない。これは，同意の表明によって法的に拘束されるように

Key コントラクティング・アウト方式

なる通常の条約とは異なり，不同意の表明により法的に拘束されなくなる，コントラクティング・アウト（不参加の意思表示）方式による規則制定と呼ばれている。

第4に，国際機構は，国際機構の慣行を通して慣習国際法の形成も行っている。慣習法の成立については，統一的，継続的慣行の存在と，法的確信の2要素が検証されなければならないが，国連のように世界のほとんどの国が加盟している国際機構では，国際機構自身が普遍的に受け入れられる慣習法形成の場となりうるのである。また，国家の慣行を通して形成されてきた従来の慣習法形成に比べ，国際機構による慣習法形成は，繰り返し行われる決議の採択，加盟国による明示の発言などが慣習法形成のための有力な根拠となり，一般的に，より迅速に慣習法を形成させることが可能となるのである。たとえば，南アフリカ共和国でとられていた人種差別（アパルトヘイト）政策を国際法違反とすること，深海底資源を人類の共同遺産とすることなどは，国連総会において繰り返し採択された決議によって成立した慣習法と考えることができる。

国際法の定立の促進

国際機構は，自らが直接的に国際法を定立するだけでなく，国際法の定立を側面から間接的に促進している。

第1に，国際機構は，その目的や機能に即して，条約締結のための国際会議の招集，あるいは，条約案の準備を行うことによって，間接的に国際法の定立を促進している。この場合，国際機構が採択した条約案は，国家間の外交会議に提出され，外交会議で条約の採択が行われる。たとえば，国連海洋法条約は，国連が招集した第3次国連海洋法会議という外交会議において採択された。この条約が採択されるまでには10年という長い歳月が必要であったが，その間に国連は，資料・報告書・条約案などの準備，会議の設営，各国の交渉の場の提供など，重要な役割を担うことによって，海洋法条約の成立を促進したのである。

第2に，国連総会は，国連憲章第13条に基づいて，国際法の漸進的発達および法典化を奨励することを任務としているが，具体的には，総会の補助機関である国際法委員会（ILC）が法典化作業を行うことによって，国際法の定立に寄与している。今日までILCが作成した条約草案を基礎として，外交関係，領事関係，特別使節団，国際機構との関係における国家代表の地位，条約法，国際機構締結条約，などに関する多くの条約が採択されている。

第3に，国際機構の場で繰り返し決議が採択されることによって，慣習国際法の形成にまでは至らないものの，各国の法的確信が形成されたとみなされる場合がある。つまり，国際機構は，慣習法の形成にも間接的に寄与している。この場合，継続的な慣行が法的確信に先行する従来の慣習法形成とは異なり，法的確信の形成が先行し，したがって，慣習法の形成も短時日に行われるという特徴が見られる。

第4に，人権や環境などの分野においては，法的な拘束力はないが，国際的に達成されるべき基準の設定（スタンダード・セッティング）を国際機構が行っている。たとえば，国連総会で採択された世界人権宣言，植民地独立付与宣言，人種差別撤廃宣言，拷問等禁止宣言などの決議がこの基準に当たる。これらの宣言の中には，後に関連する条約が採択されているものもあり，いずれ国際法となる前段階の規範（ソフト・ロー）と考えられる。したがって，国際機構がこのような基準を設定することは，間接的に国際法の定立に寄与していることを示している。

国際法の執行

つぎに，国際機構が国際法を執行する場合を考えてみよう。

まず第1に，国際機構は，その基本条約上の任務を遂行することによって，自らは当事者ではない基本条約という国際法を執行している。たとえば，国連憲章第34条によれば，安全保障理事会は，ある紛争が国際の平和と安全の維持を危うくするおそれがあるか否かを決定するために調査することがある。また，同第36条によれば，安全保障理事会は，そのような紛争を調整するための手続き，または，方法を勧告することがある。このような活動を通して，国連は，国連憲章という国際法を自ら執行しているのである。

第2に，国際機構は，自らが当事者である国際機構締結条約上の任務を遂行することによって，国際法の執行を行っている。たとえば世界銀行は，貸付対象国と締結する貸付協定上の義務を履行させるために，きわめて詳細な手続きと制度を整えており，それによって貸付協定の実施を行っている。

領域の管理

さらに国際機構は，自ら一定の領域を管理することによって，直接的に国際法の執行を行う。

たとえば，国連海洋法条約では，国家の管轄権の外側の深海底とその資源は，人類共同の遺産とされ，いかなる国の主権も認められない。これは，深海底の開発を公海自由の原則に委ねれば，深海底の資源は高度の技術力をもつ一部の先進国によって独占され，人類のほとんどがその恩恵に浴さなくなるおそれがあるからである。そこで，深海底およびその資源を，人類全体に代わって管理し利用するため，国際海底機構（ISA）が設立され，深海底における国家の活動を監督し規制している。

また，カンボジア，コソボ，東ティモールの事例に見られるように，内戦などにより統治機能が破綻した国家や地域を，国連が暫定的に統治し，紛争後の復興支援，国家再建，新国家の独立支援などを行う場合もある。

国際法の執行の促進

国際機構は，国家間の条約がその当事国によって履行されるように仕向けることによって，側面から間接的に国際法の執行を促進する役割も担っている。

第1に，国際機構は，条約の当事国がその条約上の義務を履行しているか否かを監視することによって，間接的に条約の実施に携わっている。この例としてよく知られているのは，国際原子力機関（IAEA）による査察制度である。これは，原子力の平和利用を確保するための保障措置制度の一環であり，IAEAが査察員を非核兵器国の領域に派遣し，原子力発電所のような核施設が軍事目的に使われていないかどうか確認するための現地査察を行っている。このようにして，IAEAは，自らが当事者ではない核兵器不拡散条約（NPT）の履行監視を行うことによって，この条約の実施を間接的に支えている。このような査察制度は，国際機構が国家の領域に入って条約の履行確保を行うという点で，非常に重要な国際法の執行形態となっている。

第2に，国際機構は，条約の履行状況や国内措置に関する報告書を提出させ，審査することを通して，国際法の執行に携わっている。たとえば，国際人権規約A規約の当事国は，A規約が規定する権利の実現のためにとった措置や，もたらされた進歩に関する報告書を提出しなければならない。この報告書は，国連の経済社会理事会の下のA規約委員会によって審議される。また，ILOは，各労働条約の当事国に，条約規定を実施するためにとった措置について年次報告書を提出させている。さらにILOでは，労働条約の義務違反に関する苦情を処理したり，労働者または使用者の団体からの申し立てを処理したりしている。このように，条約当事国に定期的に報告書を提出させ，それを審理し，勧告を行っていくことによって，あるいは，苦情の申立ての審理を行うことによって，国際機構は，条約の履行確保に協力しており，間接的に国際法の執行に寄与している。

第3に，国際機構は，条約の批准の促進も行っている。ILO加盟国は，未批准の労働条約であっても，その条約で取り扱われている事項に関する自国の法律および慣行の現況をILOに報告しなければならない。しかもその報告書の中で，立法的，行政的措置などによって，条約規定のいずれがどの程度に実施されているか，または実施されようとしているかを示し，さらには，条約の批准を妨げ，または遅延させる障害についても報告しなければならない。同じようなことは，ユネスコやWHOでも行われている。このように国際機構は，条約の批准の促進を行うことによって，国際法の執行を促進させる努力を行っている。

第4に，国際機構は，条約違反に対する制裁措置を設けることによって，国際法の執行の有効性を高めている。たとえば国連では，紛争の平和的解決義務や武力行使の禁止規定に違反して，平和に対する脅威，平和の破壊または侵略行為を行った国に対して，一定の防止行動，さらには，強制行動をとる。アパルトヘイト政策をとっていた南アフリカ，クウェートに侵攻したイラク，非民主的軍事体制をとったハイチなどに対する強制行動がその例である。このように制度化された制裁措置をとることによって，国連は国連憲章の執行の有効性を高めている。

Key
強制行動

4 国際機構と国際法の変容

国際機構は，固有の領域や国民を持たないので，伝統的国際法がそのまま国際機構に適用されるわけではない。同時に，国際機構がその任務を遂行する中で，新しい国際法上の問題が生じ，新たな国際法上の原則も作られていく。ここでは，国際機構が国際法の変容にどのような影響を与えたのかについて考察する。

新しい国際法主体の登場

国際機構の出現によって，国家以外の国際法上の権利義務の担い手，つまり，新しい国際法主体が誕生した。従来国際社会は，主権国家が唯一の構成員であり，国際法も主権国家間の権利義務関係のみを規律していた。しかし，国際機構が誕生したことによって，主権国家とは異なる新たな行為主体が国際社会に登場するようになり，それらの権利義務を規律する必要が生じてきた。ベルナドッテ伯爵殺害事件におけるICJの勧告的意見が認めたように，国連をはじめとする国際機構は，その目的実現のために国際法上の法人格を有するのである。このように国際機構は国際法の新たな法主体として承認されることになった。しかし国際機構は，複数の主権国家によって，特定の目的を達成するために人為的に創られたものである。したがって，個々の国際機構が具体的にどのような権利義務をもつかについては，その国際機構の目的と照らし合わせて考えなければならない。いずれにせよ，国際法秩序の中に，国際機構という新たな法主体が登場したことは否定できない事実である。

主権平等原則に対する修正

国際機構の登場によって変更が加えられた第2の点は，主権平等の原則である。従来，国家は最高絶対の主権をもつため，相互に平等であることが国際法の大原則であった。そのため，国際会議の意思決定においては，各国が平等に1票を投じる一国一票が原則であった。しかし，国際機構の中には，主権平等の原則と矛盾する意思決定手続を採用しているものがある。

たとえば，国連の安全保障理事会では，五大国が拒否権を持ち，実質事項については，常任理事国のいずれかが反対票を投じれば，反対がその1票だけであったとしても決議案は否決される。したがって，事実上，常任理事国の1票は，非常任理事国の1票よりも重く，形式的には主権平等の原則に反している。

また，世界銀行などの国際金融機関においては，一定の基準に基づいて異なる票を配分する加重表決制を用いている。たとえば，世界銀行においては，各国が250票を基礎として，さらに保有する1株式（額面10万ドル）ごとに1票をもち，国際通貨基金(IMF）では，各国が250票を基礎として，さらに10万特別引出権（SDR）ごとに1票をもつ，といった具合である。このような加重表決制も，各国が平等な投票権を持たないので，主権平等の原則から遊離した制度と見られている（しかし，機能的には平等であるとの考え方もある）。

このような拒否権制度や加重表決制が国際機構によって導入されたことによって，直ちに加盟国の主権平等の原則が一般的に否定されたと考えることはできないが，すくなくとも，国際機構の意思決定手続きにおいては，主権平等という伝統的な国際法上の原則に修正が加えられるようになってきたことは事実である。

国際法の内容の変更

国際機構によって国際法に与えられた影響の第3点は，国際法の内容に変更がもたらされたことである。たとえば，18世紀以降の国際法においては，一定のルールに従った戦争は基本的に認められていた。しかし，国際連盟が設立されたことにより，侵略戦争や国際紛争を解決するための戦争が禁止され，紛争は国際裁判または連盟理事会の審査に基づいて解決することとされた。また，判決あるいは連盟理事会の報告後3カ月間は戦争が禁止され，さらに，判決や報告に従う国に対しても戦争が禁止された。

第2次世界大戦後，国連が設立されたことによって，戦争だけではなく，個別的または集団的自衛権の行使，または，国連自身による集団的措置を除いた一切の武力の行使または武力による威嚇が，包括的に禁止された。これは，国際機構の設立によって，国際法の内容が変更された重要な事例である。

国際法領域の拡大

第4点として，国際機構が設立されたことによって，国際法が関与する問題の領域が拡大したことがあげられる。従来は，特定国の国内管轄事項であったいくつかの問題が，今日では国連などの国際機構によって国際的関心事項として処理されるようになった。その結果，国際法が関与する問題が増えてきた。たとえば，人権がよい例である。今日では，各国の人権状況は，すくなくとも国連の場では，もはや国内管轄事項ではなく，国際的関心事項と見なされている。したがって，各国の人権状況は，国連を中心として，各国が相互に監視し合うようになってきている。

国際法形成の促進

第5に，国際機構が活動するようになって，国際法の形成が促進されるようになってきた，ということも指摘できる。国際社会のグローバル化が急速に発展したため，不明確さを伴いがちな慣習法規則によっては，現実の問題を適切に処理することが次第に困難になり，国際法の法典化，あるいは，新しい規則の定立をも含む国際法の漸進的発達が，国連をはじめとする国際機構を通して進められてきた。また，環境問題などの新しい問題に対処するための条約も締結されるようになってきた。このような国際法の発展において重要な役割を担ってきたのは，国連の国際法委員会（ILC）である。ILCが起草した条約草案を基礎として，今日までに，海洋法，外交関係法，条約法など多くの条約が締結されている。このように，今日の国際法の発展に，国際機構は大いに貢献している。

21世紀の国際社会と国連の課題

国連は，戦争を違法化し，数多くの国際的人権基準を設定し，新興独立諸国の開発援助を行うなど，20世紀には一定の成果を上げてきた。

21世紀の国際社会は，民族紛争の頻発，9.11同時多発テロに代表されるテロリズムの台頭，HIV/AIDSなどの感染症の蔓延，麻薬や国際組織犯罪の深刻化など，新たな脅威にさらされている。

これらの脅威に対し，1945年に作られた国連が十分に対処していけるか，対処できないとするならば，新たな脅威に対してより効果的な集団行動をとるために，どのような改革を行う必要があるかという課題が生じている。

第2次世界大戦後，51カ国によって設立された国連は，2007年現在192カ国の加盟国をもつ。その中には多数の新興独立諸国が含まれ，加盟国数の量的変化だけではなく，加盟国の質的な変化も見られる。

緒方貞子さん（ハイレベル・パネル委員，元国連難民高等弁務官）

また，平和維持活動（PKO）が示すように，国連の活動の内容にも変化が見られるようになってきた。とくに，安全保障の分野では，国連の集団安全保障システムは，国家間の紛争に対処することを前提として構築されているため，今日頻発しているような一国内の民族紛争やテロリズムを有効に予防し，対処することは困難である。また，一人ひとりの人間の安全（人間の安全保障）を考えた場合，貧困，感染症，麻薬などの問題にも取り組まなければならない。そのためには，国家の安全保障を前提とした国連の安全保障制度の変革が不可欠である。

このような背景から，アナン事務総長は，「グローバルな安全保障への脅威と国際システムの改革に関するハイレベル・パネル」を設置し，国連改革に取り組んでいる。

とくに，安全保障理事会の構成については，日本やドイツのように経済力のある国，また，インド，ブラジル，ナイジェリアなどのように多くの人口を持ち，それぞれの地域を代表するような国を，安全保障理事会の常任理事国にするべきだという考えがある。しかし，実際にどの国が新しく安全保障理事会の常任理事国となるのか，また，これらの国が拒否権をもつのかといった点に関しては議論が分かれており，国連の場で討議が続けられている。

また日本においても，「国連改革に関する有識者懇談会」が，2004 年に，安保理改革，日本人国連職員増強，旧敵国条項削除，分担金制度の四つの問題を中心に国連改革に関する提言を行い，その線に沿っての取り組みが行われるものと予想されている。

今後は，世界の平和と繁栄のために国連を一層強化し，世界に役立つ機構としての国連にしていくことが急務である。そのために日本を初めとする加盟国がどのように国連に協力していくべきかということが，真剣に議論されなければならない。

5 新たな法領域としての国際機構法

国際機構法

国連総会の補助機関である国連開発計画（UNDP）は，開発援助活動を行う国連システム内の中心的な機関である。UNDPは，国連の一機関でありながら，独自の事務局，職員および財源を持ち，国連本部からはある程度独立した人事権，財政権を持っている。また，UNDPは，その業務活動を行う中で，国家や他の国際機構との間に数多くの協定を締結している。しかし，UNDPは国連の一機関であり，一般的に独立の国際法主体とはみなされていない。したがって，UNDPが，その名のもとに，他の国際法主体との間で締結した協定は，国際条約，つまり，国際法とは言えない。他方で，このように国際的な性格をもつ協定が，いずれかの国の国内法であると考えることもできない。この種の協定を締結しているのはUNDPばかりではない。ユニセフ，国連難民高等弁務官事務所（UNHCR）などの国連総会の補助機関も，この種の協定を数多く締結している。これらの協定は，国際法でも，国内法でもないとするならば，いったい，法的にどのような性格のものであると理解されるのだろうか。

国際機構は国際法によって設立された。しかし，国際機構がその目的を遂行するために活動を行っていく際に生じる法的な問題の中には，必ずしも国際法によって十分に説明することができないような問題もある。また，国際機構は，自らも法を定立してその組織や活動を規律しているが，そのような法は，国際機構自身の法であって，他の国際法主体に規律を及ぼす国際法とは異なっている。したがって，そのような国際機構が自ら定立した法，あるいは，国際法によって規律されない問題を規律する法として，国際法とも国内法とも異なる第3の法領域としての国際機構法というものが認識されつつある。

もっとも，国際機構に関する研究は，国際法の中でも比較的新しい分野なので，国際機構法という固有の法領域が存在するか否かについての定説はなく，国際機構法の存在を認めずに，これを国際法領域に含めて考える説もある。

しかし，ここでは，国際法では処理しきれない問題が存在する現実に鑑みて，国際機構法という固有の法領域の存在を前提とし，国際機構法とは，「国際機構の組織と活動を規律する法」と広く定義しておく。その上で，国際機構法を構成する法にはどのようなものがあるのか，そして，国際機構法は国際法とどのような関係にあるのかについて考えてみる。

基本条約

国際機構の基本条約は，通常の条約という側面と，国際機構にとっての基本法という側面の，二重性を持つ。国際機構法は，そのうちの基本法としての基本条約に基礎を置く。国際機構の目的は何か，遂行すべき任務は何か，内部にどのような機関をもつか，それぞれの機関の権限は何か，どのような手続きに従って活動を行っていくのか，といった国際機構の組織と活動の多くが，基本条約に基づいているからである。したがって，国際機構法は基本条約を頂点とし，その下位に以下に述べるような法が位置づけられるような法秩序を形成していると考えられる。

国際機構の内部法

国際機構は，その組織と活動を規律するために，基本条約に基づいて自ら法を定立している。そのように国際機構が定立した法は，内部法と呼ばれる。たとえば，議事手続規則，職員規則，業務規則，内部機関が採択する決議，上位の機関から下位の機関へ通達される行政命令などがこれに当たる。これらの内部法は，その名宛人が加盟国，内部の機関，職員など，さまざまである。

国連では，国連憲章に従い，総会，安全保障理事会，経済社会理事会，信託統治理事会のそれぞれが，自らその議事手続規則を定立している。これらの機関は，その運営に当たって，その議事手続規則に従わなければならないことは言うまでもない。同時に，それらの機関を構成している加盟国も，その会議に参加する場合，議事手続規則に従って発議，発言，表決を行わなければならない。このように，国際機構が定立した諸規則は，構成要素としての加盟国を法的に拘束する。

また，国連は，その活動を行うための基本的な政策を，総会決議として採択する。たとえば，旧ユーゴスラビアの国内避難民に対して国連が人道援助を行う場合，UNHCR をその活動の中心的な役割を担う機関とする決議が採択されている。したがって，国連の機関としての UNHCR，あるいは，その職員は，当然にこの決議に従い，その任務を遂行しなければならない。また，UNDP およびその職員は，2000 年に総会が採択した「ミレニアム宣言」に含まれる国連の開発援助政策に，当然に従わなければならない。一般に，国際機構の決議には法的な拘束力がないといわれるが，このように国際機構の内部機関およびその職員に対しては，法的拘束力をもつのである。

同様のことは，構成要素としての加盟国に対しても当てはまる。たとえば，分担金率を決定する決議のように，国際機構内の政策に関する決議には，その国際機構の構成要素としての加盟国は従わなければならない。もし分担金支払いの義務を履行しなければ，その加盟国は，投票権停止，あるいは除名といった形で，加盟国としての権利を剝奪されてしまう。このことは，国際機構の決議は，それが対内的な問題を扱っているものであれば，国際機構の構成要素としての加盟国を法的に拘束しており，もしその決議に従わなければ，その国に対して対内的な制裁措置が加えられることを示している。つまり，国際機構の決議は，対内的には加盟国に対しても法的拘束力を及ぼすのである。

次に，事務局内の上位の機関の命令に，下位の機関は従わなければならない。たとえば，事務総長が事務局内の各局に通達した指示に国連職員は従わなければならないし，UNDP などの補助機関の本部が現地事務所に通達した指示に，現地の職員は従わなければならない。

これらの規則，決議，行政命令などは，国際機構自らが一方的に定立しているもので，その国際機構に固有の内部法である。国際機構の対内関係においては，これらの内部法は，その国際機構の構成要素である加盟国，内部機関，職員に対して法的拘束力をもつ。

国際機構内の慣習法

次に，国際機構の内部において成立した慣習的規範が，国際機構の内部関係を規律する法として存在している場合がある。たとえば，国連憲章第27条3項では，非手続事項（実質事項）に関する安全保障理事会の決定は，五常任理事国の賛成投票がなければ成立しない規定になっている。ところが，実際には，いずれかの常任理事国が棄権した場合にも決定が成立しており，それが国連内の慣行となっている。事実，イラクによるクウェート侵攻の際，安全保障理事会は多国籍軍の武力行使を容認する決議678を採択したが，その際，中国は棄権した。しかし，この決議の有効性に異議を唱える国はなかった。これは，国連憲章という国際条約の実質的な改正であるが，実際には国連憲章の改正は正式には行われていない。この点に関してはどの加盟国も異議を唱えてはおらず，国連内で確立した慣習法となっていると考えられる。このように，国際機構には，明文で書かれてはいない規則，あるいは，明文の規則を実質的に改正するような規則が，国際機構内の慣習法として存在している場合もある。

国際機構締結条約

国際機構法を，「国際機構の組織と活動を規律する法」と広く定義した場合，その中には国際機構締結条約も含まれる。国際機構締結条約は，基本条約と同様に国際法である。したがって，これについては，従来，国際法の観点から研究がなされてきた。しかし，本部協定や特権免除条約といった国際機構締結条約は，国際機構の活動の基礎を提供する重要な法であることから，国際機構法の中での位置づけもなされるべきであろう。

国際機構法としての国際機構締結条約の特徴として，以下の点があげられる。

第1に，国際機構締結条約は，基本条約と同様に国際法でもある。ただし，基本条約とは異なり，国際機構自身がその国際機構締結条約の当事者となっている。しかし，第2に，国際機構が条約を締結する権能は，その国際機構の基本法である基本条約に基づいている。したがって，国際法の視点から見た場合，基本条約も，国際機構締結条約も，同等の国際条約であるが，国際機構法の中では，基本条約が国際機構締結条約の上位に位置すると考えられる。しかし，この点に関する研究はまだ十分に行われていないので，国際機構法内での国際機構締結条約の位置づけは明確ではない。

その他の協定

さらに，前述のように，国際機構の一機関が，国家や他の国際機構と協定を締結する場合があるが，そのような協定も，国際機構の組織や活動を規定する重要な法であり，国際機構法を構成していると考えられる。たとえば，前述のUNDP，ユニセフ，UNHCRなどの国連総会の補助機関は，国連の一機関でありながら，一定の財政権，人事権を持ち，国連本部からはある程度独立した存在となっている。これらの補助機関は，自立的補助機関と呼ばれ，開発援助，人道援助などの業務活動を行っている。そして，これらの機関がその任務とする業務活動を行うに当たって，その活動を行う領域国や，共同して活動を行う他の国際機構との間に協定を締結するのである。

たとえば，UNDPは，被援助国との間にUNDPの開発援助活動に関する基本協定を締結する。この基本協定では，UNDPが被援助国内において特権免除を享有すること，被援助国がUNDP

に対して情報，その他の役務を提供することなどを規定している。また，UNHCR も難民が発生した場合，難民の庇護国との間に協力協定を締結する。この協力協定に従って，UNHCR は庇護国内に現地事務所を開設し，人道援助を開始することになる。このUNHCR の協力協定においても，UNHCR の特権免除，および庇護国の協力義務などが規定されている。

これらの協定は，各補助機関と領域国あるいは他の国際機構との間に締結されており，その数は非常に多い。たとえば，UNDP では，132 カ国に現地事務所が存在するので，それだけ基本協定が存在するし，UNHCR も，120 カ国に現地事務所が存在するので，それだけ協力協定が存在する。さらに，他の国際機構との協定も存在する。これらの協定は，開発援助活動や，人道援助活動の基礎となり，これに基づいて個々のプロジェクトが実施されているので，補助機関の活動を規律する重要な法であることがわかる。

しかし，UNDP や UNHCR は国連総会の補助機関であって，一般的には，独立の国際法主体とはみなされていない。これらの補助機関は，理論的には，国連に代わってこのような協定を締結していると考えることも可能である。しかし実態としては，これらの協定は，その内容から考えて，国連に代わって，国連の名の下に締結している条約とは考えられない。むしろ，UNDP やUNHCR が自らの業務活動のために，自らの名において締結した協定ととらえるのがより自然である。したがって，これらの協定は，国際法主体間の国際条約，つまり国際法ではないが，国連の補助機関と国家，または，他の国際機構との間の協定ではある。法的性格は明確ではないが，国際機構の組織や活動を規律する協定が存在し，国際機構法の一部を構成していると考えられる。

国内法に基づく契約　国際機構は，企業，NGO，個人などと協力して活動を行う場合があるが，これらの相手と取り交わす契約も，国際機構の活動に関係している。たとえば，UNDP が発展途上国内において開発援助プロジェクトを実施する場合には，途上国内の企業から資材を購入したり，NGO に一定の活動を委託したり，技術指導を行うコンサルタントとして個人を雇ったりする。これらの場合，各企業，NGO，個人との間にそれぞれ契約が交わされるが，それらの契約は，その途上国の国内法に従って締結されることになる。国連の特権免除条約第 1 条で，国連は法人格を有し，契約すること，不動産および動産を取得し処分すること，訴えを提起することが規定されているのは，このように，国連が各加盟国内で，その国の国内法に従って法律行為を行うことを前提にしているからである。したがって，国際機構がいずれかの国の領域内で活動を行う場合には，その国の国内法も国際機構の活動に無関係であるとは言えない。

国際法と国際機構法　以上見てきたように，国際機構法を「国際機構の組織と活動を規律する法」と広く定義した場合，国際機構法を構成する法には，基本条約，国際機構の内部法，国際機構内の慣習法，国際機構締結条約，その他の協定，国内法に基づく契約など，さまざまなものがあると考えられる。では，国際機構法と国際法はどのような関係にあるのだろうか。国際機構法の基礎は，基本法としての基本条約にあり，基本条約は国際法でもある。したがって，国際機構法と国際法が密接に関連していることは事実である。しかし，この二つの法体系は，非常に複雑な関係にあり，この点に関しての定説はまだ確立していない。

国際機構は国際法によって設立され，国際法によって規律され，国際法に重要な影響を与えてきた。そのため，国際機構に関する研究は，おもに国際法学者によって，国際法の観点から行われてきた。しかし，国際機構という存在が比較的新しいものであるため，国際機構法という分野に関しては，その定義も，国際法との関係についても，確立した学説はまだ存在しない。国際機構の組織や活動に関連する法的問題で，国際法では十分に説明されないような問題が生じている事実に鑑み，今後，新たな法領域としての国際機構法の研究が発展することが期待される。

〔秋 月 弘 子〕

第6章 地球的課題と国際法

冷戦が終了し，世界は平和になったという楽観論は今ではすっかり影を潜めてしまった。また，内戦やテロ，貧困や環境破壊といった人類の生存を脅かしかねない問題もより深刻さを増している。このような厳しい世界情勢のもとで，果たして国際法はどのような役割を担っていけるのだろうか。

Key

唯一の超大国／世界の警察官

1 平和と安全保障

イラク情勢の波紋

2003年3月，大量破壊兵器疑惑を理由として，アメリカを中心とする国々がイラクに対する武力行使に踏み切った。その後，イラク国内では，アメリカによる戦闘終結宣言後に，各種の武装勢力の抵抗によりアメリカ軍の犠牲者が増えるという泥沼の状況となった。また，武力介入の是非をめぐる各国間の対立や，国連の責任や立場に対する各国の意見の違いも鮮明になった。現在，国際社会では，「唯一の超大国」としてのアメリカの独走を懸念する声が強まっている。しかし，その反面，「世界の警察官」を自任するアメリカの軍事力に替わる有効な安全保障手段が確立されていないことも事実である。

たしかに冷戦の終了後，20世紀後半に危惧されていたような超

Key

内戦／地域紛争／テロ／戦争と平和の法

大国間の核戦争による人類の滅亡といった危険は遠のいたように見える。しかし，21世紀を迎えた今日でも，世界は決して平和になったとは言えない。世界各地で頻発する内戦や地域紛争，さらに2001年9月11日にアメリカで発生した大規模なテロや，それに続くアメリカを中心とした国々のアフガニスタンやイラクにおける武力行使とその後の混乱は，冷戦後の世界に深刻な問題を投げかけている。とくに平和や安全保障に関する国際法は，その存在意義を根本から問い直されていると言ってもよい。

国際社会における「法」と「力」

アメリカを中心とするイラクへの武力介入は，国際法の抱える最大の問題を再び私たちに問いかけるものであった。つまり，国際社会に政府の役割を果たせるような強力な国際機構が存在していない現在の状況では，国際法の持っている武力行使禁止の効果には限界がある。結局「力には力」で立ち向かう以外に無法な行為を阻止するうえで有効な対応策はないのか。それとも，武力行使を禁止し，国際の平和と安全を保障する国際法は一定の有効性を持つと考えるべきなのか。この国際の平和と安全の問題における「法」と「力」の関係は，国際法が成立した当初から抱えている宿命なのである。

戦争と国際法

国際法の父と呼ばれるグロティウスが，国際法の古典である『戦争と平和の法』(1625年) を書いた直接のきっかけが，17世紀ヨーロッパで展開された30年戦争のあまりの悲惨さにショックを受けたからであるということはよく知られている。また，このグロティウスの主張を受ける形で30年戦争を終わらせるための平和条約として成立したのが，最初の近代的な条約とされている1648年のウェストファリア条約である。

20世紀の国際連盟や国際連合にしても，本来はそれぞれ第1次世界大戦，第2次世界大戦の終了に伴い，全世界を巻き込むような悲惨な戦争が再び繰り返されることを防ぐ目的で設立されたものである。このように，国際の平和と安全の維持は，近代国際法の誕生から現在に至るまで，国際法の最も重要な役割とみなされてきたと言える。

正戦論

グロティウスの試みは，「正しい戦争」とそうではない戦争を区別し，「不正な戦争」を防止し，無秩序の戦乱状態に一定の秩序を導入しようとするものであった。このような考え方を一般に「正戦論」と呼んでいる。「正戦論」とは，正当な理由がない場合には，国家は武力行使を行ってはならないという義務を国際的に課そうとするものであった。しかし，正戦論には「正しい」理由による戦争までは禁止できないという，明白な限界があったのである。実際に，アメリカによるアフガニスタンやイラクに対する武力行使に対しても，これを国際法違反であるとして批判する声がある反面，これを国際法上正当な行為であるとして支持する人たちも少なくない。そして当事国であるアメリカは，自国の行動の正当性を主張しており，国際法は，このアメリカの武力行使を，抑止することはできなかった。これまで，明白な侵略行為を行った国でも，自己の武力行使の正当性を力説するのが普通である。戦争の当事国が自国の行っている戦争をすべて「正しい戦争」と主張している限り，実際に正戦論では戦争を防ぐことはきわめて困難だと言うのが，歴史の教訓と言える。

無差別戦争観

このような正戦論への批判として台頭したのが，「正しい戦争」と「不正な戦争」とを区別せず，すべての戦争を同列に扱おうとする「無差別戦争観」であった。無差別戦争観は，ある国が武力行使に踏み切るかどうかは本質的に政治的な決定であり，何が正しい戦争かを法的に判断することはできないとする。当事国があくまでも武力行使の正当性を主張する場合には，正戦論は武力行使の歯止めとはならないからである。無差別戦争観は，原因が何であれ戦争は絶えることなく繰り返されるという現実の中で，一定の説得力をもつものであった。そして，戦争が存在することを前提として，戦争開始の方法，戦闘手段や方法の制限，戦争に参加していない中立国の権利義務等を定めた独自の分野の国際法（戦時国際法）の発達を促していった。

こうした戦争に関する国際法は，通常の国家間の関係を規律する平時国際法とは区別して，「戦時国際法」あるいは「戦争法」と呼ばれる国際法の一分野を形成することになった。このうち開戦の手順を規定する1907年の「開戦ニ関スル条約」（ハーグ第3条約）のような国際法は，国連憲章のもとで一般的に武力行使自体が禁止されている現在では，その存在意義をほとんど失った。しかし，戦闘手段や方法の制限に関する国際法は，時代の変化に対応して発達し，国際紛争に限らず国内紛争へもその対象領域を拡大しつつあり，国際人道法という新しい分野の国際法の形成へとつながっている。しかし，いかに戦闘の方法を法的に規制しても，戦争の実態が悲惨で非人道的なものであるという事実は否定できず，科学技術の発達とともに戦争の規模が拡大するにつれて，ますます戦争そのものを禁止するための新しい国際法の必要性が広く認識されるようになった。

主権国家システムと安全保障

ウェストファリア体制の成立以降，ヨーロッパ諸国は，国内的には絶対王政を確立し，国際的には領土の確定を進めることにより，近代的な主権国家の枠組みを急速に整えていった。各国の君主は，領土内において最高の権力者として君臨し，他者からの干渉を排除するような力を行使するようになったのである。これは近代的な国家主権の萌芽的な形態であった。この「君主は自国の領土内では自由に振る舞うことができる」という考え方は，やがて主権の尊重および「内政不干渉の原則」として発展し，国連憲章の第2条7項に見られるように，今日における国際法の基本原則の1つとして定着していった。

しかし，主権の尊重と内政不干渉の原則を確立するだけでは，国家間の武力衝突を効果的に防止することは不可能であった。なぜなら，国家間の武力衝突の多くは，国家間の利害の対立が原因で発生するものであり，決してある国から他国への一方的な干渉によって引き起こされるものではないからである。また，どこまでが通常の「外交活動」として許される行為で，どこからが主権の侵害や内政干渉となるのかを明確にする何らかの国際的かつ客観的な基準は存在しないから，内政不干渉の原則を有効に貫くには限界があったのである。

また，平等，対等な主権国家が並立するというシステムのもと

Key
自衛権／自力救済／同盟／集団的自衛権

では，国際社会は，各国家がそれぞれ自国の安全に対して責任をもつという分権的な体制にならざるを得なかった。その結果，他国からの不法な侵略に対し，自力で反撃し，自国の国土や国民，そして独立を防衛するための自衛権は，主権国家システムの成立時から現在に至るまで，国家のもつ最も基本的な権利として認められてきたのである。さらに，国際社会では，伝統的に他国の国際法違反によって被害を受けた国は自力で救済することが認められており，報復や復仇といった基本的に「自分で仕返しをする」方法が長い間肯定されてきた。そして，実際に自力救済を名目とした武力の行使は，国際社会では決して例外的なことではなく，その結果，報復が新しい報復を呼び，武力紛争が拡大していくような事態に陥ることもまれではなかった。また，小国が大国に対して自力で被害の救済を求めることは理論上はともかく，実際には不可能でもあった。

そこで，独力で自国の安全を確保することに不安を感じる国々が集まって共通する脅威に対処しようとしたものが同盟であった。同盟とは，そのいずれかの参加国に攻撃が加えられた場合，それを同盟の参加国すべてに対する攻撃とみなして共同で対処するという，集団的自衛権の発想に基づく自力救済の方法であった。小国であっても有力な国と同盟することにより，大国に対抗することは可能になるはずであった。しかし，現実にはバルカン半島をめぐる対立が，直接の当事国だけにとどまらず，互いの同盟国を次々にひきずりこむようにして拡大し，ついに第1次世界大戦を引き起こしたように，同盟による安全保障は，一度武力紛争が勃発すると，他の同盟国を巻き込んで，大規模な紛争に発展する危険性を同時にもつという不安定なものでもあった。

国際連盟と不戦条約

第1次世界大戦の反省に基づき，普遍的な安全保障を目指して設立されたのが国際連盟であった。国際連盟は，同盟という伝統的な方法に代わり，違法な武力行使を行った国に対し，国際社会が集団で対処することにより国際の平和と安全を維持しようとする，集団的安全保障の概念に基づく画期的な国際機構であった。

また，戦争そのものを国際法で禁止しようとする試みは，1928年に不戦条約という成果を生み出した。不戦条約は，別名ケロッグ＝ブリアン条約と言われる。この条約は，国際的な紛争を戦争によってではなく，平和的手段により解決する義務を締約国に課すものであった。もっとも，不戦条約自体の規定はわずか3カ条からなる簡単な条約であり，具体的な実施に関する規定が欠けていた。さらに，違反に対する制裁が存在せず，戦争に至らない武力行使や自衛権の行使という名目による抜け道を許していたといった欠陥があり，実効性という点で問題を含むものであった。

しかし，この不戦条約と，国際的な慣行として定着していた紛争の平和的解決手段を条約により制度化し，常設仲裁裁判所を設置した1899年および1907年の国際紛争平和的処理条約および武力行使に訴える前に一定の平和的手段をまず試みることを加盟国に義務づけていた国際連盟規約を組み合わせることにより，理論的には戦争を防止することが可能であると当初は考えられていた。ところが，現実には，いずれの規定にも戦争とまでは言えないレベルの武力行使や自衛権の発動という名目の武力行使までは禁止していないという弱点があった。そのうえ，国際連盟にはアメリカ，ソ連という有力国が当初から加盟しなかったこと，全会一致を原則としていたために決定がスムーズに行われなかったこと，

Key
強制措置

とくに制裁の実施に関しては事実上国際連盟の決定が強制力を持たず，各加盟国の自発的な協力に依存していたことなど，国際連盟が世界の平和を維持するための国際機構としては弱体であったことから，第2次世界大戦の勃発を防ぐことはできなかったのである。

国連の成立と武力行使の禁止

この連盟の苦い経験をふまえ，国連憲章では，まず第2条3項において加盟国が紛争を平和的な手段により解決すべき義務を明記し，さらに第2条4項では，武力による威嚇を含む武力の行使を一般的に禁止している。例外としては，第51条に規定されている自衛権の行使と，第7章に規定されている国連自身による軍事的な強制措置の場合のみが認められた。しかし，いずれの場合も最終的には国連の安全保障理事会が決定を下すことになっており，国際的な紛争を解決する手段として，各国が独自に武力に訴えることは，国連憲章の成立により，明確に国際法違反となった。

また国連自体も国際連盟に比べて大きく発展した組織を持ち，大きな権限を行使するようになった。まず，国際連盟とは違い，国連には世界のほとんどすべての国が加盟したのである。さらに，総会や安全保障理事会，事務総長といった国連の機関が紛争の平和的解決を確保するために事態に積極的に介入する機能と権限とをもつようになった。とくに，国連の存在自体が普遍的かつ常設的な交渉の場を提供することにより，紛争の平和的解決のひとつの手段としての機能を実際に果たしていることは特筆に値する。

国連憲章第6章に規定されている具体的な紛争の平和的解決の

手段には，国連安保理の介在を除けば，とくに新しい要素が含まれているわけではないが，国連という国際機構が紛争当事国に対して平和的な解決を要求し，違法な武力行使を抑止するために，十分とは言えないまでも，国際連盟に比べれば格段に強化された集団的安全保障のシステムが設けられたことはきわめて重要な進歩であった。具体的には，国際的な武力行使が発生した場合には，国連憲章第7章にもとづいて，国連安全保障理事会が軍事および非軍事の両分野を含む制裁を決定する権限を持ち，加盟国は安全保障理事会の決定に従う義務を負う旨を規定している。さらに必要があれば加盟国から提供される兵力を用いて国連軍を組織し，国連自らが違法な武力行使を実力で阻止し，また，制裁を実施することが可能な仕組みになっていた。しかし，現実には，国連の設立直後から，東西のイデオロギー対立が激しくなり，安保理での米ソの意見対立のため，非軍事的な制裁として経済制裁が実施されたことは幾度かあるものの，国連軍は朝鮮戦争において変則的に設置された以外は実現しなかった。結局，国連軍による軍事的な強制措置を含む集団的安全保障体制の確立という国連設立当初の目的は，ほとんど達成できなかったのである。

冷戦と平和のための結集決議

冷戦という国際社会のきびしい現実の中で，国連設立当初に期待された，国連軍による軍事制裁を含む強力な安全保障制度を構築することにより，国際的な武力紛争を防止するという役割を国連が十分に果たせず，国連憲章第51条で認められた集団的自衛権にもとづく伝統的な同盟関係と力のバランスに安全保障を依存せざるを得なかった国が多かったことは否定できない。し

Key
平和維持活動（PKO）／平和のための結集決議

かし同時に，世界のほとんどすべての国家が国連に加盟し，そのうえ国連の決定に不満を表明する国があっても，国連から脱退する国はなく，最悪の状況でも国連という常設的な国際交渉のルートが途切れることはなかった。また，国連の平和維持活動（PKO）のように，国連の実行可能な範囲での新しい活動分野を開拓したことも見落としてはならない。

冷戦を背景に，五常任理事国の協力を前提とした当初の国連による集団的安全保障体制が予定通りに機能しないことが明らかになると，中小国を中心に，新しい安全保障の方法が模索されるようになった。その結果考え出されたのが，国連による平和維持活動（PKO）と呼ばれるものである。PKO は，もともと国連憲章に明文の規定が設けられていたわけではなく，俗に「憲章第 6 章半の措置」と呼ばれるように，紛争の平和的解決（憲章第 6 章）と国連の強制行動（同第 7 章）の中間に位置するものとしばしばみなされてきた。

PKO は，安全保障理事会が常任理事国の拒否権行使により事実上麻痺する事態に対し，国連総会が国際の平和と安全を維持するために適当な措置を勧告することができるとする 1950 年の総会による「平和のための結集決議」に基づき，1956 年のスエズ動乱の時に国連総会が国連緊急軍（UNEF）の派遣を勧告したことが最初であった。この時には，PKO が国連憲章上に明文の根拠を持たないことからその正当性を疑問視する意見もあったが，1962 年に国際司法裁判所（ICJ）が「国連のある種の経費」に関する勧告的意見の中で，PKO を国連の正当な活動と認めたことにより，PKO は国連の主要な活動領域の一つとみなされるようになり，国際の平和と安全の維持のための新しい方法として定着した。

PKOの原則と意義　PKOは，武力行使を行った国に対し，それを阻止する目的または制裁を加えるために国連が強制力を行使するものではない。それは，あくまでも直接的な武力行使を回避する目的で，対立する武装勢力の間に平和維持部隊を設置するものであり，① PKOの派遣は紛争当事者の合意にもとづく，② PKOの派遣は自発的な人員の提供による，③ PKO部隊は自衛上必要最小限の武力行使を除き，戦闘行為を行わない，④ PKOは受入国の内政に干渉しない，⑤ PKOは中立性を旨とするなどを原則としている。これらの原則から明らかなように，PKOは，実力で武力行使を阻止したり，国際紛争そのものを解決したりする役割を果たすものではない。その点では，PKOは国連憲章第7章に規定されている国連軍とはまったく別のものであり，また，PKO単独では，集団的安全保障体制を有効に実施するためには力不足である。しかし，その反面，PKOそのものが武力衝突を一時的に凍結するものにすぎない以上，その間に平和的な手段により紛争の解決が進められることが不可欠の前提となっていること，また，PKOに関しては，その決定から実際の兵力の提供にいたるまで比較的中立的な立場にある中小国がイニシアティブをとることが多く，世界の平和と安全の維持に関し，軍事的な大国だけでなく，中小国の果たす役割も決して軽視できないことを明らかにしたことなど，国際的な安全保障体制を構築するうえで大きな貢献をしたことは非常に重要である。

PKOは中立的な立場で，武力紛争を一時凍結する目的で派遣されるのが原則となっているものの，コンゴ動乱の際にハマーショルド事務総長のもとで，国連は一定の政治的立場をとり，紛争にかかわる各勢力の間で必ずしも中立の立場をとらなかった。ま

Key 予防外交／国連カンボジア暫定行政機構（UNTAC）

た，冷戦後の1990年代に入ると，カンボジア，ソマリア，ハイチでのケースのように，武力紛争の解決というよりも，むしろ混乱を収拾し，治安と秩序を回復することによって復興の基盤を整えるような任務を果たす場合も出てきた。さらに，旧ユーゴスラビア地域での紛争では，まだ紛争に直接まきこまれていない旧ユーゴスラビアのマケドニアに，あらかじめPKO部隊を予防的に展開するなど，紛争の発生を未然に防ぐ，いわゆる予防外交の手段としてのPKOの有効性も注目された。このようにPKOが多様化するきざしを見せ，状況に応じて柔軟なPKOの展開が可能になることはもちろん望ましいことである。しかし，同時にソマリアでのPKOが大きな犠牲を出したにもかかわらずあまり効果をあげなかったことや，PKOの急速な拡大が国連の財政をいちじるしく圧迫するようになったことなど，PKOが活発化するにしたがってPKOに関する問題も増えつつある。今後のPKOの派遣にあたっては，費用対効果の面もふくめてより慎重な検討を行うべきだとの主張も国連加盟国の間に広がっている。また，日本からも自衛隊がPKOへ参加するようになったが，武力行使が懸念されるような状況での自衛隊のPKO参加は，憲法第9条との関連などで，国内でも議論を呼んでいる。

ポスト冷戦と国連

冷戦の終結とともに，湾岸戦争，旧ソ連や旧ユーゴスラビアにおける民族対立，ソマリアやルワンダ，イエメンの内戦など，多くの地域レベルでの紛争が発生し，冷戦の終結が決してそのまま世界の平和と安全につながるものではないという冷厳な事実を私たちは直視しなければならなくなった。その反面，カンボジア復興における国連カ

Key
多国籍軍／ガバナンス／人間の安全保障

ンボジア暫定行政機構（UNTAC）の活動のような，単に紛争を解決するだけではない，より積極的な国連による平和構築の試みや，イラクのクウェート侵略に対する1991年の多国籍軍の国連安保理決議にもとづく派遣など，国際の平和と安全に関し，冷戦の間には見られなかった国際的な協力による対応が現実になった。この国連の承認にもとづく「多国籍軍」方式は，PKOと違って武力行使を前提として強制力を持たせることができると同時に，正式に国連軍を設置するよりも手続き的に容易であるとして，ひとつの新しい安全保障の手段として定着する可能性も指摘されている。

しかし，2001年にアメリカで発生したいわゆる同時多発テロは，アルカイダやタリバンといった非国家主体によるテロ攻撃が，アメリカのような大国にも深刻な被害を与え，国際的な平和と安全を脅かしかねないことを示した。そして，そのような国際的なテロに対する，国連をはじめとする有効な国際的な取組みが，ハイジャック防止条約やいわゆる「核ジャック」を防止するための核物質防護条約などの特定の分野を除いて，体系的にはほとんどなされていないという現実を浮き彫りにした。9・11テロ以降も，国際的なテロに対する国連を始めとする国際社会の取組みは決してスムーズとは言えず，結局アメリカ主導のアフガニスタンおよびイラクに対する武力行使という結果を招いた。

このように複雑な主体が入り組んで行動している現代の国際社会においては，世界の平和と安全を確保するために，単に国家だけでなく，さまざまレベルで国際的な協調を進めていくガバナンスの視点や，国家だけでなく，そこに生活している人間一人ひとりの安全を保障するための「人間の安全保障」の概念がより重要になってくるであろう。

Key

全欧安全保障協力機構（OSCE）／アフリカ連合（AU）／大量破壊兵器

地域和平の進展

地域レベルにおいても，冷戦時代には，北大西洋条約機構（NATO）とワルシャワ条約機構（WTO）に代表されるように，イデオロギー的な対立を反映して地域レベルでの同盟関係が盛んに構築され，緊張を高める結果となった。しかし，冷戦後，ワルシャワ条約機構の解散と全欧安全保障協力機構（OSCE）の設立による相互の信頼醸成へと地域安全保障のあり方が大きく転換した。同様の動きは，アジア太平洋地域でも見られ，また，中東和平プロセスやアフリカ連合（AU）の内部に独自の平和維持メカニズムを設けようとする提案などにも反映されている。地域レベルでの紛争を回避，あるいは解決するための機構や制度を整備しようとする動きは，国連等の世界的な機構の役割を補完するうえで，重要なイニシアティブである。しかし，中東地域では，イラクやパレスチナの問題をめぐり再び緊張が高まり，コソボ問題ではNATOが国連安保理との十分な協議無しで一方的な武力行使を行うなど，かえって問題を引き起こすケースもあった。OSCEを除けば，まだこの分野における地域的取組みは，始まったばかりであり，成果を問うのは早すぎる段階であるが，今後の成り行きが注目される。

2 軍縮と軍備管理

イラクの大量破壊兵器疑惑

2003年3月，アメリカとイギリスは，イラクが国連による査察に対して非協力的であり，国連安保理決議に違反して密かに核兵器や生物化学兵器のような大量破壊兵器の開発，生産，所持を進めている可能性が高いとして，明確な証拠が無いまま，多くの国々の慎重論を押し切るような形で武力行使へと踏み切った。イラク占領後，米英を中心とする国々はイラク全土で大量破壊兵器に関する調査を行ったが，イラクが安保理決議に違反して秘密裏に大量破壊兵器を保有していたという証拠を発見できないまま，現在に至っている。果たして，大量破壊兵器というものは，その開発，生産，保有の疑いだけで武力行使の理由となるほどの重大問題なのだろうか。

軍備の制限

戦争を防止するために，あるいは戦争が発生した場合でもその被害の程度をできるかぎり軽減するために，戦争の手段である軍備を縮小，制限する，いわゆる軍縮を行うべきであるとの主張は古くから見られる。たとえばドイツの哲学者カントは1795年に発表した『永久平和のために』の中で，常備軍の存在そのものが他国に対しては脅威であり，際限のない軍備拡張と軍事費の増大を促す原因となり，結局は戦争を導くものであるとして，常備軍の廃止が国際の平和を確保するためには必要であると訴えた。しかし，同時にカントと言えども国民が自発的に外国からの侵略に備えて準備をし，実際に侵略があった場合に自衛行動をとることまでは否定していなかった。実はこれが軍縮を考えるにあたっては最も基本的でまた最も難しいポイントである。

兵器，とくに近代兵器は非常に高価であり，軍拡競争が各国の経済にとって大きな負担となることは明きらかである。各国とも可能であれば軍事支出の増大による国家財政の圧迫は避けたいと考えるのは当然である。しかし，自分の国を防衛するために必要な軍備を保有することも，各国にとっては当然のことである。

抑止戦略

どの国にとっても自国の防衛に必要な軍備のレベルを決定するのは容易なことではない。自衛を名目としても過大な軍備をもつことは国家の財政を圧迫するだけでなく，結果として他国に対して脅威を与え，軍拡競争を引き起こす結果になる。ところが，現在国際社会では，他国からの侵略があった場合，侵略者に大きな打撃を与え，これを撃退するのに十分な軍備をあらかじめ整えることにより侵略行為を未然に防止するという，いわゆる抑止戦略を防衛の基本方針として採用している国がほとんどである。

抑止戦略とは「手を出したらただでは済ませない」という構えをあらかじめ見せつけることにより，相手に武力行使を思いとどまらせようとする考え方のことである。したがって抑止戦略が有効であるためには，潜在的な侵略者が攻撃に使用できる軍事力と同等またはそれ以上の防衛用の軍事力が保有されていることが前提となるが，そのような軍事力を保有すること自体が潜在的な侵略を抑止するだけでなく，他国から軍事的な脅威とみなされる場合が少なくないのである。

現実に，自国の防衛を目的として設置されている日本の自衛隊を，軍事的な脅威であると感じている近隣の国々が存在していることは否定できない。そして，その理由の１つは，日本を取り巻くアジア諸国の多くがまだ開発途上国であり，高価な最新兵器を揃えることが経済的に困難な状況におかれているからなのである。つまり日本の近隣のアジア諸国の多くは，日本の自衛隊と同程度の装備を整えることができないために，結果として日本を軍事的な脅威であるとみなしている側面がある。

軍縮と軍備管理，不拡散

このような状況の中で，軍事的に不利な立場に置かれ，他国から軍事的に脅かされていると感じている国々は，自国の防衛のために，他国に対抗してより一層の軍備の拡大を行うか，あるいは軍事的な脅威を及ぼしている国々に対し軍備を制限するように求める。しかし，ある国が軍備の拡充により国際的な脅威に対応しようとした場合，それが再び他国を刺激し，軍拡競争へとつながっていく危険性が常に伴う。したがって，もし可能ならば，他国の軍備を自国にとって脅威とはならないレベルに限定することは，望ましい解決策だと判断されるであろう。このような考え方にもとづいて，各国が相互に深刻な脅威を他国に与えないように軍事力を一定のレベルに規制しようとするものが軍備管理である。しかし，軍縮とは異なり，軍備管理において最も重視されることは，いかに各国の間で軍事力のバランスをとるかということであり，軍備の絶対的な量を減らすことは必らずしも要求されるわけではない。一般に「軍縮」という名前で呼ばれている条約や交渉や会議であっても，その実態は軍備管理である場合が多い。まだ現実の国際社会では，カントが夢見たような永遠の平和のために軍備の全廃へ向けて本当の意味の軍縮交渉を進めるような環境が整っているとは言えないのである。また，軍縮・軍備管理において，主に特定の武器，あるいは兵器や軍事関連技術が，それらを保有していない国々に流出，拡散しないように規制することは，不拡散という名称で呼ぶのが一般的である。

国際連盟規約では加盟国に対し軍縮を促進する義務を定めてい

るのに対し，国連憲章では軍縮よりむしろ軍備管理と武力の不行使を重視しており，興味深い対比を見せている。しかし，国際連盟においても実際の軍縮交渉はあまり進展せず，具体的な成果をあげることはできなかった。

国際連盟の時代に国際連盟の枠外で行われた軍縮交渉としては，1922 年のワシントン海軍軍縮条約，1930 年のロンドン海軍軍縮条約の 2 つの海軍軍縮条約の締結が重要である。この 2 つの条約は，当時世界で最も強力な海軍を保有していた日本，アメリカ，イギリスの 3 カ国がすべて自発的に合意したこと，当時の主力兵器であった戦艦や巡洋艦を制限し，それを越える軍艦を廃棄したこと等の点で画期的なものではあったが，実態は日本，アメリカ，イギリスの当時の海軍力をそのまま固定する内容のものであり，廃棄された軍艦はほとんどが旧式艦か建造途中のものであって，軍拡競争に対する歯止めとはなっても，軍備を本当に縮小するほどのものではなかったという点でむしろ軍備管理的な性格のものであった。また，戦艦の保有をアメリカ，イギリスと比べて 60% に制限された日本では国内に大きな不満が残り，やがてアメリカ，イギリスとの対立が激化する一因ともなったうえ，現実の第 2 次世界大戦では航空機の発達の前に戦艦の存在自体が時代遅れとなる皮肉な結末となった。

ワシントン，ロンドンの両軍縮条約の経験は，多国間での軍備管理交渉で各国の軍事力のバランスを確保することがいかにデリケートな問題であるか，また，合意が成立しても，その結果が実際の国際情勢の変化，あるいは武力衝突の場合にどのような結果をもたらすかを予測するのがいかに困難であるかを示すものである。

大量破壊兵器の出現

広島と長崎に投下された原子爆弾によってもたらされた想像を絶する被害の規模は，人類によって開発された兵器が人類の存在そのものを脅かすレベルにまで到達したことを示すものであった。実際に原爆が使用された場合，それがどれほど恐ろしい結果をもたらすかを目の当たりにし，国連総会は1946年には国連総会の決議第1号として原子力の平和利用と国際管理に関する決議を採択し，国連原子力委員会を設置し，原子力の平和利用の他に，核兵器およびその他の大量破壊兵器の各国の軍備からの廃棄に関しても協議を進めることを決定した。第2次世界大戦の終了を背景に，核兵器，化学兵器（毒ガス），生物兵器（細菌兵器）の大量破壊兵器の威力が一般的に知られるようになり，軍縮の機運が高まっていた時期であっただけに，具体的な成果が期待されたが，米ソが原子力の国際管理の基本方針をめぐって激しく対立し，国連原子力委員会は結局合意に達することができなかった。その後冷戦の激化に伴って米ソの間では国際的に規制を受けないまま，激しい軍拡競争が展開され，米ソ両国の保有する核兵器は質量ともに格段の発展を遂げ，イギリス，フランス，中国も核兵器保有国となった。その結果世界中に，人類を数十回にわたって全滅させるのに十分と言われるほどの破壊力をもつ，数万発の核兵器があふれるという状況が出現してしまったのである。

冷戦と大量破壊兵器

皮肉なことに，この過剰な核兵器の存在により，その一部分が実際に使用されただけで人類が破滅することは確実とされ，自滅を覚悟しないかぎり相互に核兵器による攻撃は不可能という，極端な抑止状態が成

Key

大陸間弾道ミサイル（ICBM）／対弾道ミサイル制限条約（ABM条約）／部分的核実験禁止条約／戦略兵器制限交渉

長崎原爆のキノコ雲（1945年）

立し，とくに米ソ間では「核の手詰まり」あるいは「恐怖の均衡」と呼ばれる軍事バランスが維持されることになった。米ソ間の軍拡競争はソ連の崩壊と冷戦の終結まで続けられたが，その過程で米ソ両国とも，核兵器を中心として構築された世界の微妙な軍事バランスが崩れることによって世界情勢が不安定になることを警戒し，軍拡競争に一定の規制を導入することを試みた。その中には大陸間弾道ミサイル（ICBM）を迎撃するミサイルを制限する「対弾道ミサイル制限条約」（ABM条約）のように，①特定の兵器を制限するもの，②特定の地域に大量破壊兵器を配備しないことを規定する南極条約，宇宙条約，海底核禁条約，また，③核実験を制限する部分的核実験禁止条約などが含まれている。さらに，米ソの間で互いに保有する長距離核ミサイルや戦略爆撃機等戦略核兵器を一定のレベルに制限する2回にわたる戦略兵器制限交渉（SALT I, II）も合意されたが，これらはいずれも実質的には現状維持を主な目的とする軍備管理的な色彩の強い条約であり，本格的な核軍縮条約と言えるものではなかった。

核兵器以外の大量破壊兵器，つまり生物兵器や化学兵器に関しては，すでに1925年のジュネーブ議定書により使用が禁止されていたが，さらに1975年発効の生物毒素兵器禁止条約（BTWC）により補強された。しかし，いずれも条約の実施に関する組織や制裁規定などの具体的なメカニズムを欠いていたために，実効性に疑問があり，現実に生物化学兵器の開発，生産，保有を効果的に規制することは困難であった。

冷戦の終了と軍縮

実質的な核軍縮と呼べるような条約が成立するのは，やはり冷戦が終結する1980年代の後半以降である。まず1987年に米ソの間で中距離および短射程の核ミサイルを全廃する「INF全廃条約」が成立した。INF全廃条約は，特定のカテゴリーの核兵器を廃止するという思い切った内容をもつだけではなく，相互に相手国による関連施設への監視員の派遣や抜き打ち査察の実施といった条約の履行を確認するための検証を認めている点でも，重要な意味をもつものであった。

その後アメリカと旧ソ連諸国との間で，アメリカとロシアの保有する核兵器を以前の半分以下に削減しようとする戦略兵器削減交渉（START）が現在までに2回にわたって実施され，米ロの保有する核兵器が大幅に削減されることが確実になった。

また，核実験を全面的に禁止する包括的核実験禁止条約（CTBT）交渉も，1996年の国連総会で採択され，国際司法裁判所（ICJ）も1996年に核軍縮交渉の推進が国際法上の義務であることを認める勧告的意見を出した。しかし，CTBTに対するインドの反発や，米上院の批准拒否による発効の遅れ，ミサイル防衛構想を推進するためにアメリカが行ったABM条約の廃棄，核兵器

Key 戦略兵器削減交渉（START）／包括的核実験禁止条約（CTBT）

Key 化学兵器禁止条約（CWC）／核兵器不拡散条約（NPT）

の材料の生産を禁止する兵器級核分裂物質生産停止条約（カットオフ条約）交渉の停滞などの問題は，未解決のままである。

核兵器以外の大量破壊兵器に関しては，まず化学兵器が，1993年の化学兵器禁止条約（CWC）により，使用だけでなく生産および貯蔵も禁止されることになった。とくにCWCでは違法な化学兵器の生産や貯蔵を防止するための検証を担当する化学兵器禁止機関（OPCW）という国際機構がオランダのハーグに設置され，締約国に条約違反の疑いがある場合には，OPCWの査察官が必要な場所に対象国の個別の同意なしに立ち入り検査を行う権限を有することが規定されているなど，斬新な内容を持っている。すでに，CWCの規定に基づいて，旧日本軍の中国における遺棄化学兵器の処理について，日中間での具体的な作業も進行している。また，化学兵器禁止条約にならい，生物毒素兵器禁止条約にも常設の検証機関を設置するための交渉も現在進められている。

核不拡散

核兵器の不拡散に関しては，1968年にアメリカ，イギリス，フランス，ソ連，中国以外の国に核兵器を含む核爆発装置の製造，所有，使用を禁止する核兵器不拡散条約（NPT）が締結され，国際的な規制が成立した。さらに1995年の再検討延長会議において，NPTの効力を無期限に延長することが合意された。NPTに対しては，①5カ国のみに核兵器の保有を認める差別的な条約である，②NPTに加盟していないインドや加盟前の南アフリカの核開発を制止できなかった，③イラクや朝鮮民主主義人民共和国の核開発疑惑を通して明らかになったように検証制度の信頼性に疑問がある，などの批判がなされている。しかし，NPTは5核兵器国に核軍縮を求めるとともに，それ以外の国に対しては核兵器を全面的に禁止するものであり，現時点では最も有効な国際的な核不拡散体制の基盤となっている。

また，イラクや朝鮮民主主義人民共和国の核開発疑惑のような問題の再発を防止するための国際原子力機関（IAEA）による原子力関連施設への査察機能の強化が提唱されており，すでに日本を含むいくつかの国は原子力関連施設への査察に関し，IAEA に，より大きな権限を認める追加協定を締結している。

また，NPT は，アメリカ，ロシア，イギリス，フランス，中国の 5 核兵器国に合法的な核兵器の保有を認めているとの批判もあるが，その内容は決して 5 核兵器国による核兵器の保有を正当化するものではなく，むしろ核兵器は国際法により厳しく規制されなければならないことを規定することにより，その国際法上の正当性に一定の疑問を投げかけるものである。再検討延長会議においては，条約の無期限延長と同時に「核軍縮・不拡散のための原則と目標」も同時に採択されており，これは今後の核軍縮や不拡散の方向性を示すものとしてその意義が注目されている。

Key 国際原子力機関（IAEA）／ラテンアメリカ核兵器禁止条約／南太平洋非核地帯条約

不拡散の課題

世界的な不拡散体制を補完するものとして，1994 年に解散したかつての対共産圏輸出統制委員会（ココム）や現在のミサイル関連技術輸出規制（MTCR）のように軍事利用可能な機材や技術の輸出に特定の国が一定の制限を実施するものや，ラテンアメリカ核兵器禁止条約（トラテロルコ条約）や南太平洋非核地帯条約（ラロトンガ条約）のように一定の地域内で特定の兵器を禁止するものがある。これらの限定的な不拡散の制度も非常に有効に機能する場合があることは否定できないが，参加国が限定されているために運営が偏りがちなことや，参加国と，一方的な規制の実施により何らかの不利益を被る非参加国との間で，摩擦が生じることもあり，あくまでも補助的なものとみなすべきであろう。

兵器や軍事技術の不拡散の問題を検討するにあたっては，同時に平和目的の科学技術の開発や移転が阻害されないように，十分な考慮が払われることが重要である。国際的な不拡散体制が多くの国の支持を得ていくためには，とくに開発途上国に対する平和目的の技術移転の促進が不可欠である。

国連武器移転登録制度と通常兵器の規制

大量破壊兵器に関する議論の陰に隠れるような形で，通常兵器の軍縮は現在まであまり注目されてこなかった。しかし，世界各地の地域紛争や内戦で実際に用いられ，大きな犠牲を出しているのは通常兵器であり，通常兵器に関しても何らかの国際的な規制が成立することが望ましいことは言うまでもない。そこで，世界規模での通常兵器の拡散問題に対処するための第一歩として，1992 年の国連総会において，日本が中心となって推進してきた国連武器移転登録制度を設置することが決議された。国連武器移転登録制度は，各国に主要な武器の輸出と輸入を毎年国連に自主的に報告することを具体的な内容とする。初年度の 1993 年には 78 カ国が報告を提出し，登録の対象となっている世界全体の武器貿易の 90% 以上は登録されたものと推定されている。

国連武器移転登録制度そのものは兵器の輸出入を報告するだけのものであり，通常兵器の拡散を直接規制するものではない。また，①報告の対象となっているのは主要な通常兵器の輸出入の総量のみであり，すでに保有している兵器や国内で生産された兵器は含まれていないこと，②兵器の詳細な内訳は報告の対象になっていないこと，③小銃，機関銃，手榴弾など最も使用頻度の高い小型武器が除外されていること，④報告は義務的ではなく，あくまでも各国の自主性に任されていることなどの欠点を指摘する声も強い。しかし，従来ほとんどかえりみられることのなかった通常兵器の問題に対する最初の世界規模での取組みとしては評価すべきであろう。

また，とくに内戦においての広範な使用が一般市民にも大きな被害を及ぼしているとして問題になっている対人地雷などの非人道的な兵器の規制に関しては，1999年に発効した対人地雷禁止条約や，特定通常兵器使用禁止制限条約の追加議定書などにより，一層厳しい規制を設けようとする動きも見られる。

今後の課題

現在，常設の多国間軍縮交渉の場としてジュネーブ軍縮会議が設けられている。また，通常の国連総会，国連軍縮特別総会，国連軍縮委員会などの機会にも，軍縮と軍備管理に関する多国間協議が行われている。しかし，冷戦終了直後の楽観論とは裏腹に，とくに2001年9月11日のテロ攻撃以降，アメリカが主に軍備のハイテク化を進めることにより，軍縮よりも「質の面での軍拡」による安全保障を重視する政策に転換し，国際的な軍縮に消極的な姿勢を見せているなど問題も多く，ここ数年国際的な軍縮の進展は停滞気味である。

3 人権と人道

カンボジアの惨劇

カンボジアを1975年から1979年にわたって支配したポル・ポト政権が倒れ，鎖国的な政策が解かれると，ポル・ポト政権下で二百万とも三百万とも言われる国民が虐殺されていたことが明らかとなり，世界に衝撃を与えた。このような大規模な虐殺が「国内問題」として国際的に見過ごされてしまったこと，虐殺の責任者の処罰に関し，国際的な法廷の設置をめぐって，復興をすみやかに進めるために国内の和解と安定を重視し，寛大な方針を望むカンボジアを含むいくつかのアジア諸国と，厳格な処罰を求める先進工業諸国との意見の対立が発生したことなど，この問題は国際社会にも大きな課題を残している。

人権と人道

国際法において，人権と人道の問題は相互に比較的近い分野の問題として扱われている。たとえば，ポル・ポト政権による国民の虐殺は，政府による組織的な人権侵害の典型的な例と言うことができるが，同時にポル・ポト政権の迫害を逃れて国外に脱出した難民の問題や，いかにして虐殺行為を止めるかという問題は，人道に関する問題だと考えられている。人権も人道も人間の生存および基本的な尊厳を保障するための概念だが，一般的に，それらが社会的，意図的に，そして多くの場合公的かつ組織的あるいは制度的に脅かされる場合を人権問題としてとらえ，自然災害や戦乱を含め，理由を問わずに大規模かつ直接的に生命，身体に危害が及ぶようなケースを人道問題と呼んでいる。いずれも国際法の主要な分野の一つとして定着したのは第2次世界大戦後のことである。

Key

政治的・市民的権利／社会的・経済的権利

第1世代の人権

近代的な意味での「人権」の概念が成立するのはヨーロッパにおける市民革命の時代だと一般的には考えられている。具体的には1215年にイギリスで貴族が国王に対して一定の権利を尊重するように求めたマグナ・カルタ（大憲章）に始まり，1628年の権利請願，1689年の権利章典と継承，拡大され，フランス革命の下で1789年に公表されたフランス人権宣言によって，基本的には完成したと考えられている。ただし，この時点で考えられていた「人権」とは，今日とは違い，君主もしくは国家が侵害してはならない，個人，とくに貴族や上流階級の人々の一定の権利を定めたもので，具体的な内容としては今日言うところの政治的・市民的権利の基盤となるものであり，自由と平等の概念がその中心となっていた。この時代には人権とはもっぱら君主や国家の横暴から個人，とくに勃興しつつあった市民階級を守るために必要な概念とされていたのである。この第1世代の人権と呼ばれる初期の人権概念には，自由権，平等権を中心として，思想，信条，信仰，言論，結社の自由および参政権などが含まれていた。

第2世代の人権

これに対し，今日，社会的・経済的権利と呼ばれている，国家が国民に対して一定の生活を保障するという考え方が法的な権利として明確に認められるのは，第1次世界大戦後，ドイツのワイマール憲法によってである。もちろんそれまでにも社会的な弱者に対する福祉政策が存在していなかったというわけではない。しかし当時はまだ社会保障は人間の基本的な権利とは考えられておらず，慈善事業の延長線上にあるものであった。今日では，この第2世代の人権と呼ばれる権利には，労働の権利，健康で文化的な最低限の生活を営む権利，教育を受ける権利などが含まれると考えられている。

初期の国際的な人権保障

市民的・政治的な権利も，社会的・経済的な権利も，いずれも当初は各国の事情に応じて国内的に発展してきたものであり，その発展の程度もヨーロッパ諸国の間ですら異なっており，すぐに国際的に共有できるような人権の概念が成立したわけではなかった。例外的に国際的に扱われていた人権は，奴隷売買の禁止と外国人の保護に限られていた。その外国人の保護に関しても，日本が明治時代に西欧列強と結んだ不平等条約の中では，日本で罪を犯した締約国の国民を日本の裁判所ではなく，犯罪者の所属する国の領事による裁判を受けさせる（領事裁判制度）ことが定められていたように，各国が自国の領域外にあっても国民との関係をできるだけそのまま持ち込もうとしたために結果的に外国人の特別な地位に関する条約が発達しただけであり，人権の国際化により外国人の保護に関する国際法が発達したわけではなかった。とくにヨーロッパの「文明諸国」が非ヨーロッパ，非キリスト教の国々に対してヨーロッパの水準を基準として自国民の権利を尊重するように求める傾向が強く，この発想は外国人に関しては，いかなる国においても国際的に認められている最低限のレベルの人権が保障されなければならないとする今日の国際標準主義の考え方に引き継がれている。

Key
国際労働機関／国連人権委員会／人民の自決権

国際連盟規約と国連憲章

国際連盟の成立時においても，まだ人権は国際法の主要な分野の1つとして認められるには至らなかった。国際連盟規約には人権の保障を直接規定する条項はまだ含まれていなかった。国際連盟時代の唯一の重要な例外は，国際労働機関（ILO）が設立されたことである。

ILOの設立に関しては国際連盟規約の中に，締約国は自国および通商関係をもつ国において，「公平にして人道的なる労働条件を確保する」よう努力し，その実現に必要な国際機関を設立するよう定められており，これに基づいてILOが設立され，今日まで存続しているのである。ILOの活動範囲が労働の分野に限られているとは言え，人権を国際的に審議する初めての国際機構が設立されたことは，人権の国際化の過程の中で画期的なことであった。

第2次世界大戦の終了後，国連が成立するにあたって，戦争中極端な人権侵害が行われたことを反省して，経済社会理事会およびその下部機関として国連人権委員会を設置し，人民の自決権，経済的・社会的な発展，差別の解消などを含む人権および基本的自由の尊重および遵守に関する問題が国連の活動の対象となることが国連憲章に明記された。ここにおいて基本的人権の問題が国内問題ではなく，国際的な関心事項であることがようやく明確になったのである。さらに，2006年には，国連総会の下部機関として人権理事会が設置され，今後の国連による人権への取り組みの中心的な役割を担ってゆくことが期待されている。

世界人権宣言と国際人権規約

1948年12月10日の国連総会において「世界人権宣言」が採択され，具体的な人権の内容に関して，国際的な基準が成立した。もとより「世界人権宣言」は国連総会決議であり，直接の法的拘束力はないが，採択の際に当初は棄権した東ヨーロッパ諸国や一部のイスラム諸国を含めて，その後各国が様々な機会に「世界人権宣言」の内容を尊重し，これを遵守する意向を繰り返し確認するに及んで，現在では「世界人権宣言」は慣習法として定着したとみなされている。「世界人権宣言」は自由平等を原則とし，法の前の平等，法の支配，財産権，思想・良心・宗教・表現・集会・結社の自由，参政権，社会権，労働権，教育を受ける権利などを網羅しており，近代ヨーロッパで発達した基本的人権の概念の集大成と呼ぶことができる。

「世界人権宣言」の採択により，人権の保障が国際的な問題であることが国際社会での共通理解として確立した。そして次のステップとして，それを実現するための制度の国際的整備が検討されるようになった。労働に関してはすでにILOが存在していたが，それを除くと，「世界人権宣言」が成立した当時にはまだ具体的な人権保障に関する国際的な枠組みは存在していなかった。やがて，「世界人権宣言」の精神を具体的に実現するための条約として1966年に国際人権規約が調印され，国際的な人権保障の体制の整備が急速に進展することになった。

国際人権規約は「経済的，社会的及び文化的権利に関する国際規約」（A規約）と「市民的及び政治的権利に関する国際規約」（B規約）の2つからなり，具体的な内容としては「世界人権宣言」の内容を継承し，より詳細な規定を設けた。中でも注目されるのは，

Key

規約人権委員会／国家報告制度／国家通報制度／個人通報制度

A 規約，B 規約ともに第 1 条として，人民の自決権を規定したことである。当時次々と植民地からの独立を達成しつつあった新興諸国の見解がより強く反映されたものとなっている。この人民の自決権という発想は，それまでの伝統的な人権概念があくまでも個人を対象としていたのに対し，人間が集団として行使する権利という側面が強く，新しい世代の人権のさきがけとなった。

人権保障の実際の仕組みとしては，まず B 規約に関しては，18 人の個人的資格の委員よって構成された規約人権委員会を設置し，各締約国からの人権状況に関する報告書の検討を行う（国家報告制度）ほか，あらかじめ受諾宣言を行った国については，他の締約国から人権侵害に関する通報があった場合には検討を行い（国家通報制度），また，第一選択議定書を批准した締約国に関しては，人権侵害の被害を受けた個人が直接規約人権委員会に通報すること（個人通報制度）を認めている。これは被害者個人が人権侵害の事実を訴えることにより，訴えられた締約国の人権に関する状況が国際的に検討されるという画期的な体制が整ったことを意味する。この制度のもとでは，人権侵害国に対して強制的な措置を決定する権限までは規約人権委員会に与えていない。しかし，国際的な委員会が，場合によっては個人の訴えに基づいて，各国の国内の人権状況を審査することを認められたことは重要であり，また，実際に規約人権委員会の活動により，具体的な人権保障の改善が実施された例も少なくない。A 規約に関しては，当初は国連の経済社会理事会で直接締約国からの報告書を検討するだけであったが，1985 年に A 規約に関しても個人的資格の委員から成る人権委員会が設置され，締約国から提出された報告書を検討するようになった。A 規約には個人または締約国による違反の通報

Key
人種差別撤廃条約／集団殺害防止条約／難民条約／女性差別撤廃条約／拷問等禁止条約／子どもの権利条約

を受理または処理する制度は設けられていないが，B規約にならって通報制度を整備すべく，準備が進められている。

その他の人権条約

国際人権規約以外にも，より具体的で特定の分野を対象とする条約として，あらゆる種類の人種差別を禁止する1965年の人種差別撤廃条約，かつてナチスがユダヤ人に対して行ったような，特定の国民，人種，民族，宗教に対する虐殺等の迫害を禁止する1948年の集団殺害防止条約（ジェノサイド条約），難民に対する最低限の権利を保証する1951年の難民条約，女性に対するあらゆる形態の差別を禁止する1979年の女性差別撤廃条約，拷問を一般的に禁止する1984年の拷問等禁止条約，未成年の子どもと言えども基本的人権は尊重されるべき旨を規定した1989年の子どもの権利条約などが国連における交渉を通して成立している。とくに人種差別撤廃条約，女性差別撤廃条約，拷問等禁止条約，子どもの権利条約などは条約の実施を検討するためにそれぞれ専門家によって構成された委員会を設置しており，人権の保障に必要な国際的な体制の整備は確実な歩みを見せている。

日本においても難民条約をきっかけとして「出入国管理及び難民認定法」が，また，女性差別撤廃条約をきっかけとして「男女雇用機会均等法」が整備された。さらに難民認定の手続きに関する見直しや，人種差別撤廃条約の国内裁判への直接適用など，このような一連の人権に関する条約の成立が日本国内における人権の保障体制に与える影響も小さくない。

また，国連人権委員会も，設立時には個人からの申し立てにより，個別具体的な人権侵害に関して検討する権限を持っていなかったが，後に手続き規則が改定され，一定の条件を満たした申し立てについては，一般に1503手続きと呼ばれるプロセスにより，具体的な人権侵害に関する検討を非公開で，また1235手続きのもとでは公開で行うことが認められるようになった。

さらに地域的な人権の保障に関しては，ヨーロッパでは欧州人権条約を土台として多くの議定書や条約が整備され，その実施についても，ヨーロッパ人権委員会やヨーロッパ人権裁判所といった制度が機能している。ヨーロッパ人権条約に続くものとして米州人権条約が成立し，やはり委員会と裁判所が設置されているが，ヨーロッパに比べて制度的な面での整備が遅れているのが実状である。また，アフリカにおいても「人および人民の権利に関するアフリカ憲章」（バンジュール憲章）が成立し，やはり委員会が設置され，アフリカにおける人権の保障に関し国際的な取組みを行っている。

世界人権会議

1993年ウィーンで開催された世界人権会議は，活発な議論の末「ウィーン宣言および行動計画」をコンセンサスで採択した。この会議は現在の世界の人権を取り巻く状況を忠実に反映するものとして重要である。世界人権会議の具体的な成果としては，世界人権宣言や国際人権規約を通して形成されてきた基本的人権の概念が国際社会において普遍性をもつものであり，国際的な関心事項であることが確認されたこと，国連人権高等弁務官の創設に合意したこと，および発展の権利をふくむ第3世代の人権と呼ばれている新しい人権の概念の重要性が確認されたことを挙げることができる。

もちろん世界人権会議での議論は，始めからスムーズに進んだ

Key
欧州人権条約／米州人権条約／バンジュール憲章／世界人権会議／国連人権高等弁務官／第3世代の人権

わけではない。一部の開発途上諸国は，アメリカや西ヨーロッパ諸国が頻繁に人権問題で開発途上国を批判することに対し，かれらが主張する「人権」とは，西洋の価値観の押しつけであり，開発途上国の実態と政策を考慮することなく，一方的にいわゆる「人権保護」を要求するのは内政干渉であるとして強く反発する姿勢を以前から見せており，世界人権会議でも同じ様な見解を繰り返し，西側諸国と激しく対立したからである。しかし，世界中の全ての国に一律に一定の人権の保障を求めるようなアプローチには強硬に反対した一部の開発途上国も，基本的人権の尊重という考え方そのものを否定しようとしたわけではなく，基本的人権を理由として自国の政策に国際的な圧力が加えられるような事態を懸念していたのであり，むしろ本当の対立点は人権の保障をどのように実現してゆくかというアプローチの違いにあったと言える。

第３世代の人権

ウィーン会議において，民族の自決権や発展の権利，平和的生存権，環境や資源に対する権利といった新しい権利の概念を主張したのはむしろ開発途上諸国に多かったことも見落としてはならない。西欧で発達してきた第１世代，第２世代の人権と呼ばれる従来の人権の枠組みに新しい視点を導入することにより，とくに「開発」を促進する基盤に人権を据えようという試みが開発途上諸国の主導で行われたことは，注目すべきことであった。その具体的な主張の内容が，果たして新しい「第３世代の人権」と呼ぶにふさわしい理論的裏づけを持つかどうかは今後の課題であるが，人権概念が西側諸国の独占物ではないことを示したという点でこれらの主張は重要なものであった。しかし，実際には，植民地の独立がほぼ終了した現在において，植民地の独立を促進するために用いられた人民の自決権の主張が，今度は民族の自決権として主張され，旧ソ連や旧ユーゴスラビア地域での民族紛争や中東におけるクルド人問題が深刻化するようなケースも発生している。これは変動する国際社会の現実と新しい人権の概念の間には，まだまだ強い緊張関係が存在していることを示すものである。

今後は，新しく設けられた国連人権高等弁務官と国連人権理事会がどのような役割を果たしていくことになるのかという問題を含め，既存の人権に関する国際法と国際的な人権の保障制度の発展とともに，現在現われつつある新しい人権の概念に関しても，注意深く見守る必要がある。

戦時国際法から国際人道法へ

交戦中守らなくてはならない一定のルールを定めた，戦時国際法は，国際法の中でも比較的古くから確立されてきた分野であった。すでに1868年のサンクト・ペテルブルク宣言においては，敵の戦闘能力を奪い，軍事力を弱めることが戦争の唯一正当な目的であり，したがって敵に不必要な苦痛を与えたり，戦闘能力を奪うだけでなく確実に死亡させるような兵器を使用することは，戦争の目的を越える非人道的な行為として，禁止されなければならないことが規定されている。このサンクト・ペテルブルク宣言の基本精神は，現在の国際法においても重要な原則の１つとして引き継がれている。

今日，国連憲章により，武力による紛争の解決は禁止されており，したがって，交戦時における戦闘行為を国際法により規制する必要は理論的にはないとも言える。しかし現実には，国際的な武力紛争がなくなったわけではなく，また，国連による強制行動のように従来の国家間での戦争とは異なるタイプの武力行使の可能性もあり，交戦時における戦闘員の行動に一定の法的な制限を設けたり，非戦闘員を保護したりすることの重要性は，少しも減じていないと言うのが実状である。

また，国際的な紛争ではなくとも，カンボジア，ルワンダ，旧ユーゴスラビアのような国内紛争において，国際紛争をしのぐ犠牲が発生することも今日では珍しいことではない。そこで，国家間の戦闘行為を規制することが目的であった戦時国際法を，どのようにして国内紛争にも適用可能なものに発展させていくかが重要な課題となってきている。この観点から，現在では以前の戦時国際法を国家間の戦争以外の武力紛争にも普遍的に適用するとの意味も込めて「国際人道法」と呼ぶようになってきている。

国際人道法の現状

「国際人道法」に関する国際法としては，国際赤十字が中心となってまとめた一般に 1949 年のジュネーブ諸条約と呼ばれているものがある。それは，武力紛争の際に捕虜，傷病者，一般市民のような非戦闘員の保護や非軍事施設の保護を規定した一連の条約と議定書から成っている。また，化学兵器禁止条約，生物毒素兵器禁止条約，特定通常兵器禁止条約のように，一定の非人道的な兵器を禁止するタイプの条約もある。さらに，ジェノサイド条約や難民条約のように，武力紛争の犠牲者となった人々がさらに過酷な取扱いを受けないように規定する条約もすでに成立している。しかし，武力紛争というきわめて特殊な状況において，戦闘の当事者に国際法の

Key 国際刑事裁判所(ICC)/難民/国内避難民/人道支援権

遵守を徹底することには，しばしば困難が伴う。とくに国内紛争の場合，条約の締約者ではない反政府ゲリラのような武装勢力による戦闘行為を，どう規制するかは，やっかいな法律問題である。

この点に関し，旧ユーゴスラビア地域の紛争において発生した国際人道法違反の責任者を処罰するために，国連の安全保障理事会によって，旧ユーゴスラビア国際刑事裁判所が設立されたことは，この分野における国際的な取組みが格段に強化される可能性を示唆するものであり，注目に値する。同様の法廷はルワンダの紛争に関しても設置され，さらに，2003年には，国際人道法を含む特定の国際法に違反する行為を行った個人を対象とする国際刑事裁判所（ICC）が設置され，国際人道法違反行為について，個人がその責任を追求される手続きが用意された。しかし，アメリカがICCへの加入を拒否しているなど，まだその実効性には，乗り越えなければならない問題も残されている。

人道的分野の拡大

現在，人道的な分野における国際法は，紛争時における国際人道法だけに限らず，さらに広い領域を，人権との重複を含めて取り扱う考え方が一般的である。とくに，紛争その他の理由により母国の保護を受けられずに国外に流出する難民を保護するための難民条約や，飢餓や旱魃などで居住地を追われ，国内にあっても政府の十分な保護を受けられない国内避難民に対する国際的な支援の枠組みなどは，人道法に分類されることが多い。

また，きわめて過酷な状況に置かれている人々に対して，必ずしも当事国の合意を前提とせずに国際的な救援を行うことができるとする人道支援権のような新しい概念が，主に国際的な人道支

Key
人道的介入／新国際経済秩序（NIEO）

援団体等から提唱されている。

さらに，NATOが旧ユーゴスラビアのコソボで行った人道的理由による一方的な武力介入のように，いわゆる「人道的介入」を国際的な武力行使の正当な理由として認めるべきだとの意見もあり，この議論の動向も注目されている。

国際人道法の分野においては，国家だけでなく，地雷禁止国際キャンペーン（ICBL）というNGOの主導で，一般市民への被害がとくに大きいとしてその使用が問題とされている対人地雷の全面禁止を目的とする対人地雷禁止条約が成立したように，NGOや市民運動も重要な貢献を行っている。

このように，国際人道法は，現実の被害者や犠牲者を思い浮かべることが容易で，具体的で切実な問題を対象としているだけに，国家間の交渉にとどまらず，一般市民からNGO，各種の国際機構まで，様々なレベルで活発な議論，提案が次々と出されており，「人道」という共通軸のうえに，どのような問題処理方法（ガバナンス）が今後展開されていくのか，注意深く見守る必要がある。

4 開発と国際法

新国際経済秩序への失望

1974年5月，国連総会は，新国際経済秩序（NIEO）樹立宣言を採択した。多くの開発途上国は，NIEOを国際的な経済構造を根本的に変革するためのプログラムと位置づけており，これが国連総会で採択されたことは画期的なできごとであると，大きな期待を抱いた。しかし，その日からすでに30年以上の年月が流れたが，国際社会が，多くの開発途上諸国が期待した方向へ向かって前進してきたとはとても言えないのが現実である。NIEO樹立宣言から現在までの間には，冷戦の終了という国際社会の政治構造を根本的に変えてしまうような大きな変動があった。しかしその間，多くの開発途上国の人々の現実の生活には，ほとんど変化は起きていない。東西問題は解消しても，南北問題は依然として解決の糸口さえ見えないままに，国際社会のあらゆる側面に大きな影を落とし続けているのである。

また，Developmentという概念自体，単純に経済的に成長するというだけではなく，政治的，社会的，文化的な側面を含むもっと広い意味で使われるようになっており，日本語でも，「開発」，「発展」と訳が分かれている。「開発」は主に経済的な意味で，「発展」はより広く社会的，文化的な側面も含めた意味で使われることが多いようであるが，慣用的な使い方もあり，必ずしも用語法に一貫性があるわけではない。このような意味の広さが，開発に関する国際法の対象を広げ，さらに議論を複雑にしている側面があることも否定できない。

連盟規約と開発

「開発」は，国際法では比較的新しい分野である。もともと近代的な国際法が成立した初期の段階では，「国家」として認められるためには，一定水準の「文化」を持っていることが条件となっていた。実際，当時現実に国際社会を形成していたのは，西欧の先進国のみであり，世界の大部分は西欧列強の植民地もしくは無主地と考えられていた。したがって，「開発」の問題は，各国による「植民地経営」の問題とされ，各国が自国の植民地をどう運営するかは基本的に各国の国内問題であり，国際法により規律すべき対象とはみなされていなかった。むしろ当時の列強諸国の間で問題となっていたのは，どのように開発途上地域の発展を促進し，自立させるかということではなく，どのように植民地を分割し，列強諸国が相互に植民地の権益をめぐって衝突するような事態を回避するために各国の勢力圏を確定するかということであった。そこには「開発途上地域からの視点」というものはまったく存在していなかったと言ってよい。

国際連盟規約では，まだ植民地という言葉が使用されており，植民地の存在を前提として規約が作られたことがわかる。しかし，国際連盟規約では単に各国による植民地の保有を認めているだけではなく，第1次世界大戦の戦後処理に必要だったこともあり，「委任統治」という制度が導入されていた。「委任統治」とは第1次世界大戦の結果放棄された旧植民地の統治を，国際連盟がいくつかの国に委任するというものであり，統治を委任された国は国際連盟規約の定める統治のガイドラインを尊重し，その結果を毎年国際連盟に報告する責任を負っていた。ただし，委任統治の具体的な原則は，まだ当時の国際社会に仲間入りできるレベルに達していない地域の人々の福祉と発達を促進することにあり，それは「文明の神聖なる使命」であり，「先進国」は未開発地域の人々の「後見」役となる責任があるという考え方に基づいていた。つまり，あくまで「先進国」の観点からの発想であり，開発途上地域の人々も自らのことを自分達自身で決める権利を持ち，本来は「先進国」の人々と対等，平等であるという思想は，含まれていなかった。

Key
信託統治制度／植民地独立付与宣言

国連憲章と開発

第２次世界大戦後の国際社会では，とくにヨーロッパ諸国の世界的な影響力が大きく後退すると同時に開発途上地域や植民地においてはナショナリズムと民族自決を求める動きが強まった。国連憲章は「人民の同権および自決の原則の尊重」が国連の目的の一つとして規定され，社会的，経済的，文化的な分野も国連の重要な活動分野として位置づけられた。国際連盟時代の委任統治制度は国連の信託統治制度として引き継がれ，その内容は，信託統治地域の人々の権利をより重視するものとなっているだけでなく，信託統治の目的が信託統治地域の自治または独立の達成と規定された点で，国際連盟の委任統治とは根本的に異なるものであった。実際に，1960年以降，国連の信託統治地域は次々と独立を果たし，その結果，現在ではすでに国連の信託統治制度は事実上終了した。また，国連憲章では信託統治地域以外の非自治地域に関しても規定を設けており，植民地の運営に関しても，国際的な規制が及び得ることを示唆した。

国連憲章が民族自決と主権の平等を原則として認めたことは，植民地の相次ぐ独立を促す結果となった。とくに，1960年の国連総会で植民地独立付与宣言が採択されたことによって，植民地の独立がますます加速され，それらの新興独立国が国際社会のメンバーとなり，国連では開発途上国が絶対多数を占めるまでになったのである。新興独立諸国の多くは中小国であり，経済的な基盤も弱いが，主権平等の原則に基づいて，すくなくとも法的には，どのような大国とも同等の発言権を認められることになった。その結果それまで西欧中心で発達してきた伝統的な国際法の体系に，大きな変革がもたらされるようになった。

Key 国連貿易開発会議（UNCTAD）

国連貿易開発会議の成立

開発途上諸国主導による最初の包括的な新しい国際経済体制の創設の試みがなされたのは，1964年の国連貿易開発会議(UNCTAD)においてであった。国連システムを含め，それまでに発達してきたいろいろな分野の国際的な体制が，経済の分野も含めて，いずれも西欧諸国が中心となって進められてきたのに対し，UNCTADは開発途上諸国のイニシアティブにより，開発の促進を目的として作られた初めての世界的な体制であった。

UNCTADの創設にあたって開発途上諸国がスローガンとして用いたのは「援助より貿易を」という主張である。それまで開発援助は「与える」（ドナー）先進工業諸国と「受け取る」（レシピアント）開発途上諸国という一方通行の図式でとらえられがちだった。それを，貿易という相互関係を通して解決すべきものと位置づけたという点で，UNCTADは非常に重要な意味をもつものであった。それまで国際貿易においては，自由貿易の原則のもとで，各国の経済力に応じた格差が不可避的に発生していたのに対し，経済力で劣る開発途上諸国が「公平」「対等」という概念を導入することで，国際的な経済構造そのものの見直しを求めたことは画期的であった。

当時の国際社会の実情，とりわけ開発途上諸国の状況を考えれば，果たしてこのアプローチが経済学的にも最も合理的な方法であったかどうかについては，議論の余地がある。しかし，開発問題は，先進工業諸国と開発途上諸国との間の対等なパートナーシップを通して解決されるべきであるという基本的な考え方を打ち出すことにより，この問題を開発途上諸国だけでなく，国際社会全体の問題として位置づけ，根本的に問い直したという点で，

UNCTADの試みはその後の国際法の発展の方向を定めるうえで極めて重要な役割を果たした。

Key
国連開発計画（UNDP）／国連ボランティア（UNV）／国連児童基金（ユニセフ）
国際金融機関／世界銀行グループ／地域開発銀行

開発への国際的な取組み

1960年代以降，国連をはじめとするほとんどの普遍的な国際機構において，開発途上諸国が多数を占めるようになった。その結果，数の力を背景として，開発途上諸国の主張が国際機構の運営に強く反映されるようになり，国際機構の性格そのものにも変化が生じた。その顕著な例が国連である。国連では，職員や予算の割当ての際，最も大きな比重を占めるのは，平和や安全保障ではなく，開発関係の部門である。ILOや世界保健機関（WHO），国連食糧農業機関（FAO），国連教育科学文化機関（ユネスコ）のような国連の専門機関も，そのほとんどが技術協力や人材育成という形で開発援助に関わるようになった。また，国連開発計画（UNDP）や国連ボランティア（UNV），国連児童基金（ユニセフ）のように開発援助を主目的とする国連総会の補助機関も設立され，活発に活動し，現在では専門機関を含む国連システム全体の予算や人員の70〜80％は開発援助に割かれるまでになっている。

さらに，国際復興開発銀行（IBRD，世界銀行）や国際通貨基金（IMF）などの国際金融機関も，今日では，開発途上諸国への開発資金の提供が主たる活動となっている。その後国際金融公社（IFC）と国際開発協会（IDA）が「世界銀行グループ」として設立されたり，地域レベルで開発資金の融資を行うためのアジア開発銀行やアフリカ開発銀行のような地域開発銀行も設立されるなど，世界銀行＝IMFの開発金融機関としての役割を補完するような体制の整備も進んでいる。

国連のもとの開発の挫折

国際機構を通した開発援助や2国間での開発協力が，当初期待されたような結果をもたらしたかと言えば，結果は残念ながら多くの場合期待を裏切るものであった。開発が軌道に乗った韓国，シンガポール，イスラエルのような国を除く大多数の開発途上諸国は，独立後相当の時間が経過したが，一向に開発が進展するきざしを見せなかったのである。国によっては独立を達成したことにより，植民地時代よりもむしろ人々の生活水準が低下するという皮肉な状況すら発生した。1960年代を「国連開発の10年」として，国際社会全体が開発の促進に取り組む姿勢が確認されたが，結果として開発途上諸国全体の経済成長率はかろうじて目標に達したにすぎず，先進工業諸国と開発途上諸国との間の格差はむしろ拡大し，南北格差はますます深刻化した。

新国際経済秩序の成立

1970年代に入ると「第2次国連開発の10年」がスタートしたが，先進工業諸国の間には「援助疲れ」の兆候が見え始め，さらに石油ショックの影響により世界経済が停滞すると，開発の先行きに深刻な不安を感じる開発途上国が多くなり，従来の開発協力のあり方にも疑問の声が投げかけられるようになった。

開発途上諸国は，従来の国際社会の経済的な構造そのものが開発途上国にとって不利なシステムになっており，国際的な経済秩序を変革することなしに開発援助だけを続けても本当の意味での発展はなく，南北の格差は縮まらないとする見解を活発に主張するようになった。そして，この観点から国際社会における経済的な相互依存と経済および開発に関する自決権と，主権の平等に立脚した「公平な」国際経済秩序の樹立を求める動きが開発途上諸国の広範な支持を得て促進され，国連総会での新国際経済秩序（NIEO）樹立宣言の採択という結果になった。

さらに同じ年に，新国際経済秩序樹立に向けてのより詳細な規定を含む「国家の経済的権利義務憲章」も国連総会で採択された。いずれも国連総会決議であり，法的拘束力はないものの，既存の国際秩序に与える影響は大きく，新しい国際経済のシステムの構築へ向けてガイドラインとしての役割を果たすものとして大きな期待を集めた。

経済主権

これらの新しい国際経済秩序の構築を求める動きの基盤となったのは，主権平等の概念であった。これは，簡単に言えば，「主権の平等」という原則を経済の分野にまで拡大して適用しようとする試みだったのである。国際法上の主権平等の原則を経済的な分野にも当てはめ，強い経済力を持っている先進工業諸国とそうではない開発途上諸国が経済的に「対等」の立場に立つべきだというのが開発途上諸国の主張する新国際経済秩序の根底にあった発想であった。しかし，当然ながら先進工業諸国はこのような考え方に対しては消極的な姿勢を示し，国際社会で新国際経済秩序のあり方に関してのコンセンサスが本当に成立したわけではなかった。

また，開発途上諸国側の主張がしばしば国際経済の実態とかけ離れていたうえ，経済法則を考慮せずに概念的な議論ばかりを先行させたために，新国際経済秩序の実現へ向けての具体的なプロ

Key

投資協定（コンセッション）／多数国間投資保証機関（MIGA）

グラムを作成することができず，結局大きな期待とは裏腹に新国際経済秩序を樹立する試みは具体的な成果をほとんどあげることなく，かえって開発をめぐる南北の対立がより鮮明になる結果をもたらしたのである。

新しいアプローチ

世界の経済構造を改革しようとする試みが必ずしも期待されたような成果をあげないことを反省して，一部の開発途上諸国の中には，イデオロギーや政治的な立場を優先させ，先進工業諸国と対決するアプローチをとることから離れ，より現実的な方向性を模索する国々も現れるようになった。それらの国々の中には，開発に必要な資金として先進工業諸国からの投資を誘致するために，国外からの投資に有利な条件や国内法を整備するだけでなく，投資を保護し，出資者の権利を保障する内容の国際的な協定を結んだり，投資協定（コンセッション）の中に，一度行われた投資に対しては，後で投資者に不利な国内法が成立してもその適用から除外するという，いわゆる「安定化条項」の導入を認めるような現実的なアプローチを選択する国々も含まれていた。

また，開発途上諸国への投資を促進するための国際機構として多数国間投資保証機関（MIGA）の設置が合意されたように，開発途上諸国と先進工業諸国との間に，より合理的な協力関係を構築しようとする動きも一部では見られるようになってきている。

「ミレニアム開発目標」

現在まで，「国連開発の十年」は四次にわたって実施されたが，多くの開発途上諸国にとって，その結果は満足のいくものではなかった。しかし，この開発の問題の改善が進まないことには，世界の平和と安全を脅かしかねない。そこで，国連も，2000年の国連ミレニアム・サミットで採択された国連ミレニアム宣言と，それまでのサミット会議を含む国際会議で採択された国際的な開発目標をまとめた「ミレニアム開発目標」（MDG）を定め，より開発を加速する方向を模索している。

Key
ミレニアム開発目標（MDG）

具体的には，2015年までに，①極度の貧困と飢餓の撲滅，②初等教育の普及，③女性の地位向上，④幼児死亡率の削減，⑤妊産婦の健康の改善，⑥ HIV/エイズ，マラリアを含む疾病の蔓延防止，⑦環境の持続可能性の確保，⑧開発のためのグローバルパートナーシップの推進の八つの分野において，それぞれ具体的な数値目標を設定し，国連を中心として国際的に開発を促進するための道すじを明確にしようとするものである。

この「ミレニアム開発目標」の設定は，国連諸機関と，先進工業諸国，開発途上諸国の活発な意見の交換に基づいて行われたものであり，その成果に期待が寄せられている。

発展の権利

これまでの開発に向けての努力にもかかわらず，開発途上諸国の生活水準をすみやかに向上させることが極めて困難であることが明白になった。また，今日のように経済の国際化が進んだ段階では，開発の問題も国際的な側面が大きく，国内的な政策のみでは限界があることも明らかである。

しかし，同時に人権や人道の問題が国際関心事項として定着したことにより，低開発の犠牲となって悲惨な生活を余儀なくされている人々を放置することも国際的な批判の対象となる傾向が強まってきている。その結果，開発途上諸国の間には，国際的な制約により開発が停滞しているにもかかわらず，低開発によって引き起こされる人権や人道上の問題点ばかりが国際的に指摘され，批判されるという不満が高まり，国際的な開発援助の強化と開発途上国の国内政策への不干渉を求める動きが広まった。その結果，1980 年代に入ると，今度は開発の問題を基本的人権の問題としてとらえようとする考え方が盛んに議論されるようになった。

開発の進展と基本的人権，とくに社会的・経済的な権利の保障は密接に関係している。ある程度の経済的な発展なくして社会的・経済的な権利を国家が国民に保障することが不可能なことには疑問の余地がない。その意味では，人権の問題が国際的な関心事項であるなら，自力で人権を保障する能力をもたない国に対して国際的な支援を実施する体制を整えることが必要だというのは一定の説得力をもつ主張である。かくして，国際社会では，人権としての「発展の権利」の確立の必要性が指摘されるようになった。

「発展の権利」をめぐっては考え方に対立がある。先進工業諸国は「発展の権利」が人権である以上，権利の主体となるのはあくまでも個人であり，各国は国民個々人に発展の成果を保障する義務を負うべきであると主張するのに対し，開発途上諸国は，基本的人権としての人民自決権が集団的に行使されることにより植民地が独立国家となったように，「発展の権利」も集団的に行使されるべき性格の人権であると反論する。植民地独立に際しては独立を認めることが母国の義務であったが，独立後どのような国家を建設するかは独立した人民の自由であり，他国が干渉すべきではなかったのと同様に，開発途上諸国に対する援助は義務ではあるが，各国がどのようなタイプの開発政策を進めるかは個々の途上国の自由であり，他国が干渉すべきではないとの論理を開発途上諸国は強く主張した。その結果援助をどのように国内で使おうとそれは被援助国側の自由であるとして，まず個人の権利を重視する先進工業諸国側と真っ向から対立した。結局この対立は解消されず，1986 年には国連総会で「発展の権利」に関する宣言があいまいな部分を残したままで採択される結果となった。

バンジュール憲章やウィーンでの世界人権会議でも人権としての「発展の権利」は国際的に承認された。しかし，「発展の権利」の具体的な概念については依然として様々な意見が対立しており，国際的な共通理解が成立しているとは言えない。しかし，国際的な開発の問題に人権という視点を導入したという点で「発展の権利」の提唱は重要であり，今後の開発に関する国際法の方向性を探るうえで見落としてはならないものである。

5 地球環境と国際法

ナホトカ号事件の衝撃

1997 年にロシア船籍のタンカー，ナホトカ号が島根県沖の日本海で沈没，大量の重油が日本海沿岸に漂着し，北陸地方を中心に漁業や観光業が大きな被害を受けるという事件が発生した。この事故に関し，ロシア政府は，事故を起こしたタンカーが旧式であったことは認めたものの，政府による安全検査に不備はなかったとして責任を否定し，発生した損害に対しては，日本，ロシアがともに加盟している国際油濁補償基金からの補償金支払いのみが行われた。しかも，ロシアが国際油濁補償基金への分担金を制限していたために，被害額全額は補償されないまま，支払いは終了した。

この事件は大規模な環境汚染が発生した場合，その影響は容易に国際的な規模になることを実証し，環境の問題に対処するためには国際的な枠組みが必要であることを改めて浮き彫りにした。

環境問題の国際化

環境の保護が国際法の問題として具体的に取り上げられるようになったのは，まず国際河川の管理に関してであった。国際河川の流域国は，該当する河川の自国の領域内の部分に関し，これを適切に管理する責任を，国際的な協定によりしばしば負わされていた。

しかし，国家が環境の保護に関し国際的な責任を負わされるケースがあることを明確にしたのは，1941 年に最終的な仲裁判決が下ったトレイル溶鉱所事件であった。この事件ではアメリカとカ

ナホトカ号事件（巨大タンカーの事故は，国境を越えて広範囲の汚染をもたらしかねない）

ナダの国境に近いカナダ領のトレイルにある溶鉱所から排出された亜硫酸ガスが国境を越えてアメリカの農作物や森林に被害を与えたとして，アメリカがカナダに対して賠償を要求したものである。判決は，カナダ政府には自国内で操業する企業が国境を越えて他国の領域に被害を与えないように監督する責任があるとし，賠償の支払いを令じた。

その後，とくに海洋の汚染防止に関しては1972年の海洋投棄規制条約や1973年の海洋汚染防止条約が締結され，また，国内で発生した特定の有害物質を投棄，処分する目的で国外へ持ち出すことを規制する「有害廃棄物の越境移動およびその処分に関するバーゼル条約」も1989年に締結された。これらの条約はもっぱら締約国に国際的な環境破壊につながるような行為を自国の管轄内で禁止するものであり，国際的な環境保護の基本となるものである。

Key
海洋投棄規制条約／海洋汚染防止条約／バーゼル条約

環境に関する国際協力

世界規模での環境破壊が進行するにつれて，従来のように各国が自国の領域内の活動に対して責任をもつだけでは環境の破壊を防止できないことが明らかになり，環境問題に対処するための国際的な枠組みを構築する必要性が各国によって認識されるようになった。さらに，良い環境というものを現在の全人類で共有するだけでなく，将来の世代へも引き継いでいく義務を負っているという意見さえ聞かれるようになった。

現実の問題として深刻なスピードで進行する各種の環境破壊を防止するために，国際的な体制を整えることが急務であることは否定できず，1970年代に入ると，湿地帯を国際的に保護するため

Key
ラムサール条約／世界遺産条約／ワシントン条約／国連人間環境会議／国連環境計画（UNEP）／気候変動枠組条約

のラムサール条約，破壊の危険にさらされている貴重な文化財あるいは自然環境を後世に残すためにこれを保護することを目的とした世界遺産条約，絶滅のおそれのある生物の国際的な取引を規制するワシントン条約等の多数国間条約が成立した。また，たとえば，日本がアメリカ，ソ連（ロシア），オーストラリアと渡り鳥の保護に関しての2国間での条約や協定を締結したように，環境問題に関し，直接の当事国が国際的に協力しながら対処するというアプローチも国際社会で一般的に用いられるようになった。

環境に関する世界的枠組み

国際社会が全体として本格的に環境問題に取り組む姿勢を最初に明らかにしたのは，1970年代に入ってであった。具体的には1972年にストックホルムで開催された「国連人間環境会議」において「国連人間環境宣言」が採択され，その勧告に基づいて，もっぱら環境の分野を担当する国連機関として国連環境計画(UNEP)が設立され，環境が国際社会にとって共通の重要な分野であることが確認されたのである。

さらにユネスコが世界遺産条約締結を推進し，貴重な自然環境の保護を進め，また，FAOやUNDPが植林事業をはじめとして様々な分野で環境に関するプロジェクトを展開するようになり，組織の面でも環境に対する国際社会の取組みはかなり充実したものになりつつある。また，1980年代の後半以降，オゾン層を破壊するフロンガスの排出を規制するためのウィーン条約およびそのモントリオール議定書，二酸化炭素のような温室効果ガスの排出を規制するための気候変動枠組条約，さらには資源，とくに多様な遺伝子資源として利用可能な，多様な生物を保護する「生物の多様性条約」などが立て続けに採択された。

気候変動枠組み条約の締約国会議は“COP”と呼ばれ，世界規模の環境問題を検討するための主要な会議のひとつとして定着している。とくに1997年に京都で開催された第三回会議（COP3）で採択された「京都議定書」は，地球温暖化防止のために各国別に温室効果ガス削減の具体的な数値目標を設定しただけでなく，先進国間で温室効果ガスの排出割当量を取引したり，先進国間の共同プロジェクトによる削減量を取引に含めたり，あるいは先進国の協力により途上国が削減した排出量を協力した先進国が受け取るクリーン開発メカニズムを設けるなど，京都メカニズムと呼ばれる新しいシステムを導入し，世界的に高い評価を受けた。

未解決の問題

環境に関する国際法は，今，最も発展が著しい国際法の分野のひとつとなっている。しかし，現実には地球規模での環境の悪化が停止したわけではなく，また，これらの環境に関する国際機構も，活動範囲が限定されており，また環境の破壊を防止するために必要な強制力を持たない。とくに，直接的，短期的な利益が期待できない環境保護に対しては，各国が資金の提供に消極的であるという問題もあり，環境問題に対する国際的な取組みが今後どのように拡充されていくかは必ずしも楽観することができない。

とくに，アメリカが国内産業への悪影響を懸念して京都議定書への参加を拒否したように，経済的な側面から，あまり厳格な環境保全に対して反対する意見にも根強いものがある。また，多くの開発途上諸国にとっては，できるだけ環境に負担を与えることなくどのようにして開発を進めるかという問題がきわめて重くのしかかっていることを見落としてはならない。

天然資源と主権

環境の問題に比較して，資源の管理に関する議論は複雑な経過をたどった。とくに開発途上諸国の天然資源の多くは植民地時代に先進工業諸国によって開発されたものであり，独立後もたとえば中東の石油の多くが一般にメジャーと呼ばれる西側先進諸国の石油企業によって採掘，販売されていたように，先進工業諸国の民間企業により所有されているケースが多かったからである。このように主要な天然資源が外国の企業によってほとんど独占されていると言ってもよい状況は，開発途上諸国に大きな不満を与えたが，同時に企業の立場からすれば，多くの投資の結果開発された天然資源は貴重な資産であり，簡単に手放すわけにはいかなかったのである。そのためナショナリズムの高揚期に開発途上諸国が一方的に先進工業諸国の企業の所有する天然資源を接収，国有化したことが国際紛争にまで発展するケースも発生した。

この問題に関する先進工業諸国と開発途上諸国との意見の対立は長く続いたが，結局，国家主権は自国の領域内に存在する天然資源に対しても及ぶものであり，各国は自国内の天然資源を排他的に使用する権利を有するが，その権利を行使するにあたって企業を国有化する場合には，補償を行う義務を有することを確認することで一応の妥協が成立した。現実の適用においては，具体的な補償の内容をめぐって先進工業諸国および企業と開発途上諸国との間で意見が対立する場合がしばしば発生している。しかし，天然資源の管理も主権の一部であるという原則を確立したことにより，すくなくともいずれかの国の領域に存在する天然資源の国際法上の位置づけは明らかになった。

人類の共同遺産

開発途上諸国での天然資源の開発に対する規制が大きくなり，その反面科学技術の進歩により以前は不可能であったような天然資源の開発技術が実用化されるようになると，とくに先進工業諸国の企業は従来ではあまり開発の対象とはされてこなかった公海の深海底のような領域での天然資源の開発に本格的に乗り出すようになった。

ところが，この傾向が強まるにつれて，開発途上諸国の間には，資金と技術力で圧倒的に有利な立場にある先進工業諸国とその企業が深海底や月のような，どの国の領土にも属さない領域で開発を進めることに対し何らかの規制を設けることなくしては，いずれそのような公の領域に存在する天然資源から得られる利益は先進工業諸国が独占する結果になるのではないかという懸念が拡がるようになった。もし各国の領域外の天然資源を野放しにするならば，資金と技術力に劣り，自力では天然資源の開発が困難な開発途上諸国がおいてきぼりにされ，やがて極めて不利な立場に置かれるであろうことは明らかであった。

これに対し開発途上諸国の間からは，公共の領域に存在する天然資源から得られる利益は一部の人々によって独占されるべきではなく，人類全体によって共有されるべきだとの見解が主張されるようになった。この動きは，1967 年の国連総会でマルタの代表であったパルド大使が公海の海底は「人類の共同遺産」であり，そこから得られる利益は一部の人間が独占して良いものではなく，人類全体の利益のために用いられるべきものであるとの有名な提案に結実した。

Key
国連海洋法条約／月協定

この「人類の共同遺産」という概念は，開発途上諸国を中心として広い支持を受け，公海の深海底や月から採集された天然資源から得られた利益はすべての国によって分配されなければならないという形で国連海洋法条約や月協定にも反映され，国際法上の新しい概念として定着した。その結果，「人類の共同遺産」と規定された領域の天然資源から得られる利益は，すべての国に分配されるべきだという原則が国際社会において確立した。

資源，環境の限界

天然資源の枯渇や世界規模での環境の破壊は，もはや一国レベルで対応できる問題ではなく，世界的な問題であるとの認識が共有されるようになった。そして，国際的に対応するための体制作りが急速に進展する兆しを見せると，環境や資源の問題に関する国際的な規制の強化が開発を停滞させたり，国際的な環境や資源の保護や管理により特定の国々や人々が不利な状況に置かれることがないように十分な配慮がなされるべきとの指摘がなされるようになった。もとより「人類の共同遺産」という概念には，そこから得られる利益は当然すべての人々により分配されるべきであり，一部先進工業諸国が利益を独占するようなことがあってはならないという意味が含まれているが，その具体的な実施をめぐっては，必ずしも国際社会にコンセンサスが成立していない。

環境に取り返しのつかないほどの損害を与えてしまったり，天然資源を使い果たしてしまったりすることは，人類全体の福祉を考えるうえであってはならないことである。とくに先進工業諸国の間では，従来の経済成長を優先させるタイプの開発政策による環境破壊や資源の浪費がこのまま増大すれば，利用できる環境や

Key
成長の限界／熱帯木材協定（ITTA）

天然資源は有限であるから，やがて使い果たすことになり，いずれ経済が全面的に停滞するという「成長の限界」の理論が台頭し，エコロジーや省エネルギーあるいは代替エネルギー技術の重要性は常識とされるようになった。

もちろん開発途上諸国も環境や天然資源の保護の重要性を否定しているわけではない。しかし，今まで環境や資源を自由に利用し，開発を進めることによって大きな恩恵を受けてきた先進工業諸国が，その利益を独占したまま今後の使用に国際的な規制を加えることによって実質的に現状を固定し，開発途上諸国が環境や資源状況の悪化という過去の開発のコストだけを共有し，将来その利益を受けることができないような事態が発生することを危惧したのである。

持続可能な開発

現在国際社会で要求されているのは，環境や天然資源の「保護のための保護」ではなく，有効な利用のための保護だと言わなければならない。開発を進めるために環境や資源を利用するのは当然であり，それを否定することはできないが，同時に過度の環境破壊や資源の枯渇を招いてしまっては，開発そのものが挫折してしまうことも事実である。問題なのは，開発と環境や天然資源の保護との間でどのようにバランスを維持するかということである。言いかえるならば，現在の国際社会では，いかに再生可能な範囲で環境や天然資源を利用し，長期的な観点から開発を進めていくかが問われているのである。この点に関し，1983 年に UNCTAD で採択された熱帯木材協定（ITTA）は，基本的には生産国と消費国との利害の調整という商品協定の性格を持ちながらも熱帯林の保護と再生を重

Key 地球環境サミット（UNCED）／持続可能な開発

視し，環境に大きな配慮を払うものとしてパイオニア的なユニークさをもつものであり，協定にもとづいて設立され，横浜に事務局をおく熱帯木材機構（ITTO）の今後の活動が期待されている。

この環境・資源と開発の問題に対する国際社会全体としての基本姿勢を改めて明確に再確認したのが1992年にブラジルのリオデジャネイロで開催された地球環境サミット（UNCED）である。この会議はその正式名称（国連環境開発会議）からもわかるように「環境」と「開発」の両立を目的とするものであった。この会議の基盤となった考え方は，環境や資源を保護や再生しながら開発のために繰り返し有効に利用しようという「持続可能な開発」という概念である。この環境と開発を両立させようとする「持続可能な開発」という発想はすでに国際社会において基本的にコンセンサスとして共有されている。今後はこの「持続可能な開発」という考え方に基づいて，どのように具体的な国際法が整備されていくのかが課題である。

〔広瀬　訓（さとし）〕

今後の展望

今日，世界は大きな歴史的転機にさしかかっている。戦争，内乱，テロ，集団殺害，貧困，環境破壊，人口増加，感染症，大量破壊兵器拡散など，いわゆる地球的課題と言われる問題が，人類の将来に暗い影をなげかけている。これらの問題は，いずれも16，7世紀のヨーロッパに生まれた近代国際社会において確立された国家という枠組みを越えて，人類全体の利益，命運にかかわる問題として提起されている。と言うことは，これらの問題に有効に対処するには，国家を越えた取組み，すなわち，一国による国内法的取り組みではなく，複数国家による国際法的取り組みが必要であることを示唆している。

ところで，国際法は，伝統的には，主権国家を基本的な行為主体として，国家相互の利害関係，管轄関係調整のための法として発達し，機能してきた。人々の生活がおおむね一つの国の領域内において完結し，人々の生活上の必要が一つの国のなかで充足されていた時代には，それで十分であった。しかし，核兵器などの大量破壊兵器が発達し，人間環境が地球規模で劣悪化し，人々の生活圏が国境を越えて広く世界的になった今日においては，国家の利益を中心に据え，その利害調整によって問題を解決する従来の国際法のありかたは，明らかに限界がある。

たとえば，フランスが自国の安全保障を確保し，軍事大国としての地位を維持するために，自国からはもっとも遠い南太平洋で地下核実験を行うことは，フランスの利益からは十分に正当化されうるし，同様の政策をもつアメリカ，イギリス，中国，ロシアによっても，基本的には支持される。そして，これらの核保有国は国連の安全保障理事会において常任理事国として拒否権をもっていることから，このような政策を実施することについて，今日の国際法の枠組みでは何のチェックも受けない。しかし，他方で，フランスの地下核実験は近隣の南太平洋諸国に対して，放射性物質の拡散からくる環境破壊の悪影響を及ぼす。さらに，その影響は地球大に広がる可能性もある。このような状況を放置することは，人類の存亡を危くする危険性すらある。

このように，今日の国際社会において，多くの問題を論ずる場合，国家間の利益調整のレベルで問題を考えるだけでは明らかに不十分である。最近，国際法の分野では，国家以外の個人や国連などの国際機構の国際法主体性の問題が論じられ，また，国際機構や国際会議の場において採択される決議や宣言の国際法的効果の問題が取り上げられるようになってきたのは，そのような事情を反映している。さらには，国際的公共利益（国際公益），国際社会の一般利益，対世的（エルガ・オムネス）義務，強行規範（ユース・コーゲンス），無過失責任，国際犯罪，人類の共同遺産，人間の安全保障，持続可能な開発などの新しい法概念が国際法の分野で提起されるようになったのも，同様の事情を背景にしている。つまり，地球全体，人類全体の利益の観点で問題を処理しなければならなくなってきたのである。その意味では，今日，国際法は時代の新たな挑戦を受けていると言っても言い過ぎではない。

しかし，この時代から来る挑戦は，国際法を越えたところで受け止めようとしても何の意味もない。つまり，国際法は，国家主権を前提とする国家間の法であるから，新しい問題の解決には何の役にも立たないとして，その問題解決の道を国際法の外に求めても，答えを得ることができないということである。なぜならば，今日，国家を越え，国境を越え，主権を越えた深刻な問題が提起されていることは間違いのない事実であるが，他方で国家が領域とそこに生活する人々を力によって支配し，同時に，個人の人権，生活，健康等を保証しようと努めていることも，また否定できない事実だからである。その国家に対して行動を制限し，また，必要な場合には一定の方向に行動させるには，国際法を用いる以外に方法はないのである。したがって，国際法に対する挑戦は，国際法によって受け止められ，対応されなければならない。つまり，今日の国際法の課題は，国家間の利害調整の役割を踏まえつつ，それをどこまで国際社会全体の利益実現につなげていけるか，ということになるのである。

やや抽象的な議論になったが，このことを具体的な例をもって示すことにしよう。たとえば，この書物の最初のところで取り上げたミャンマーについて，現在の軍事政府は民主的選挙の結果を無視して政権にしがみついている，国民の支持のない，正統性を欠く政府であるから，相手にすべきではないという主張をする人がいる。そして，そのような政府を国際社会において孤立化させ，場合によっては軍事力を使ってでも打倒すべきである，と論ずる。たしかに，現在の軍事政府は人権を侵害し，民主化の動きを弾圧し，軍にとって都合のよい政策を実施している。しかし，今日の国際法は，君主制か議会制民主主義かあるいは軍事政府かといった政府の性格によって，あるいはその政府の政策の善し悪しを基準として一国の政府の代表性を判断することはしていない。領域と人民に対する実効的支配が客観的に確立されていれば，その政府を正統政府として認めたうえで，その政府に国際法に従った政策を実施するように要求する手順を用意しているというのが今日の国際法の定めるところである。しかも，そのような要求ができるのは，国際法上の国家か，あるいはミャンマーが加盟している国際機構である。

長期的な国際社会の利益の観点，たとえば人権の尊重や民主化の促進を考えたら，ミャンマーに対して厳しい対応をすることも一つの選択であるが，国際法はそれに対して法的な制約を課している。たとえば，国連憲章第2条4項は，加盟国に対して国連の許可なく武力行使を行うことを禁止している。だから，国連のもとでは，たとえば安全保障理事会の決議に基づいて制裁の対象にでもしない限り，ミャンマーに対して，経済制裁まではともかく，軍事制裁を一部の国家が一方的に実施することは法的に許されない。人権の尊重や民主主義の確立という，より大きな利益の観点からはもどかしく思われるが，今日の国際法が課している制約を無視して力を行使しても，多くの国の支持を得ることは難しいし，最終的な目的達成に成功するかどうかも確かではないのである。

しかし，そうだからと言って，今日の国際法のもとで，ミャンマーに対して何もしないということではない。国際法は，国連を通してミャンマーの人権状況を調査し，それに基づいて人権状況改善のための勧告を行うということはできるし，現にそのようなことは行われている。そして，いかに気に入らないとしても，現在承認されている政府を相手にして，できるだけ人権状況をよくするよう根気よく交渉することも必要であるし，実際それも行われている。さらに，アパルトヘイト（人種隔離政策）を行っていた南アフリカに対して行われたように，安全保障理事会の決議のもとで経済制裁を課すことも可能である。

国際法に従うということは，制約条件であると同時に，それ以上悪くはならないという最低の線を確保することでもある。たとえば，武力行使の禁止は，よい目的のために武力を用いる必要がある場合に明らかに制約条件になるが，他方で侵略や自国の利益のために武力を用いることを許さないという意味では，国際社会に平和をもたらすという最低の線を維持する効果を持つのである。

さらに，場合によっては，国際法は，その手続を用いて事態を一歩よい方向に進めることを可能にもする。つまり，新しい事態に対しては，条約の締結，国連などの国際機構や国際会議の決議や宣言の採択，国際司法裁判所などの国際裁判を通しての法の発展などを図ることが可能である。現に，民族自決権，天然資源に対する永久的主権，深海海底資源の人類の共同遺産としての位置付け，地球環境を破壊しないように自国の領域を使用する義務などの新しい国際法原則は，このようにしてつくられてきた。

21世紀に入った今，国際法を考える場合，単にその規定内容を知ってよく守るという側面だけでなく，新しい問題の挑戦に対応して大きく発展させていくという側面をとらえる必要がある。

2003年3月20日，アメリカはイギリスとともにイラク攻撃を行った。日本やヨーロッパの有力な国際法学者は，そして一部のアメリカの国際法学者も，新たな国連決議に基づかない違法な武力攻撃であると強い批判の声をあげた。アメリカおよびイギリス政府は，1991年の湾岸戦争当時の国連安全保障理事会決議を基礎にして，このイラク攻撃は，大量破壊兵器の保有，開発，製造を禁止した国連決議にイラクが違反したための攻撃であって，安保理の許可はすでにあると主張した。アメリカ，イギリスによるイラク攻撃に理解を示した日本政府も，同じ説明を行った。しかし，これらの政府がよりどころとしている国連安保理決議は，この種の武力行使を正当化する根拠とはなりえないことは，多くの国際法学者が主張しているように，明確である。そもそも10年以上前の，しかも別の状況下で採択された武力行使容認決議を根拠に，緊急性も，またイラクによる行為の違法性も，明白ではないなかで国連憲章が禁止している武力行使を行い，一つの主権国家を軍事占領下に置くという行為は，国連憲章のもとでは許されない。

しかし，ここで考えなければならないことは，この憲章違反行為を行ったアメリカとイギリスは拒否権を有する国連安保理の常任理事国だということである。したがって，この両国が国際法違反の武力行使を行ったとしても，国連体制のもとで組織的制裁を加える権限をもつ安保理は，この両国に対してはその国際法違反行為に対して制裁を課すことはできないのである。このように一部の違反国に対して有効な制裁を課すことができない国際法は，果たして法と言えるのかという国際法にとって基本的な問題が，イラクに対する攻撃問題からは提起されている。

また，アメリカ，イギリスは，今回のイラク攻撃は，2001年9月11日の同時多発テロに対する自衛権の行使であって，国連憲章第51条のもとで合法的であるとも主張している。しかし，この主張も，憲章上の自衛権行使の要件である「違法な武力攻撃の存在」，「対抗措置をとらなければならない緊急性」，「とられた自衛措置と最初の違法な武力攻撃との均衡性」，「他の有効な対抗措置の不存在」などを満たしておらず，法的には認められない。

ここで問題となるのは，国連憲章のもとの集団安全保障体制が，基本的には国家間の戦争の防止と対応策を問題にしているということである。9.11テロ攻撃のような大規模かつ無差別な非国家行為主体によるテロ攻撃に対しては，現在の国連の安全保障体制はほとんど無力である。このような安全保障への新たな脅威に対して国連が有効な対抗策を用意していないなかで，9.11 テロにより数千人の犠牲者を出し，同じようなテロ攻撃の可能性に恐怖を感じている多くのアメリカ人に，何もするな，何もしてはいけないと要求することは，おそらくむつかしいだろう。明らかに，現在の国連の安全保障体制は，5 大国の一方的な武力行使には対応できないし，また，非国家行為主体による大規模，無差別のテロ攻撃に対しても有効な措置はとれない。こうした問題を踏まえて，国連の安全保障体制を見直し，より効果的な集団安全保障体制を築くことが，今日の国際法には求められている。

なお，「はしがき」にも書いたように，この書物は，入門書としての性格から，国際法全般にわたる詳細な論述を行ってはいない。ここで触れることのできなかった国際法の論点については，次頁に優れた体系書，教科書をあげたので，関心のある読者には参照するようお薦めする。

〔横 田 洋 三〕

♣参 考 文 献♣
石本泰雄『国際法の構造転換』(有信堂高文社，1998 年)
植木俊哉『基本論点国際法　改訂版』(法学書院　1998 年)
植木俊哉『ブリッジブック国際法　第 2 版』(信山社　2009 年)
大沼保昭編著『資料で読み解く国際法 第 2 版 上・下』(東信堂，2002 年)
奥脇直也・小寺彰編『国際法キーワード　第 2 版』(有斐閣，2006 年)
金東勲・芹田健太郎・藤田久一『国際法　再改訂版』(北樹出版，1998 年)
栗林忠男『現代国際法』(慶應義塾大学出版会，1999 年)
香西茂・他『国際法概説　第 4 版』(有斐閣，2001 年)
小寺彰・岩沢雄司・森田章夫編『講義国際法　第 2 版』(有斐閣，2010 年)
小寺彰『パラダイム国際法』(有斐閣，2004 年)
坂元茂樹『ゼミナール国際法』(法学書院，1997 年)
島田征夫『国際法　第 3 版』(弘文堂，2002 年)
杉原高嶺・他『現代国際法講義　第 4 版』(有斐閣，2007 年)
高野雄一『国際社会と法』(東信堂，1999 年)
田畑茂二郎・石本康雄編『国際法　第 3 版』(有信堂高文社，1996 年)
筒井若水編『国際法辞典』(有斐閣，1998 年)
西井正弘編『図説国際法』(有斐閣，1998 年)
藤田久一編『現代国際法入門　改訂版』(法律文化社，1996 年)
松井芳郎・他『国際法　第 5 版』(有斐閣，2007 年)
山本草二『国際法（新版）』(有斐閣，1994 年)

♣資 料 一 覧♣（：の右は出典・提供元。敬称略）

はじめに

アウン・サン・スー・チーさん：横田洋三

第 1 章

グロティウス，バインケルスフーク，バッテルの肖像：寺田四郎『国際法學界の七巨星』文生書院，1990 (復刻。初版は立命館出版部，1936)

砂川闘争：毎日新聞社

第 2 章

パレスチナ分離壁：UPI・サン

第 3 章

国連軍上陸：UPI・サン

中国瀋陽日本総領事館事件：毎日新聞社

第 4 章

国境またぐわが家：朝日新聞社

カシミール：国連地図 No. 3952.9 より作成

内水としての湾：山村恒雄

通常方式と直線方式を交えた日本の基線：海上保安庁海洋情報部

日本において領土保全工事が行われた沖ノ鳥島：朝日新聞社

大陸棚の定義：大内和臣（波多野里望・小川芳彦編『国際法講義　新版増補』（有斐閣，1998 年）所収の図を一部改変）

北方領土，尖閣，竹島，沖の鳥島：山村恒雄

第 5 章

緒方貞子さん：毎日新聞社

第 6 章

長崎原爆のキノコ雲：毎日新聞社

ナホトカ号事件：ロイター・サン

索　引

あ　行

か　行

さ　行

た　行

な　行

は　行

ま　行

や　行

ら　行

わ　行

●執筆者紹介（執筆順）

横田洋三	法務省特別顧問
篠原　梓	亜細亜大学教授
丸山珠里	京都産業大学教授
山村恒雄	元宮崎国際大学助教授
秋月弘子	亜細亜大学教授
広瀬　訓	長崎大学教授

ARMA 有斐閣アルマ

国際法入門（第2版）

1996年5月30日　初　版第1刷発行
2005年3月30日　第2版第1刷発行
2015年9月20日　第2版第10刷発行

編　者　横田洋三
発行者　江草貞治
発行所　株式会社 有斐閣

東京都千代田区神田神保町 2-17
電話　(03) 3264-1314〔編集〕
(03) 3265-6811〔営業〕
郵便番号 101-0051
http://www.yuhikaku.co.jp/

印刷　株式会社精興社・製本　大口製本印刷株式会社

ISBN 4-641-12248-2